# KNOTEN

# KNOTEN

Richard Hopkins

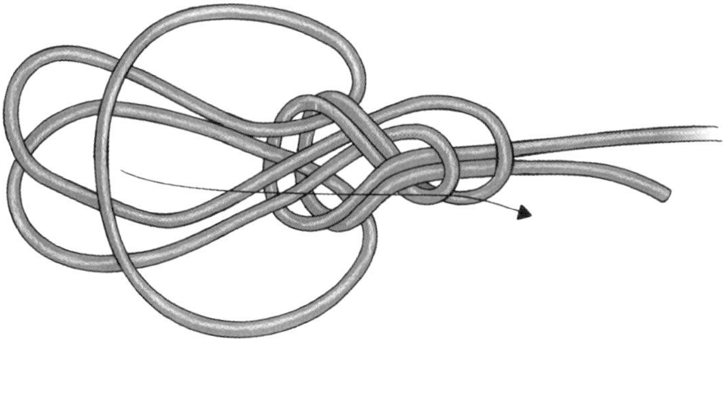

tandem.VERLAG
print line

Dieses Buch ist Brian Field gewidmet, einem ausgezeichneten Knotenkenner und echten Gentleman.

DANKSAGUNGEN

Der Herausgeber möchte Mark Franklin für die Buchillustrationen danken.
Die Fotografien auf den Seiten 26–27 wurden von Simon Clay aufgenommen.


© Genehmigte Sonderausgabe für Tandem Verlag GmbH
Birkenstraße 10
14469 Potsdam

Gesamtherstellung: Tandem Verlag GmbH, Potsdam

© 2004 PRC Publishing
A member of Chrysalis Books Group Plc, The Chrysalis Building, Bramley Road,
London W10 6SP, UK
Titel der englischen Originalausgabe: Knots

Übersetzung aus dem Englischen: Isabel Schmidt, München
Lektorat und Satz: Cordula und Fabian Sulzer, Witten
Umschlaggestaltung: Thema Media, Koblenz
Einbandabbildungen aus dem Innenteil des Werkes



ISBN 978-3-8427-0699-6

# Inhalt

# Vorwort

Es gibt wohl kaum eine andere menschliche Tätigkeit, deren Techniken über Tausende von Jahren gelehrt wurden, ohne dass sie in Frage gestellt, geschweige denn verändert worden sind. Während in anderen Bereichen die Veränderungen immens waren, verlassen wir uns bei Knoten noch immer auf die Errungenschaften unserer Urahnen. Mit der Entdeckung und Verwendung neuer Materialien für die Tau- und Leinenherstellung entwickelten sich auch neue Knoten, da einige sich nicht mehr so gut für die neuen Materialien eigneten, dennoch kann man feststellen, dass die Entwicklung hier sehr langsam vonstatten ging. Wie überall gab es auch hier innovative Spezialisten, die durch Experimentieren neue, nützliche Knotenvarianten entdeckten – zuweilen auch alte wieder entdeckten – und sie weiterentwickelten.

Mir selbst war daran gelegen, diese Änderungen nachzuvollziehen, und daher war es mein Bestreben, eine Mischung aus alten und neuen Knoten in das Buch aufzunehmen. Natürlich hoffe ich, dass all diese Knoten Ihren Anforderungen genauso gerecht werden, wie das bei mir der Fall war. In der Tat waren mir fast alle in diesem Buch aufgeführten Knoten – die Fischerknoten einmal ausgenommen – in heiklen Situationen nützlich. Sie sollten mit dem Erlernen der Knoten nicht bis zu den Momenten warten, in denen Sie sie einmal brauchen. Wer sich Knüpftechniken aneignen möchte, sollte sie frühzeitig einstudieren und immer wieder üben. Es gibt stets Gelegenheiten, bei denen Sie Ihre Fertigkeiten verbessern können: etwa, wenn Sie auf den Bus warten, in der Bahn sitzen auf dem Weg zur Arbeit, wenn im Fernsehen Werbung läuft und in vielen anderen tagtäglichen Situationen. Ich kenne keinen einzigen Knotenfachmann, der nicht ein Seil griffbereit in der Tasche hat, um spontan damit üben zu können.

Knoten sind äußerst vielseitig, daher brauchen sie auch nicht auf die in ihrem Kapitel genannte Verwendung beschränkt zu bleiben. Allesamt können sie entsprechend den gegebenen Umständen, Fähigkeiten und dem vorhandenen Gedächtnis auch in anderen Zusammenhängen verwendet werden.

Lesen Sie dieses Buch, lernen Sie ein paar Knoten und üben Sie. Ich bin sicher, Sie werden genauso viel Gefallen daran finden wie ich.

Richard Hopkins

# Einleitung

Wer weiß – vielleicht waren Stricke und Knoten die erste Erfindung überhaupt. Die Verwendung eines schweren Stocks oder eines scharfen Steins mögen einfach zufällige Entdeckungen gewesen sein, aber um diese fest zu einer Axt, einem Breitbeil oder einem Speer zu verbinden, benötigte man einen Strick. Führen Sie sich einmal vor Augen, wie der Steinzeitmensch irgendwo umherstreifte. Er wohnte vielleicht in einem einfachen, aus biegsamen, zusammengebundenen Zweigen oder langen Gräsern erbauten Unterstand. Seine Speerspitzen umwickelte er mit Pflanzenfasern, verknotete einfach deren Enden, so dass die Spitzen an ihrem Schaft gehalten wurden. Einfache Wertgegenstände, zum Beispiel hübsche Steine, Handbeile oder für den späteren Verzehr aufzubewahrendes Gemüse, wurden in Tierhaut eingeschlagen und an den Beinen zu einem Sack verknotet. So war er bereit, in den Tag zu gehen.

Später entdeckten Jäger und Sammler Pfeil und Bogen – ohne Stricke nicht vorstellbar. Sehnen oder Pflanzenfasern (möglicherweise zusammen mit einem vorzeitlichen Kleber) hielten die Pfeilspitze am Pfeil, während eine Art Knoten oder Verknüpfung die Bogenschnur fest mit den Bogenenden verband. Die Pfeilfedern wurden durch einen um den Pfeil gewundenen Faden gehalten sowie durch einen Klebstoff auf Harz- oder Knollensaftbasis. An diesem Punkt der Geschichte war das Beil womöglich schon längst gang und gäbe, aber noch immer wurde die Schneide mit Hilfe eines Seils am Stiel befestigt.

Im Laufe der Jahrtausende kamen viele andere Verwendungen des Seils dazu: Netze, Schlingen, Angeln, Schiffstakelagen, Tierfesseln, Tierstricke und Befestigungen aller Art wurden entwickelt, wobei auch das Tauwerk selbst immer raffinierter wurde. Mit diesen einfachen Werkzeugen entstand die Landwirtschaft und damit auch die Zivilisation, so dass man doch annehmen kann, dass unsere heutige Gesellschaft ohne die Grundlage von Stricken, Schnüren und Knoten sich so nicht entwickelt hätte.

Woher wissen wir, dass die Schnur eine so lange und ehrwürdige Geschichte hat? Knoten aus der Frühzeit sind nicht mehr erhalten, da die Naturfasern und Tiersehnen als organische Materialien im Laufe der Zeit verrotteten. Wir wissen jedoch, dass Steinaxtschneiden an Holzstielen befestigt und Speere mit geschliffenen Steinspitzen versehen waren. Die einzige praktische Weise, Griff und Klinge wirksam miteinander zu verbinden, muss darin bestanden haben, sie aneinander festzubinden. Um bestimmte Arten von Axtschneiden wurde eine Nut gefräst, die nur dazu gedient haben kann, die Befestigungsschnüre aufzunehmen oder einen Griff an Ort und Stelle zu halten, der um den Stein gebogen und dann dort festgebunden wurde.

Archäologen fanden auch mit Löchern versehene Steine. Man glaubt, dass es sich dabei um Schmucksteine handelte, die an einen durch ein Loch gezogenen Faden gehängt wurden. Einige Funde aus Osteuropa wurden als 35 000 Jahre alter Schmuck identifiziert, dessen Form und Aussehen den Gebrauch mit Schnüren nahe legt.

Als die Menschen ihre Wanderungen unternahmen, um neues Land zu besiedeln, waren sie auch gezwungen, größere Flüsse oder Seen zu überqueren. Flöße oder primitive Boote, ja selbst solche aus aufgeblasener Haut, waren erst mit Hilfe von Knoten einsetzbar, auch das ein Hinweis, dass Schnüre schon vor langer Zeit bekannt waren. Schlagende Beweise für die Existenz von Knoten vor mehr als 9000 Jahren gibt es jedoch nicht. Der älteste bekannte Knoten wurde an einem Netz auf einer Insel vor der finnischen Küste gefunden und auf diese Zeit datiert. Es handelt sich um einen Schotstek, wie er noch heute für Netze verwendet wird.

Jüngere archäologische Funde dagegen sind relativ häufig, und bereits in Darstellungen aus der Pharaonenzeit, etwa 4000 Jahre alt, finden wir die Seilmacherei als spezialisiertes Handwerk. Es gibt verschiedene Illustrationen, in denen Seile dargestellt werden: Sie zeigen, wie Aufseher und Baumeister die Länge der Seile vermessen, Flachsbündel, mit Garn umwickelte Spulen, Peitschen, Lassos, Tierstricke, Fischernetze, Segelboote und Garnstränge – selbst die Seilherstellung wird gezeigt.

Je mehr wir uns der heutigen Zeit nähern, umso mehr Beweise gibt es für die Existenz von Knoten, aber gleichzeitig wurden sie selbstverständlicher Bestandteil des täglichen Lebens, so dass wir weniger nützliche Hinweise finden und uns auf die von Archäologen und Ethnologen vorgenommene Analyse von Artefakten verlassen müssen. Hinweise auf Tauwerk, zum Beispiel in den Werken Shakespeares und Jonathan Swifts, unterstreichen die allgemeine Akzeptanz und Bedeutung von Knoten im täglichen Leben, allerdings sind dies alles relativ junge Beispiele.

Die Knüpftechnik erreichte vermutlich in der Mitte oder zum Ende des 19. Jahrhunderts ihren Höhepunkt, als Knoten in fast jedem Beruf eingesetzt wurden. Viele wurden von verschiedenen Handwerkern für spezifische Zwecke verwendet, was teilweise auch dazu führte, dass die gleichen Knoten verschiedene Bezeichnungen tragen, je nachdem, in welchem Beruf sie Verwendung fanden. So gibt es beispielsweise mehrere »Weberknoten«, was Verwirrung stiften kann, wenn man versucht herauszufinden, welcher Knoten mit dieser Bezeichnung in alten Texten genau gemeint ist.

Verlässliche Bücher über Knoten erschienen erst zu Beginn des 19. Jahrhunderts, auch wenn es schon im frühen 17. Jahrhundert Informationen über Knoten in Werken für Seeleute gab. Im Jahr 1944 erschien dann »Das Ashley-Buch der Knoten«, das auch heute noch ein Standardwerk für Knoten ist, wenngleich es seitdem ja einige Fortschritte insbesondere bei Seilmaterialien gegeben hat. Aber die Vielseitigkeit der Knoten wird in diesem Buch deutlich: Der Autor nennt 85 Berufe und die mit ihnen assoziierten Knoten.

Denken wir an Knoten, assoziieren wir damit oftmals zunächst die komplizierten Gebilde der Seeleute; wir dürfen dabei aber nicht vergessen, dass hier die Knüpftechnik eine überlebenswichtige Fertigkeit war und diese an sich schönen Knoten keineswegs dekorativen Zwecken dienten. Die Knoten-Ästheten waren viel eher die Cowboys in Nordamerika, die dafür bekannt waren, ihre Kleidung und Ausrüstung mit wesentlich ausgetüftelteren und komplizierteren Knoten auszustatten, als dies je ein Seemann getan hat.

Ein wichtiger Berufszweig bei der Entwicklung von Knoten war auch die Walfängerei: Man muss bedenken, dass vor dem 20. Jahrhundert Walfänger oft bis zu vier Jahre unterwegs und dabei oft monatelang ohne Beschäftigung waren, bis sie auf diese riesigen Tiere stießen, die oftmals unter Einsatz des eigenen Lebens erlegt wurden. Ihre Langeweile in den ereignisarmen Phasen der Reise bekämpften sie auch, indem sie mit Schnüren oder Seilen ihre Geschicklichkeit erprobten. Einige ihrer Knoten sind wahre ästhetische Meisterwerke.

Knoten waren, wie wir schon erahnen, eben nicht nur praktisch, sondern hatten auch künstlerische Bedeutung. So gibt es in China noch heute Schmuckknoten, die ihre ureigene Geschichte und Bedeutung haben. Recht komplizierte Knotenkompositionen werden unter der Verwendung entsprechender Farben hergestellt, um bei der Geburt eines Kindes oder der Eröffnung eines neuen Geschäfts einen Segen zu erteilen. Zu der spirituellen Dimension kommt hier aber auch der ästhetische Aspekt. Übrigens wird selbst in den elaboriertesten chinesischen Knoten stets ein kleiner Fehler eingebaut, um den Göttern zu zeigen, dass man nicht in der Lage ist, die den Göttern vorbehaltene Perfektion zu erreichen. So erregt man nicht ihren Neid.

Die Inkas nutzten Knoten für ihre Aufzeichnungen und Berechnungen. Sie knüpften eine Reihe Knoten in Schnüre, die an ein Seil angebracht wurden, welches im Zentrum war. Die Kombination der unterschiedlich gefärbten Knoten mit verschiedenen Abständen hatte jeweils ihre eigene Bedeutung.

Wie das genau funktionierte, ist bislang ungeklärt, da der Großteil der Inka-Zivilisation von den Spaniern im 16. Jahrhundert zerstört und eine vollständige Erklärung nicht gefunden wurde.

Inselbewohner der Südsee stellten mit über Rahmen gespannten Schnüren Wellenmuster und Richtungen dar, eine wertvolle Navigationshilfe, die es ihnen ermöglichte, große Entfernungen ohne jede Seekarte mit einer Genauigkeit zurückzulegen, die noch heutzutage Seefahrer verblüffen würde. Natürlich wurde viel Wissen mündlich weitergegeben, aber die Schnüre waren eine ausgezeichnete Erinnerungshilfe.

In anderen Bereichen haben Knoten eine magische Bedeutung. Man speicherte den Wind, indem man einen Knoten knüpfte; bei Windstille wurde er wieder aufgeknüpft, damit die Fahrt fortgesetzt werden konnte. In ihrem Roman »Schiffsmeldungen« legt E. Anie Proulx dar, dass dieser Glaube in Neufundland verbreitet war. Selbst die künstlerischen piktisch-keltischen Knoten hatten vermutlich eine spirituelle Bedeutung, denn sie sind auf zahlreichen rituellen Gegenständen und Grabsteinen zu finden. Im Mittelalter wurden sie von den Mönchen übernommen, die sie als dekorative Elemente in ihre Buchhandschriften integrierten.

Knoten wurden auch zu medizinischen Zwecken verwendet, wobei man davon ausging, dass manche Knoten bei bestimmten Verletzungen heilend wirken konnten. So wurde der Kreuzknoten, auch Samariterknoten genannt, dazu verwendet, Brüche zu schienen. Noch heute wird derselbe Knoten verwendet, um bei der ersten Hilfe Dreieckstücher zu Schlingen zu binden.

Wenn Sie glauben, Knoten fänden in der modernen Zeit keine Anwendung, versuchen Sie doch trotzdem, ein paar davon zu lernen. Sie werden sehen, wie praktisch sie oft sein können.

*Links: Der Kreuzknoten, auch Samariterknoten genannt, wird seit Jahrhunderten verwendet, ursprünglich um Brüche zu schienen. Auch heute dient er einem ähnlichen Zweck, dem Binden von Dreieckstüchern zu Schlingen.*

Meine Fähigkeit, Knoten zu binden, hat mir bisher bei jeder beruflichen Tätigkeit geholfen, auch wenn sie in keiner Stellenausschreibung je verlangt wurde.

Das Fernsehen lässt uns auf dem Fernsehsessel in alle Winkel der Welt reisen, und vielleicht ist Ihnen schon aufgefallen, dass Filmdokumentationen zuweilen den Erfindungsgeist und die Geschicklichkeit von Naturvölkern anhand des Seilmachens und Knotenknüpfens demonstrieren: Sie zeigen, wie aus einer Vielzahl natürlicher Materialien, aus Baumrinde, Wurzeln, Dornengestrüpp, Nesseln, Kokosnussschalen, Gräsern, Därmen, Häuten und Blättern, Schnüre und Seile gefertigt werden können. Einige Materialien sind besser geeignet als andere und manche sind für bestimmte Regionen der Welt typisch.

Man hat bereits früh entdeckt, dass man mit einigen Fasern reißfestere Schnüre herstellen konnte als mit anderen. In dem Maße, in dem sich die Landwirtschaft weiterentwickelte, wurden diese Pflanzen gezielt verbessert. Wegen der großen Nachfrage nach Seilen entwickelte sich ein schwunghafter internationaler Handel mit den Rohstoffen, und sobald ein Krieg den Nachschub gefährdete, begannen die Händler, rasch nach neuen Bezugsquellen zu suchen. Demgemäß erhalten wir inzwischen Seile aus Naturfasern aus russischem, italienischem und Manila-Hanf, aus Baumwolle, Kokosfaser und Sisal. Russischer und italienischer Hanf und Flachs werden als »weiches« Tauwerk bezeichnet, weil sie von Bast oder Halmfasern stammen, während Manila-Hanf und Sisal zum »harten« Tauwerk gehören, da sie aus Struktur- oder Blattfasern gefertigt werden. Manchmal führt der Ausdruck Manilaseil zu Verwirrung, da der Ausdruck aus den Jahren stammt, als dieses Seil noch wirklich aus Manila-Hanf hergestellt wurde.

Tauwerk wird noch immer aus dem gleichen Material wie schon seit Jahrhunderten mit fast gleich bleibender Technik hergestellt. Der Rohstoff wird gereinigt und gekämmt, damit alle Fasern in dieselbe Richtung weisen. Dann werden die Fasern mit einem Schmiermittel besprenkelt und zu einem Garn verzwirnt. Mehrere Garne werden nach rechts oder links geschlagen und bilden dann ein Kardeel. Diese Kardeele werden dann schließlich miteinander gedreht, so dass sie eine Leine, ein Seil oder ein Kabeltau bilden. Einige Taue mögen in jedem Kardeel bis zu über 300 Garne enthalten und drei oder mehr Kardeele gemeinsam bilden jeweils eine Trosse. An jedem Punkt wird die Richtung, in der die Stränge geschlagen werden, umgedreht, was dazu führt, dass das Tau sich nicht verdreht, denn jede Tendenz eines Garns, dies zu tun, wird durch die entgegengesetzten Schläge der anderen Kardeele wieder aufgehoben.

Die Kontrolle der Spannung und der Stärke des Schlags bei der Herstellung der Seile war eine qualifizierte Tätigkeit und über die Jahre wurden an den Produktionseinheiten zahlreiche

Verbesserungen vorgenommen. Lange wurde das Schlagen der Kardeele von Hand vorgenommen, was die Herstellung sehr arbeitsintensiv machte. Stellen Sie sich vor, welcher Anstrengung es bedurfte, um von Hand eine Trosse mit einem Umfang von 18 Zoll (46 Zentimeter) herzustellen! Manchmal arbeiteten bis zu 40 Mann an den Kurbeln, mit deren Hilfe die Taue einer dicken Trosse gegeneinander verdreht und anschließend verspleißt wurden. Eine 120 Faden (ca. 280 Meter) lange aufgewickelte Trosse wog etwa vier Tonnen.

Die Kardeele werden in ihrer gesamten Länge entlang der so genannten Reeper- oder Seilbahn gespannt und an Haken eines großen Seilrads eingehängt. Durch die Betätigung des Rades werden sie dann zu Trossen zusammengedreht. Wenn die Vorspannung vorgegeben war, wurde das Leitholz entlang der Reeperbahn hin- und hergeführt, es schob die Kardeele an die richtige Stelle und diese verdrehten sich unter der strengen Aufsicht des Meisters, der Vorspan-

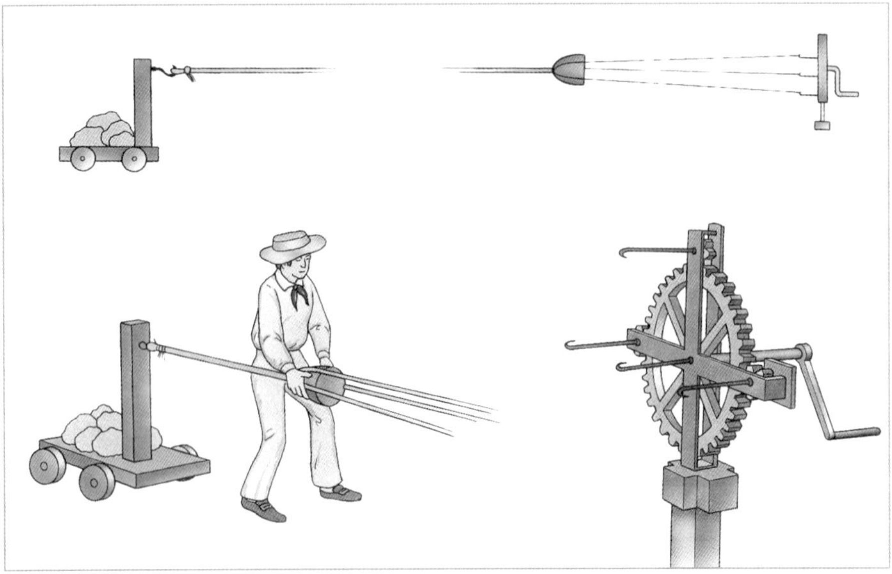

*Oben: Hier ist ein altes Seilrad zu sehen, wie es zum Schlagen von Seilen verwendet wurde. Ein Arbeiter steuerte das Leitholz, während ein anderer das Rad drehte.*

nung und Schlag überwachte, zu Tauen. Wird beim Schlagen des Seils wenig Vorspannung aufgebracht, entstehen weich geschlagene Taue. Diese sind sehr flexibel, aber nicht so widerstandsfest wie ein unter hoher Vorspannung geschlagenes Tau. Hart und weich geschlagene Taue sollten nicht mit eingangs erwähntem hartem und weichem Tauwerk verwechselt werden.

Ab Ende des 18. Jahrhunderts wurden im Laufe der Jahre mehr und mehr Maschinen und Ausrüstungen zur Herstellung zuverlässigen Tauwerks verwendet. Einige dieser Verbesserungen wirken vom heutigen Standpunkt aus selbstverständlich, allerdings regte sich gegen ihre Einführung oft Widerstand. Der Fortschritt war jedoch nicht aufzuhalten und neue Techniken verbesserten Qualität und Zuverlässigkeit der Seile beträchtlich. Im Zeitalter der industriellen Revolution wurde Muskelkraft durch Dampfkraft ersetzt, und bald folgten den frühen Modellen Maschinen mit ausgefeilterer Technik, um die Position der Einzelkardeele, die Anpassung der Kardeellänge und entsprechend ihrer Position im Seil zu kontrollieren. Heute sind Fabriken in der Lage, fast unbegrenzt fortlaufendes Tauwerk in unglaublicher Geschwindigkeit herzustellen, in einer Qualität, von der die alten Seiler nicht einmal zu träumen gewagt hätten.

Fast sofort nach der Erfindung synthetischer Fasern wurden diese zu Tauwerk verarbeitet. Durch Beharrlichkeit und die Entwicklung neuer Techniken kam es dazu, dass das Fehlen der Kunstfaser in der Seilmacherei heute fast unvorstellbar wäre. Tatsächlich gibt es inzwischen eine größere Vielfalt bei synthetischen Seilen als bei Naturfaserseilen. Sie bestehen in der Regel aus den Kunstfasern Polyethylen, Polypropylen, Polyester oder Polyamid. Anders als bei herkömmlichen Seilen können die Eigenschaften moderner Seile mit größerer Genauigkeit gewährleistet werden, so dass für jede gewünschte Anwendung ein bestimmtes Seil ausgewählt werden kann.

Auch wenn synthetisches geschlagenes Tauwerk auf dem Markt erhältlich ist, vor allem im preiswerteren Marktsegment, sind die meisten Synthetikseile geflochten. Es kann sich dabei um einen geflochtenen Schlauch, eine geflochtene Leine mit einer geschlagenen oder geflochtenen Seele oder um geflochtenes Seil mit einer aus geschlagenen Kardeelen und mehreren Monofilamenten zusammengesetzten Seele handeln. Jeder Seiltyp hat eigene Eigenschaften und verlangt spezifische Spleißtechniken. Manchmal müssen neue Knoten gelernt werden, um sicherzustellen, dass sie auch halten.

Drahtseile, die es seit etwa 150 Jahren gibt, werden in diesem Buch außer Acht gelassen, wenngleich ihre Verwendungsmöglichkeiten faszinierend vielfältig sind.

Bedingt durch die vielfältigen technischen Möglichkeiten hat sich in den letzten 60 Jahren in der Seilherstellung mehr verändert als in den 60 000 Jahren davor.

## Pflege und Sicherheit

»Gemeinsam sind wir stark, getrennt sind wir schwach« mag als Motto für die Seilpflege gelten. Egal, welchen Seiltyp wir verwenden, seine Stärke hängt davon ab, ob jedes Kardeel das tut, was man von ihm erwartet. Diese Qualität wird durch Schmutz und Grobstaub ernsthaft eingeschränkt, die zu verdeckten Mängeln und, wenn man dem nicht vorbeugt, zu einem möglichen Versagen im ungünstigsten Moment führen können. Es ist eine Sache, wenn der Knoten an einem Päckchen aufgeht, aber eine ganz andere, wenn dasselbe passiert, während man beim Bergklettern angeseilt ist. Das meiste, was im Folgenden steht, entspricht dem gesunden Menschenverstand, aber machen Sie sich bewusst, dass es Ihnen gegebenenfalls das Leben retten kann.

- Seile, sowohl aus Naturfasern als auch aus Synthetik, sind vor grellem Sonnenlicht zu schützen, auch wenn einige mit einem UV-Schutz versehen sind.

- Kontakt zu Säuren und anderen Chemikalien ist zu vermeiden. Kunstfasern können durch Lösungsmittel angegriffen werden, auch wenn das nicht immer auf Anhieb sichtbar ist. Abgesehen vom direkten Kontakt können auch Rauchgase Schäden verursachen, zum Beispiel vom Auto, wenn die Seile in der Garage aufgehängt sind, oder wenn sie zusammen mit dem Benzinreservekanister im Kofferraum transportiert werden. Einige chemische Reaktionen können zur Fleckenbildung führen.

- Fett und Öl greifen Seile in zweierlei Hinsicht an. Erstens als Chemikalie, aber auch, indem sie Schmutz und Grobstaub anziehen, die sich dann in den Seilkern vorarbeiten und die Fasern unsichtbar durch Abrieb zerstören können.

- Seile vertragen keine Hitze, egal ob sie von Funken stammt oder durch Reibung erzeugt wird. Beim Abseilen wird das Abseilgerät im Allgemeinen recht warm. Während des Abseilens gleitet das Seil am heißen Gerät entlang, wodurch seine Wärme über die gesamte Seillänge verteilt wird. Problematisch wird es erst am Ende des Abseilvorgangs. Dann sitzt das heiße Metall auf einem ganz kleinen Seilabschnitt. Jetzt sollte es so rasch wie möglich vom Seil entfernt werden, um die Kontaktzeit zu verkürzen, sonst kann der Seilmantel schmelzen oder die Stränge können glasig werden. Das ist jedoch im Allgemeinen deutlich sichtbar, so dass man das schadhafte Seil gegebenenfalls aus dem Verkehr ziehen kann.

• Kälte kann spezifische Folgen haben, die man zunächst nicht bemerkt. Wenn ein Seil gefriert, schränkt das die Bewegungsfreiheit der Fasern beträchtlich ein. Sobald das gefrorene Seil verwendet wird, kann das dazu führen, dass es innerlich beschädigt wird, da die Last auf die Garne ungleichmäßig verteilt wird oder Eiskristalle mit ihren scharfen Kanten Garne durchtrennen.

• Durch seine Kapillarwirkung nimmt das Seil Wasser auf und wird dadurch schwerer. Es verliert auch je nach Aufbau an Festigkeit. Dies lässt sich vermeiden, indem man die Seile mit einem Wasser abweisenden Mittel imprägniert.

• Seile sollten regelmäßig mit einem Synthetik-Waschmittel, Seifenflocken oder einem Markenseilwaschmittel gewaschen und dann gut ausgespült werden. Man trocknet sie, indem man sie an einem trockenen, gut durchlüfteten Ort ausbreitet. Das Trocknen von Seilen auf der Heizung kann schädlich sein. Insbesondere Höhlenseile sollten gereinigt werden, da sie eher verschmutzen als andere. Zuweilen wird empfohlen, Seile vor ihrem ersten Einsatz zu waschen, damit der Mantel sich dichter an den Kern legt und das Seil weniger einläuft. Am Meer verwendete Seile sollten von Zeit zu Zeit ausgespült werden, um sie von den abrasiv wirkenden Salzkristallen zu befreien.

• Fast alles, womit das Seil in Kontakt kommt, kann Abrieb verursachen. Scharfe Felskanten kann man abpolstern, spezielle Rollen können das Seil in deutlichem Abstand von der Kante halten, man kann das Seil aber auch mit Hilfe einer einfachen Segeltuchhülle schützen.

• Sie sollten sich nicht auf das Seil stellen: Abgesehen von dem Abrieb, den dies verursacht, kann ein plötzlicher Ruck am Seil auch dazu führen, dass die Person, die gerade darauf steht, das Gleichgewicht verliert, das Seil kann sich um ein Bein oder den Hals wickeln, was zu einem unfreiwillig schnellen Abstieg führen kann.

- Zudem sollten Sie sich niemals innerhalb einer Seilschlaufe aufhalten, denn wenn das Seil schnell unter Last gerät, bleibt keine Zeit mehr, sich in Sicherheit zu bringen. Aus nahe liegenden Gründen ist es auch zu vermeiden, sich unter eine Last zu stellen, die gerade angehoben oder abgesenkt wird.

- Achten Sie darauf, wo Sie hintreten, wenn Leinen oder Taue im Spiel sind. Man stolpert leicht und kann sich verletzen.

- Alle Pflege der Welt kann nicht verhindern, dass sich Leinen verheddern, wenn sie nicht korrekt aufgewickelt werden. Lose Leinen verwickeln sich unwillkürlich zu fürchterlichen Knoten, also ist es wichtig, sie ordentlich aufzubewahren.

Es gibt verschiedene Arten, Seile aufzunehmen oder aufzuschießen. Am einfachsten ist die Art, in der die meisten Leute Verlängerungskabel aufwickeln: manuell in kleinen Wicklungen um den Ellenbogen und über die Hand. Das wird so lange wiederholt, bis das ganze Kabel aufgewickelt ist. Um es zum Schluss festzuziehen, gibt es dann eine Vielzahl von Methoden.

Die Verwendung des aufgewickelten Kabels kann einen Einfluss darauf haben, wie es gesichert wird. Bei Verlängerungskabeln und Wäscheleinen reicht es aus, das Kabelende ein paar Mal um die Aufwicklungen zu zurren und das Ende unter einer bis zwei Windungen hindurchzuschieben. Bei dickeren oder schwereren Tauen reicht das im Allgemeinen nicht aus, um alles zusammenzuhalten, zudem könnte es sein, dass größere, möglicherweise von der Taille bis zum Boden reichende Wicklungen notwendig sind.

Einige Wickelformen haben Bezeichnungen wie »Seilpuppe« oder »umwickelter Bunsch« erhalten und erfüllen ganz bestimmte Erfordernisse. Ein Bergsteiger braucht ein Seil, das sich leicht abrollen lässt, leicht zu tragen ist, ein Höhlenkletterer ein Seil, das sich leicht abrollen lässt, sich aber nicht verhaken kann. In den Abbildungen ist zu sehen, dass der Kletterer die Schlaufen umwickelt und das Seilende so sichert, dass er den Knoten sofort wieder lösen und das Seil verwenden kann. Der Höhlenkletterer verknotet beide Seilenden zu einem Kreuzknoten und zurrt dann ein Stück Seil von jedem Ende um die Schlaufen, bevor er dies mit einem weiteren Knoten sichert. Die Einzelschlaufen werden auf diese Weise zusammengehalten und es ist unwahrscheinlich, dass sie sich ungewollt lösen.

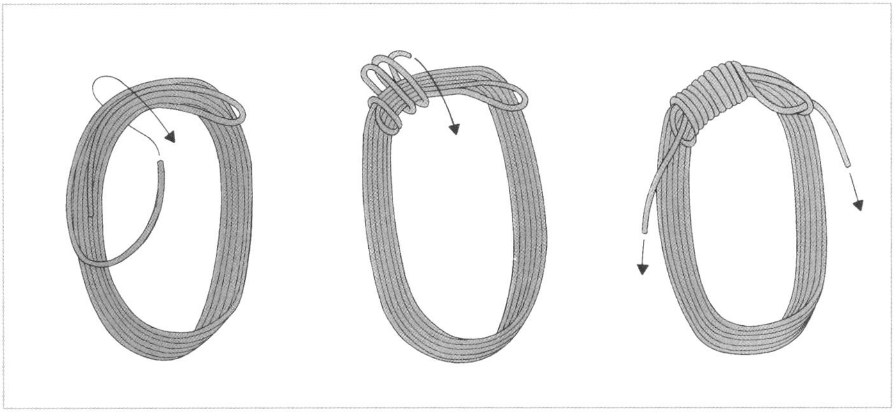

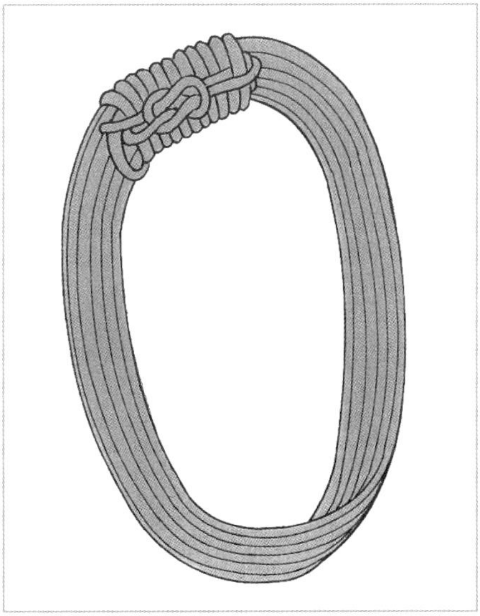

*Oben und links: Alpiner Bunsch oder Seilpuppe, die durch Zurrtörns sicher zusammengehalten wird. Diese können rasch gelöst werden, wenn der Bergsteiger das Seil plötzlich benötigt.*

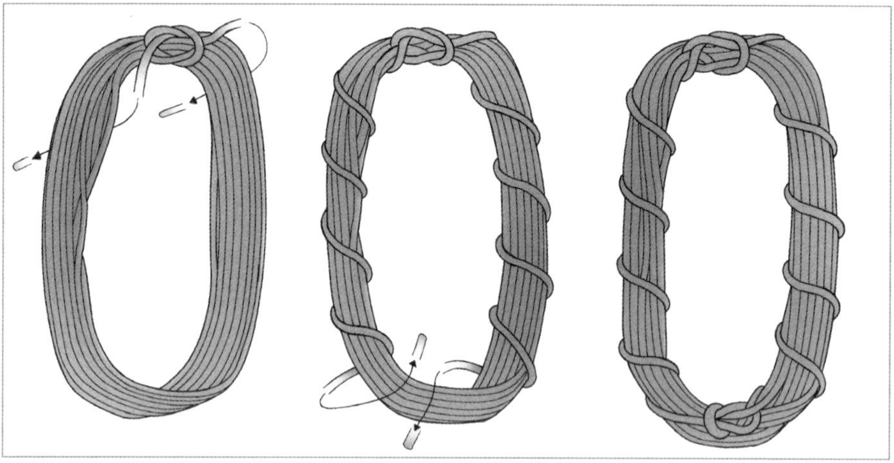

*Oben: Höhenaufschießmethode: Hier wird das überschüssige Seil um die Schlaufen gewunden, um zu verhindern, dass es sich abwickelt. Unten: Die hier abgebildete Art des Aufschießens ist für verschiedene Zwecke nützlich, etwa für das Aufwickeln von Wäscheleinen.*

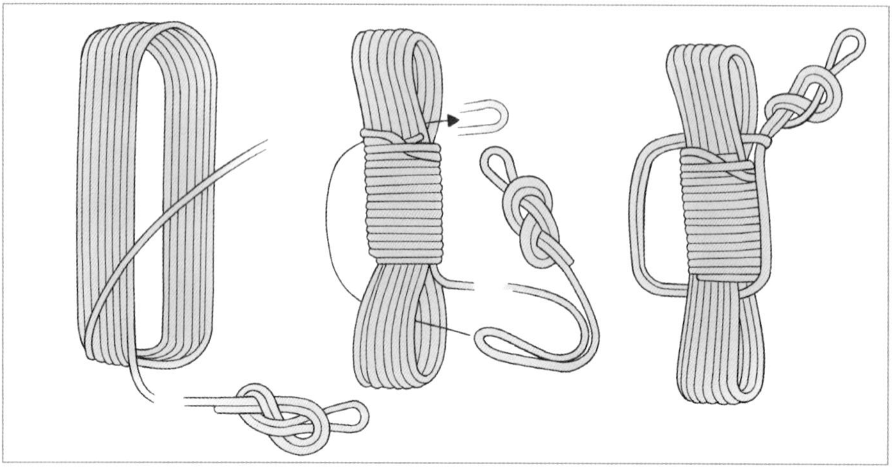

Trotzdem heißt das noch lange nicht, dass jeder Bergsteiger oder Höhlenkletterer sein Seil auf die gleiche Art und Weise aufschießt. Es gibt viele Arten, dies zu tun, und in der modernen Praxis werden Seile auch oft in Seiltaschen oder -säcken transportiert, die, wenn sie zweckmäßig gefertigt sind, das Seil vor Schmutz, Staub und Ähnlichem schützen, was das Seil angreifen könnte. Sie erleichtern auch die Handhabe, vor allem unter der Erde.

Ein Seil in eine Tasche zu packen ist einfacher, als man denkt. Zunächst macht man an das Seilende einen dicken Knoten (damit niemand vom Seilende herunterrutscht). Dann kommt der Knoten in die Tasche. Den Taschenrand hält man mit der einen Hand und lässt dann das Seil unter dem Daumen der Hand durchlaufen, die die Tasche hält. Mit der anderen in der Tasche befindlichen Hand wird das Seil einfach nachgezogen und dann losgelassen. Man führt die Hand hoch zum Daumen, unter dem das Seil hindurchläuft, greift am Seil nach und zieht das nächste Stück herein. Das wird rhythmisch so lange wiederholt, bis das Seilende erreicht ist. Auch hier ist es sinnvoll, zum Seilende hin einen Knoten zu machen, den man leicht auffindet, wenn man das Seil verwenden möchte. Es ist nicht notwendig, das Seil aufzuschießen, um es in die Tasche zu legen. Im Gegenteil, das Legen von Schlaufen sollte vermieden werden, weil es zur Krangelbildung führen kann. Nachdem ich wusste, wie sorgfältig Walfangleinen aufgeschossen werden und welche Sorgfalt nötig ist, um Rettungsleinen krangelfrei zu legen, war ich erstaunt, als ich sah, mit welcher Sorglosigkeit scheinbar ein geflochtenes Bergseil in eine Tasche gestopft wurde. Meine Verwunderung wuchs noch, als ich später beobachtete, wie glatt das Seil aus der Tasche glitt, ohne sich zu verheddern. Man muss vielleicht ein paar Mal üben, um den Rhythmus drauf zu haben, aber es lohnt allemal.

Stellen Sie sicher, dass das Seil bei Verwendung eines Blocks (Flaschenzugs) die richtige Größe hat. Gerät ein zu dünnes Seil auf die Seilscheibe, besteht die Gefahr, dass es auf den Boden des Flaschenzugs gerät und durchrutscht, ein zu dickes Seil dagegen kann blockieren. Etwa ein Drittel des Seilumfangs sollte die Seilscheibe berühren. Die Form der in der Seilscheibe vorgesehenen Nut ist ebenfalls wichtig, da unterschiedliche Seiltypen in unterschiedlichen Querschnitten besser laufen. Kevlarseile laufen zum Beispiel besser in breiteren, flacheren Nuten als in den für Manilaseile zu bevorzugenden Rundnuten. Die Seilscheibe sollte üblicherweise mindestens den vierfachen Durchmesser des Seils selbst aufweisen, um sicherzustellen, dass das Seil keinen Knick oder, anders gesagt, zu enge Buchten bildet. Dennoch ist oft ein Kompromiss nötig, vor allem wenn das zu schwer wird, aber die Hersteller von Sportausrüstungen bieten in der Regel eine Leichtgewichtskollektion an, aus der ausgewählt werden kann.

Zur Lagerung ist ein kühler, dunkler, gut belüfteter Raum oder Schrank am besten geeignet. Hier kann man das Seil entweder an unbehandelten Holzpollern oder an Seilringen aufhängen, die wiederum an Haken hängen. Vermeiden Sie rostiges Material!

Wenn Sie mit Ihren Seilen verantwortungsbewusst umgehen wollen, sollten Sie notieren, um welche Seile es sich handelt, welche Länge sie haben und zu welchem Zeitpunkt Sie sie gekauft haben. Da gibt es mehrere Möglichkeiten. Ich selbst schreibe die Daten auf ein Plastikkärtchen, das ich an der entsprechenden Seilaufhängung anbringe.

Wenn Seile zum Bergsteigen, Höhlenklettern oder in anderen Situationen zum Einsatz kommen, in denen es lebensgefährlich wäre, wenn sie versagten, ist es vernünftig, ja wichtig, über die Verwendung der Seile Buch zu führen. Hieraus geht hervor, wie oft sich schon jemand damit abgeseilt hat, ob schon einmal jemand ins Seil gefallen ist, ob es verwendet wurde, um ungewöhnliche Lasten zu transportieren, wie lange es der Witterung ausgesetzt war usw. Aufgrund dieser Informationen und der Prüfung des Seils können Sie, sobald Sie dazugelernt und ausreichend Erfahrung gesammelt haben, beurteilen, ob es sicher ist, das Seil erneut zu verwenden, oder ob es ausgemustert werden sollte.

## Seilwahl

Die Wahl des Seils hängt davon ab, was Sie damit zu tun gedenken und wie viel Sie ausgeben können. Sie sollten bei der Wahl des Seils nicht jeden Cent umdrehen, brauchen aber auch nicht das Geld zum Fenster hinauszuwerfen. Seien Sie wählerisch, aber versuchen Sie, sich ein Bild von den Anforderungen zu machen, bevor Sie sich von der technischen Beschreibung eines Wunderseils verführen lassen. Wenn Sie in den richtigen Geschäften einkaufen, werden Sie eine große Auswahl finden, aus der Sie das Sinnvollste auswählen können.

- Beim Campen ist es zweckmäßig, eine Reihe von geflochtenen, leichten Nylonleinen für die auf dem Zeltplatz zu erledigenden Aufgaben zur Hand zu haben. Die als »Paracord« verkauften Leinen sind hierfür ideal geeignet. Sie werden feststellen, dass es praktisch ist, für kompliziertere Anwendungen eine Auswahl aus sechs bis elf Millimeter dicken Leinen und Seilen zu haben.

- Beim Angeln kann aus einer Vielzahl von Leinen und Schnüren ausgewählt werden und viel hängt davon ab, für welche Fischarten die Schnüre benötigt werden. Die beste Informationsquelle ist hier sicherlich ein gutes Anglerfachgeschäft.

- Bootseigner benötigen in der Regel eine ganze Reihe von Seilen und Leinen, jede für einen anderen Zweck. Ein Kanufahrer etwa braucht ein Bungeeseil oder Shockcord, eine leichte Schwimmleine, eine elastische Wurfleine und einige leichte Taljereeps. Ein Segler arbeitet mit Naturfaserseilen in mehreren Größen, praktischerweise sollte er jedoch eine vergleichbare Auswahl synthetischer Leinen verwenden. Die einen sollten schwimmen können, die anderen dürfen sich nicht dehnen, wiederum andere sollten eine gewisse Elastizität aufweisen.

- Auch beim Bergklettern können Ihnen Spezialhersteller eine riesige Auswahl an Größen, Dicken und Farben anbieten. Die Farbcodierung hilft dabei, jedes Seil und seine Funktion zu identifizieren. Es gibt Seile, die sich bei einem Sturz bis zu zehn Prozent dehnen, um den Stoß abzumildern, es gibt solche, die kaum nachgeben, damit sie beim Abseilen oder bei Arbeitseinsätzen präzise platziert werden können. Es gibt auch dünnere Leinen für Prusikknoten und Taljereeps, Seile für Einfach- oder Doppelstränge, sich verjüngende Seile, Wasser abweisende Seile, dünne, aber extrem reißfeste Kevlarleinen für Eigenrettungsausrüstungen, spezielle Rettungsseile und sogar spezielle Seile fürs Militär, die aber schwer zu finden sein dürften.

All diese Aktivitäten können den Nutzer des Seils in gefährliche Situationen bringen, auch wenn Angeln und Campen weniger gefährlich sind als Klettern und Segeln. Zudem ist der beste Ort für die Ausübung dieser Sportarten in der Regel weit weg von jeder menschlichen Zivilisation und die Gefahr umso größer, da nicht ohne weiteres mit Hilfe gerechnet werden kann. Man kann gar nicht genug betonen, wie wichtig es ist, vor der Verwendung der in diesem Buch beschriebenen Knoten ein richtiges Training und eine entsprechende Einweisung zu bekommen, vor allem wenn das Leben auf dem Spiel steht. Hüten Sie sich vor Selbstüberschätzung und gehen Sie niemals davon aus, dass Sie bereits alles können. Bei solchen Aktivitäten wird man immer wieder seine Überraschungen erleben.

# Ausrüstung

Um Knoten machen zu können, benötigt man nur ein einziges Werkzeug: die Finger. Allein damit können Sie sämtliche Knoten in diesem Buch nachvollziehen. Es gibt ein altes Seemannssprichwort, das besagt: »Jeder Finger ein Marlspieker (s. S. 26)«, was nahe legt, dass die Segler vergangener Zeiten auf ihre Fingerfertigkeit stolz waren. Dennoch gibt es ein oder zwei Gegenstände, die dem Knotenbinder die Sache erleichtern. Bereits die alten Seefahrer benutzten sie – wenn Sie also in deren Verwendung eine gewisse Fertigkeit erreichen, tragen Sie dazu bei, ein jahrhundertealtes traditionelles Handwerk fortleben zu lassen.

Bevor wir über die Ausrüstung sprechen, sollten wir uns zunächst die Finger ansehen. Im Allgemeinen müssen Seile nicht in einer bestimmten Art und Weise gehalten werden, Grundvoraussetzung ist aber eine bestimmte Flexibilität der Finger und auch des Geistes.

Nach den Fingern ist das nützlichste Werkzeug für das Knotenbinden ein Messer. Es muss scharf sein, die Klinge sollte sich aber nicht biegen können; ein Matrosenmesser ist generell praktischer als ein Klappmesser, wobei die Klinge normalerweise nicht spitz sein muss. Der Zweck des Messers besteht darin, das Seil oder die Leine zu schneiden. Sie werden vielleicht herausfinden, dass Sie mehr als ein Messer brauchen, da es viele Arten und Orte gibt, Seile zu schneiden. Ein Schneidbrett ist nützlich, damit Druck aufgebracht werden kann, ohne die Unterlage zu ruinieren. Eine nach unten drückende Schnittbewegung ergibt einen glatten Schnitt. Ein dickes Seil zerteilt man am besten mit einer scharfen Axt und einem stabilen Holzklotz. Man legt die Axt auf eine feste Oberfläche mit der Schneide nach oben und legt das Seil darüber. Dann hält man den Griff der Axt und trennt das Seil, indem man kräftig mit dem Klotz auf das Seil schlägt. Es versteht sich von selbst, dass das außerhalb des Wohnbereichs geschehen muss. Die Technik kann auch mit dem Messer angewandt werden, sofern es ein kräftiges Messer ist. Legen Sie das Schneidbrett auf den Boden und nicht auf die Knie, bevor Sie den Schlag aufs Messer ausführen. Sonst kann es schmerzhaft werden!

In den Werkzeugkasten fürs Knotenbinden gehört eine Vielzahl von Schnittwerkzeugen, angefangen von Küchenmessern über Takler- und Handwerkermesser bis hin zum Schweizer Armeemesser. Auch Rasierklingen, Teppichmesser und Skalpelle sind beliebt. Sie können jedes Messer verwenden, sofern es sauber schneidet und gut und sicher in der Hand liegt.

Nicht nur Messer sind Schneidwerkzeuge; jeder mit einer scharfen Klinge versehene Gegenstand kann für unsere Zwecke dienlich sein. Je nach der Arbeit, die Sie verrichten wollen, und der Art des Seils können folgende Werkzeuge nützlich sein: Bonsaiwurzel-, Nagel-, Drahtscheren, Seitenschneider, Scheren jeder Größe und in Extremfällen sogar Zigarrenschneider. Die meisten brauchen eine Schleifvorrichtung und auch hier gibt es eine große Auswahl, von Ölsteinen bis hin zu Wolframkarbidrollen-Schleifgeräten.

Vor dem Abschneiden sollten Sie das Seilende dort, wo Sie es abschneiden wollen, entweder mit Takelgarn belegen, es mit einem gekreuzten Weberknoten sichern oder Kreppband über die Schnittstelle kleben, bevor Sie das Seil in der Mitte durchschneiden. So drehen sich die gesicherten Enden nicht auf und man kann leicht mit ihnen arbeiten. Am häufigsten werden fürs Versiegeln der synthetischen Seilenden Einwegfeuerzeuge verwendet, wenngleich moderne Feuerzeuge eine präzisere Flamme liefern. Gas- oder elektrische Heißmesser, die das Seil bereits beim Schneiden schmelzen und versiegeln, sind ebenfalls erhältlich.

Das Versiegeln von Seilen ist eine regelrechte Kunst. Ich verwende im Allgemeinen ein altes Schnitzmesser, das ich über einer Gasflamme erhitze und mit dem ich das Seil schneide. Dann, während ich die glühende

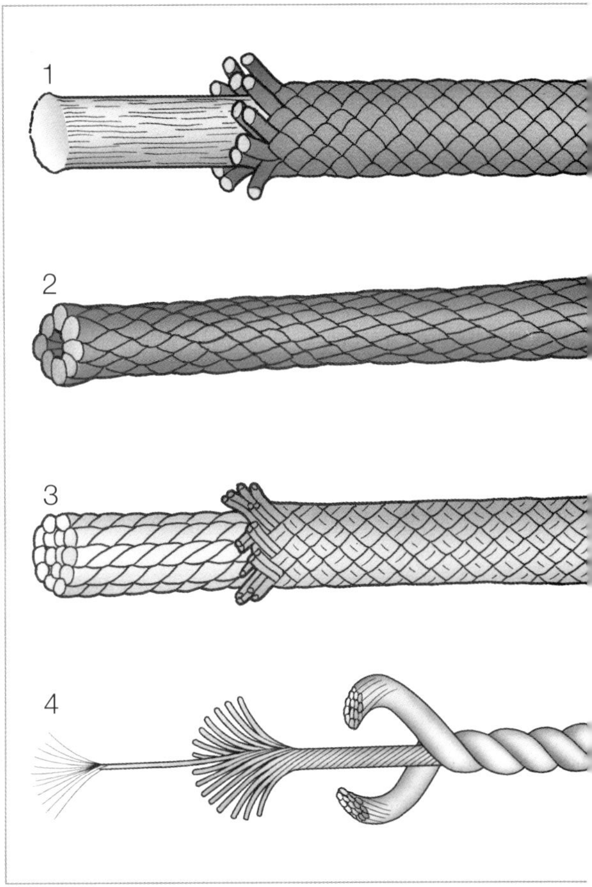


*Oben: Statisches, zum Abseilen verwendetes Kernmantelseil (1); Flechtseil (2); dehnbares, dynamisches Kernmantelkletterseil (3) und aus Fasergarnen geschlagenes Seil (4)*

Schneide parallel zum Schneidblock halte, drehe ich das Seilende zwischen Schneide und Brett. Das bedarf einer gewissen Übung und bald schon werden Sie in der Lage sein, das Seil in einem Zug zu schneiden, zu versiegeln und gleichzeitig das Ende des Seils leicht zu verjüngen. Das wird Ihnen später beim Knotenbinden sehr zustatten kommen.

Kunstfaserseile sollten an einem gut belüfteten Ort versiegelt werden, da bei der Verbrennung von Nylon gesundheitsschädliche Gase freigesetzt werden. Außerdem werden die Seilenden hierbei sehr heiß, man sollte sie also erst wieder berühren, wenn man sicher ist, dass sie ganz abgekühlt sind.

Ein anderes wichtiges Werkzeug für das Binden von Knoten sind Marlspieker, die es in den verschiedensten Formen, je nach Verwendung, gibt. Manche sind aus Stahl und haben verschiedene Größen sowie entweder eine abgerundete, rautenförmige oder (die beste Form) eine Spitze, die wie eine Kreuzung zwischen einem Entenschnabel und einem Schraubenzieher aussieht. Es gibt aus den verschiedensten Harthölzern (vor allem Pockholz) gefertigte Marlspieker, auch Hartholzpfrieme oder Fitts genannt. Die unterschiedlich großen Pfrieme verjüngen sich zum Ende hin, einige tragen eine Metallmanschette und haben ein flaches Ende, so dass sie aufrecht auf dem Boden stehen können. Andere sind so groß, dass zwei kräftige Männer nötig sind, sie zu bewegen. Am üblichsten ist derzeit eine Größe von etwa 23 cm, die sehr vielseitig ist und für die unterschiedlichsten Seilgrößen verwendet werden kann. Eine weitere Verbesserung des Marlspiekers ist der Hohlspieker, der aus einem sich verjüngenden, mit einem Holzgriff versehenen Stahlprofil besteht. Der Hohlspieker wird verwendet, um die Seilkardeele beim Knoten voneinander zu trennen, so dass ein anderes Kardeel in die Öffnung geschoben werden kann. Aufgrund seiner Rinnenform kann das neue Arbeitsende leicht eingefädelt werden, indem es in die Profilnut eingelegt wird. Sobald der Hohlspieker zurückgezogen wird, zieht er ein neues Kardeel mit sich.

Marl- und Hohlspieker und anderes Werkzeug für die Trennung der Kardeele gibt es in vielen Größen, und Knotenmacher waren von jeher sehr erfinderisch, wenn es darum ging, Gegenstände des täglichen Gebrauchs in Werkzeug umzuwandeln. Wenn Sie genau wissen, was Sie wollen, können Sie kleine Marlspieker aus Scheibenwischerfittings, Schirmspeichen oder Plastikröhrchen fertigen, und für ganz dünne Garne funktionieren sogar Spritzenkanülen.

Leider hat nicht jeder die Fingerfertigkeit, die alten Techniken anzuwenden, und dünnere Garne eignen sich nicht unbedingt für plumpe Finger. Stattdessen kann man Zangen in jeder Länge und Größe – bis hin zur Pinzette – verwenden (besonders beliebt ist die Gefäßklemme), da man mit ihren geriffelten Greifflächen das zu bearbeitende Tauwerk richtig packen kann. Weil es Zangen in so vielen Größen gibt, findet man sie unter den Werkzeugen von Spitzenklöpplerinnen genauso wie in dem von Taklern oder anderen Knotenmachern.

Eine andere Vorrichtung, die dorthin kommt, wo Finger nichts mehr ausrichten können, ist die Drahtschlinge. Einen besseren Namen scheint es hierfür nicht zu geben, aber jeder, der mit Knoten zu tun hat, kennt ihn, den doppelt geschlungenen Draht mit Griff. Die Schlinge kann in einen Knoten oder durch ein Seil hindurchgeführt werden. Ein Kardeel wird dann in die Schlinge gelegt und diese nimmt es, wenn sie zurückgezogen wird, mit. Im Allgemeinen ist der Draht dünn, aber die Dicke hängt gewissermaßen auch von der Dicke des Taus oder der Leine ab, an dem oder der Sie arbeiten. Die Schlinge ist vielseitig verwendbar und erlaubt es, kurze Enden zum Abschluss in den Knoten zu ziehen und zu verstauen.

Oft benötigt man mehr Zeit, um einen Knoten ordentlich aussehen zu lassen, als um ihn zu knüpfen. Ein kleiner Marlspieker, ein Pfriem u. Ä. sind auch hierbei von unschätzbarem Wert. Diese Werkzeuge können unterschiedliche Größe haben, auch improvisiertes Werkzeug, dessen Verwendungszweck klar ins Auge springt, ist geeignet. Gefäßklemmen und Feinzangen gehören ebenfalls in den Werkzeugkasten, denn auch sie sind bei den Abschlussarbeiten nützlich.

Für Knoten brauchen Sie eigentlich nur die Finger, aber bei einigen Knoten ist es sehr praktisch, ein Messer, einen Hohlspieker, eine Drahtschlinge und vielleicht eine Gefäßklemme und Spitzzange zur Hand zu haben. Wenn es Ihnen jedoch Mühe macht, sehr kleine Knoten zu knüpfen, finden Sie in einem Anglerladen Markenartikel und Geräte, die für einige weiter hinten im Buch beschriebene Knoten sehr hilfreich sind.

Das Binden von Knoten kann zur Sucht werden und so kann man unter dem Werkzeug von Knotenbegeisterten oder Profis zum Beispiel auch Büro- und Wäscheklammern, Stricknadeln, Strohhalme, besondere Spleißnadeln und Werkzeug für geflochtene Seile, mit Gewinde versehene Hohlnadeln, Tütenclips, Strickmaschinen-, Fußball-, Teppichnadeln, Bienenwachs, Peitschenschnüre, Kreppband, Kleber, Haken, Klammern, Haarnadeln, Nagelscheren sowie eine Menge andere hierfür verwendete Werkzeuge finden. In die Tiefen von Werkzeugkästen anderer einzutauchen und sie nach der Verwendung zu fragen, kann eine gute Schule für den angehenden Knotenbinder sein. Sie werden feststellen: Je mehr Sie sich fürs Knotenbinden begeistern, desto mehr Gegenstände wandern vermutlich in Ihren eigenen Werkzeugkasten, auch viele, die hier nicht genannt sind. Denken Sie daran, dass jedes Werkzeug geeignet sein kann, und lassen Sie Ihrem Erfindungsgeist freien Lauf!

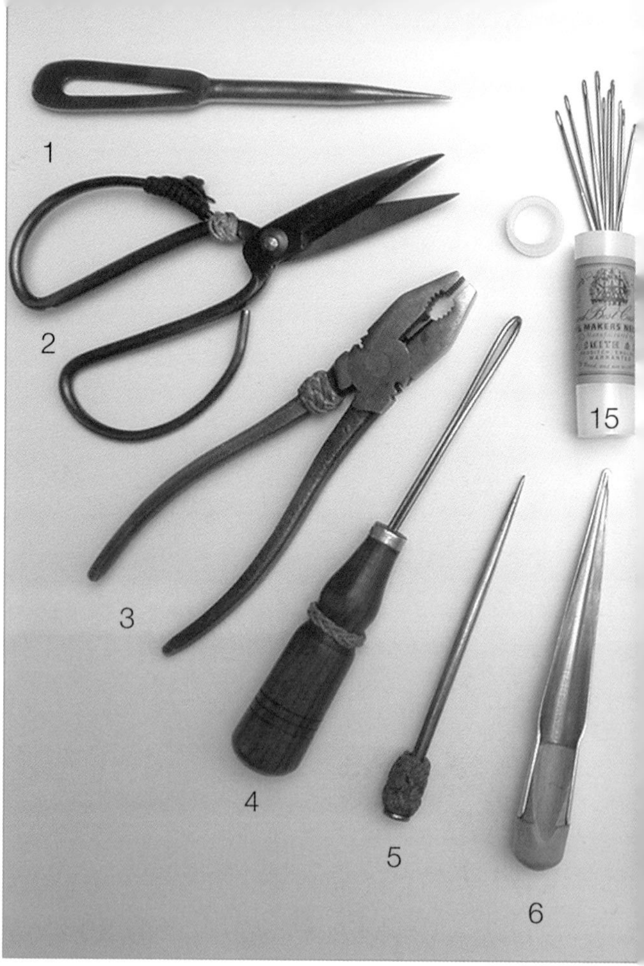


1 Marlspieker mit Nut und Schäkelöffner; wird verwendet, um Kardeele voneinander zu trennen. Ähnelt dem Hohlspieker.

2 Schere

3 Zange

4 Große Drahtschlinge

5 Schmaler Pricker

6 Kleiner Hohlspieker

7 Großer Hohlspieker

8 Kleine Drahtschlinge

9 Einwegfeuerzeug

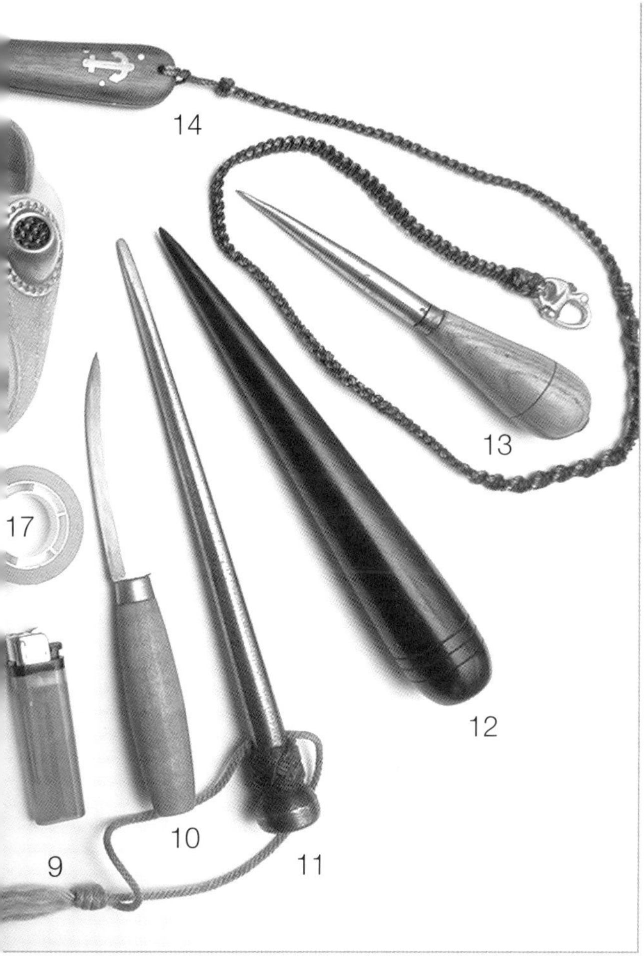


| | | | |
|---|---|---|---|
| 10 | Matrosenmesser | 15 | Segelnadeln |
| 11 | Großer Marlspieker | 16 | Segelmacherhandschuh (Wird wie ein großer Fingerhut über die Hand geschoben, um sie zu schützen.) |
| 12 | Hartholzpfriem oder Fitt | | |
| 13 | Pricker | 17 | Klebeband |
| 14 | Klappmesser mit Bändsel | | |

# Grundbegriffe und -techniken

Wie das bei den meisten Fachbereichen der Fall ist, gibt es auch beim Knüpfen ein spezielles Vokabular, das Sie kennen sollten. Das heißt nicht, dass Sie eine Menge neuer Vokabeln lernen müssen, aber Sie sollten wissen, wie die verschiedenen Teile des Seils genannt werden, und ein paar grundlegende Techniken erlernen. Auf den Seiten 252 und 253 finden Sie auch ein Glossar.

Auf die rhetorische Frage »Wie lang ist ein Stück Schnur?« wird jemand, der Knoten knüpft, antworten, die Länge sei der Abstand zwischen dem festen Ende – nämlich dem, an dem man nicht arbeitet – und dem Arbeitsende.

Wird das Seil doppelt genommen, legt man eine Bucht. Für manche Knoten nehmen wir eine Bucht und legen den Knoten um sie herum, oder wir ziehen eine Bucht durch einen Ring, bevor wir knoten. Bei vielen Knoten ist es einfacher, mit einer Bucht zu arbeiten, statt das Arbeitsende zu suchen.

Wenn wir das Seil doppelt legen, können wir auch die Enden übereinander schlagen, eine Schlaufe bilden und kreuzen; dabei kann man das Arbeitsende unten durch- oder darüber hinwegziehen, je nachdem, wohin es gehen soll. Für den »Halben Schlag« legt man ein Seil einmal um beispielsweise eine Stange herum und steckt das Arbeitsende unter das gerade herumgewickelte Seil. Ein Halber Schlag an sich bringt nicht viel, aber zusammen mit anderen Halben Schlägen oder Rundtörns bildet er die Grundlage für einige sehr nützliche Knoten.

Ich möchte Sie damit, ob das Seil darüber hinweg- oder darunter hindurchgeführt wird, nicht verwirren, aber wenn Sie wissen, dass es beim Kreuzen beide Möglichkeiten gibt, verstehen Sie die Anweisungen besser, auch warum etwas schief geht. Es wird Momente geben, wo einfach nichts funktioniert. Einmal habe ich in drei Tagen zwölf Anleitungsbücher verschlissen, bevor es mir gelang, einen Schmuckknoten zu knüpfen.

Hängen Sie das Seil über einen Balken, so ist das ein Törn, umwickeln Sie den Balken ganz, dann habe Sie einen Rundtörn.

Wenn Sie nun um die stehende Part (also den Abschnitt zwischen geplantem Knoten und dem festen Ende) des Seils einen Halben Schlag machen wollen, erhalten Sie diesen nur, wenn das Arbeitsende um und über die lose Part (also den Abschnitt zwischen geplantem Knoten und dem Arbeitsende) geführt wird, sonst fällt alles auseinander. Nun machen Sie einen zweiten

Halben Schlag genau wie den ersten. Wenn alles nach Plan gelaufen ist, haben Sie jetzt Ihren ersten Knoten, einen Rundtörn und zwei Halbe Schläge (auf S. 59 finden Sie die Abbildung dieses Knotens). Zunächst wird er recht lose wirken, aber wenn Sie das Arbeitsende nehmen und damit an der stehenden Part ziehen, wird der Knoten festgezurrt und ist daher ideal zum Vertäuen eines Schiffs oder zum Sichern von Seilen bei vielen anderen Gelegenheiten.

Diese Übung hat Ihnen viel Nützliches gezeigt. Sie haben bereits etwas von der Terminologie gelernt: den Unterschied zwischen dem »Über-« oder »Unterführen« eines Seiles beim Halben Schlag sowie den Unterschied zwischen einem Törn und einem Rundtörn. Beim Knoten haben Sie vielleicht auch festgestellt, dass das Arbeitsende nie wirklich lang genug war und Sie mehr Seil benötigten, um den Knoten zu vollenden. Das ist ein geläufiges Problem, das in der Praxis ernsthafte Konsequenzen haben kann. Ist das Arbeitsende nicht lang genug für einen Knoten, dann kann das bei Belastung dazu führen, dass der Knoten aufgeht, da das zu kurze Ende aus dem Knoten rutscht. Beim Erlernen des Knotens ist das nicht weiter tragisch, aber es ist zweckmäßig, bei dünnem Tauwerk mindestens fünfzehn und bei dickem mindestens 40 Zentimeter stehen zu lassen. Dann hat man auch in Situationen, in denen das Leben auf dem Spiel steht, genügend Spiel, um einen Überhandknoten oder zwei Halbe Schläge für die Sicherung des Hauptknotens zu machen.

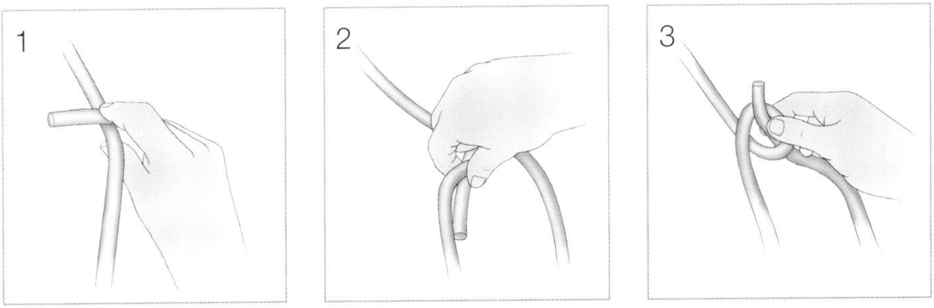


*Oben: Eine gute Art, mit einer Hand einen Palstek zu beginnen: Das Arbeitsende liegt über der stehenden Part (1); die Hand greift hinüber, um das Arbeitsende durch das Auge (2) zu stecken. Abschließend folgt ein Kreuztörn (3).*

Nicht bei jeder Anwendung sind Sicherheitsvorkehrungen notwendig. Viele Knoten würden sogar durch Halbe Schläge behindert, vor allem wenn sie leicht lösbar sein sollen.

Umkippen ist ein weiterer beim Knotenbinden verwendeter Ausdruck. Wenn ein Knoten sich verdreht, kann er zu einem anderen Knoten umkippen. Dies kann geschehen, wenn am falschen Ende Last aufgebracht oder der Knoten zu stark gespannt wird. Selten ist dies beabsichtigt, zum Beispiel kann der Palstek auf diese Weise gebunden werden. Wenn also bei einem Kreuz- oder Weberknoten am falschen Ende gezogen wird, ändert er seine Form und wird zum Ankerknoten. Dieser könnte dann aus dem kurzen Ende der anderen Hälfte des Kreuzknotens herausrutschen – daher sollte dieser spezielle Knoten nie bei Bergungsaktionen verwendet werden.

Wenn Knoten geknüpft werden, sind sie im Allgemeinen erst einmal lose und werden dann gestrafft. In vielen Fällen geschieht das ohne nachzudenken und gehört zur Routine des Knotenbindens. Manchmal muss man jedoch ganz bewusst und systematisch dafür sorgen, dass das Seil gestrafft wird, damit der Knoten schön aussieht und an der richtigen Stelle sitzt. Hierzu werden besonders gerne Pricker und Gefäßklemmen genutzt.

Bei einigen Knoten führen Sie die Leine zwei- oder dreimal an der Leine entlang, die Sie zuerst geknotet haben. Hierdurch wird der Knoten verdoppelt oder verdreifacht, was man bei der »Runden Matte« sowie anderen Schmuckknoten findet. Beim Verdoppeln kann es lange dauern, bis die ganze Seillänge durch alle Augen und Windungen des Seils geführt wurde. Man kann Zeit sparen, indem man statt eines einzelnen Arbeitsendes eine Bucht aus der Mitte der Arbeit verwendet, denn so kann man jedes Mal die doppelte Menge Seil hindurchziehen.

## Takling

Selbst wenn Sie das Seilende hitzeversiegelt haben, kann es hilfreich sein, an den Enden Takelgarn aufzubringen, da dies das Seilende versteift und es somit leichter macht, es unter Seilsträngen und Augen hindurchzuführen. Außerdem sieht es ordentlicher und professioneller aus.

Es gibt verschiedene Takling-Techniken. Die von mir beschriebene, sehr effiziente Methode ist die einfachste, auch wenn sie vielleicht nicht ganz so sicher hält wie andere.

Nehmen Sie eine Länge Takelgarn (Besetzgarn). Es ist dünn, reißfest und im Allgemeinen gewachst. Legen Sie nun eine Bucht nahe einem Ende, so dass ein Ende lang ist und das

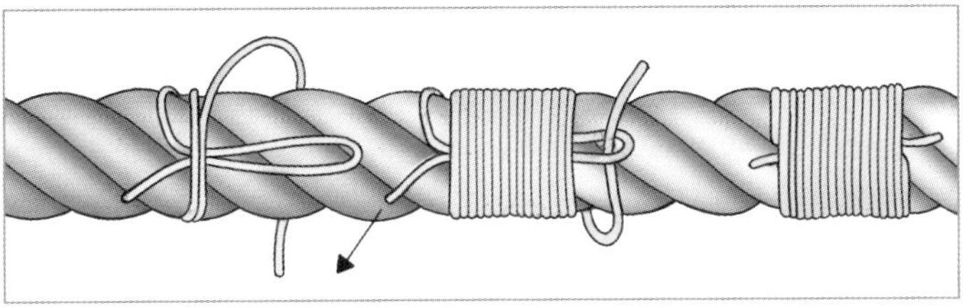

*Links: Arbeitsschritte beim einfachen Takling*

andere kurz. Das kurze Ende muss mindestens doppelt so lang sein wie der Seildurchmesser des Seils, das verzurrt werden soll, während das lange Ende aufgespult bleiben kann.

Legen Sie die Bucht auf das Seil, wobei das geschlossene Ende der Bucht zum Seilende hinweist, und zwar etwa in einem Abstand von dem Eineinhalbfachen des Seildurchmessers. Halten Sie es mit dem Daumen an Ort und Stelle. Winden Sie vom am weitesten entfernten Ende des Seils ausgehend Törn für Törn das lange Garnende um das Seil und über die Bucht des Takelgarns. Festziehen. Wickeln Sie das Garn weiter leicht um das Seil, wobei Sie sich Richtung Seilende bewegen. Legen Sie die Törns so dicht wie möglich. Wenn Sie dies über eine in etwa dem Seildurchmesser entsprechende Distanz getan und jeden Törn festgezurrt haben, sollte von der letzten Bucht, die Sie verdeckt haben, noch ein Auge herausschauen. Schneiden Sie das Takelgarn von der Spule, wobei Sie etwa zehn bis zwölf Zentimeter stehen lassen sollten. Drücken Sie das Garn mit dem Daumen nach unten, damit es sich nicht aufdröselt. Stecken Sie sein Ende durch das Auge, so wie Sie eine Nadel einfädeln würden. Am vom Anfang aus den Törns herausragenden einzelnen Garnende wird nun gezogen, damit das Auge unter das Takelgarn rutscht und somit versteckt wird. Bevor das geschnittene Ende an der Stelle, an der Sie begonnen haben, herausschaut, hören Sie auf zu ziehen und schneiden die Garnenden sorgfältig bündig mit den Törns ab.

In der Abbildung ist der Anfangsstrang eher lose. Nachdem das geschnittene Ende durch das Auge gezogen wurde, muss das Auge oder eine Seite davon (probieren Sie einfach, auf welcher Seite gezogen werden muss, die Bucht verdreht sich manchmal, ohne dass man es sieht) gezogen werden, um die Ausgangsseite zu spannen. Dann wird am ersten Ende gezogen, erst, um das Auge zu verkleinern und dann, um alles an Ort und Stelle zu fixieren. Es bedarf etwas Übung, um sicherzustellen, dass Sie nicht das obere Ende so ziehen, dass es sich unten herauslöst, weil sich dadurch der ganze Takling in Wohlgefallen auflösen würde, aber man beherrscht die Technik rasch und ist nachher in der Lage, jedes Seilende routiniert zu besetzen.

# Hitching und Lasching

In diesem Abschnitt geht es lediglich darum, wie Bündel auf zweierlei Weise einfach zusammengebunden werden können. Diese Methoden werden weiter hinten im Buch beschrieben, aber zum jetzigen Zeitpunkt möchte ich mich darauf konzentrieren, die Unterschiede zwischen diesen beiden einfachen Knoten aufzuzeigen.

Das einfachste Hitching ist der Halbe Schlag. Wir haben bereits gesehen, dass ein Halber Schlag für sich genommen nicht sehr sicher ist, aber in der Reihe schon. Hiermit kann ein Segel an einem Holm befestigt oder ein Päckchen verschnürt werden.

Ein Schnurende wird um ein Bündel geschlagen (in Abbildung 2 S. 33 wird ein Mastwurf verwendet) und dann wird dieses mit einer Reihe Halber Schläge verschnürt.

Ausgehend vom verankernden Törn wird die Kordel über das Päckchen und darum herum, dann unter sich und anschließend über sich gezogen, so wie beim Halben Schlag. Der Daumen hält dann die sich kreuzende Kordel fest, während man den Vorgang wiederholt. Am Ende wird die Kordel verzurrt, am besten durch eine Reihe Halber Schläge um sich selbst.

Ein sichereres Lasching ist der Marlschlag von Abbildung 1. Auf den ersten Blick ist der Unterschied zum Halben Schlag gering, aber aus der Nähe betrachtet werden Sie feststellen, dass nach dem ersten Törn (hier wurde hierfür ein Zimmermannsschlag verwendet) die Kordel erst am Päckchen entlang- und dann darum herumgeführt wird, aber sobald man sie auf die andere Seite zieht, kommt sie erst über dem ersten Törn zu liegen, wird dann darunter geschoben, bis der Vorgang wiederholt wird. Das fixiert den Törn besser und nur so sollte eine Hängematte verpackt werden. Das Lasching sollte bei jedem Überkreuzen festgezogen werden.

Entfernte man ein Päckchen, beließe aber zwei Laschings, lösten sich die Halben Schläge und das Seil würde sich leicht öffnen. Das Marlseil würde jedoch in der gleichen Situation eine Reihe Überhandknoten bilden, welche zu lösen recht lange dauern würde. Das ist der klare Unterschied zwischen beiden Knoten und der Grund, warum der Marlspiekerschlag sicherer ist.

Weiter hinten im Buch finden Sie Methoden, Pfähle miteinander zu verbinden, was Ihnen mit etwas Erfindungsgeist ermöglichen sollte, Gewichte zu bewegen, Brücken zu bauen oder einfach nur ein Waschbrett zu basteln. Mit diesen Kenntnissen sind die Möglichkeiten unbegrenzt.

Wenn Sie die beschriebenen Taklings und das Hitching ausprobiert haben, haben Sie ein Seilgefühl entwickelt. Übung ist der Schlüssel zum erfolgreichen Knotenbinden. Man fühlt sich sicherer, erinnert sich leichter und fasst Selbstvertrauen.

Eine weitere nützliche Fertigkeit ist das Drehen der Hand beim Halten eines Seils. Zunächst arbeiten wir mit der rechten Hand, aber auch auf der anderen Seite ist diese Technik spiegelverkehrt möglich.

Halten Sie ein Stück Seil in der rechten Handfläche, das Arbeitsende zwischen Zeigefinger und Daumen, während die anderen Finger das Seil auf die Handfläche drücken. Der Rest des Seils hängt unter dem kleinen Finger. Ihre Hand sollte sich leicht vor dem Körper befinden, der Handrücken oben, ungefähr in Bauchhöhe. Drehen Sie die Hand nach unten Richtung Boden, dann nach innen Richtung Bauch und dann wieder weg, so dass der Handrücken nun nach unten zeigt und das Seil, das sich noch immer auf der Handfläche zwischen Daumen und Finger befindet, von Ihnen wegweist.

Diese extrem einfache Bewegung, ein einfaches Drehen der Hand, ist beim Binden einiger äußerst nützlicher Knoten hilfreich, es ist also sinnvoll, sie zu erlernen.

*Rechts: Das erste Bild zeigt den Marlschlag. Auf dem zweiten Bild ganz unten sind Halbe Schläge zu sehen.*

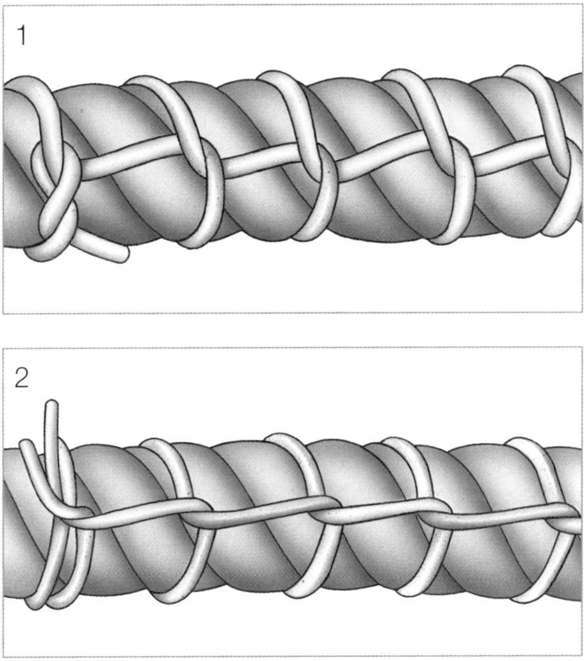

# Allgemeine Knoten

Die in diesem Kapitel behandelten Knoten sollte jedermann lernen, ganz egal, ob er sich später auf eines der anderen Kapitel in diesem Buch konzentrieren möchte oder nicht. Es beinhaltet eine Mischung aus alten und neuen Knoten, und in einigen Fällen werden mehrere Methoden gezeigt, um einen besonders nützlichen Knoten zu binden. Dies ist nützlich, wenn Sie in bestimmten Situationen nicht in der Position oder Richtung arbeiten können, die Sie geübt haben, als Sie den Knoten lernten. Mehr als eine Methode zu kennen, schafft darüber hinaus Selbstvertrauen und trägt zu geistiger Flexibilität bei.

Die Knoten haben keine bestimmte Reihenfolge, auch wenn die ersten zu den einfachsten gehören, die es gibt. Keiner ist besonders schwierig, aber zunächst mag es ein paar geben, die Sie nicht auf Anhieb hinbekommen. Geben Sie nicht auf! Halten Sie inne, versuchen Sie herauszufinden, wo der Fehler lag, und korrigieren Sie ihn.

Knoten

# Inhaltsverzeichnis der allgemeinen Knoten

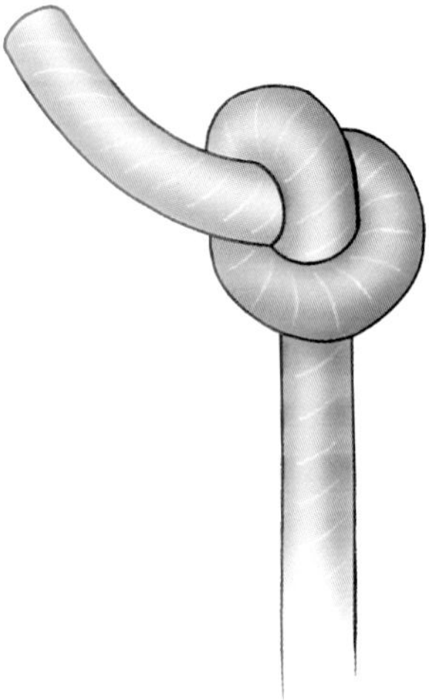

# Überhand-, Daumenknoten oder Kreuzschlag

Er ist der einfachste Knoten überhaupt und sicherlich schon seit Jahrtausenden bekannt. Er wird am Ende einer leichten Leine gelegt, um sie am Ausfransen zu hindern und daran, dass das Ende durch einen Block rauscht. Er gilt deshalb auch als Stopperknoten.

Es gibt ihn in zahlreichen Versionen, aber die hier gezeigte kann von jedem gebunden werden. Einmal gebunden, kann es schwierig sein, ihn wieder zu lösen.

1 Nehmen Sie die Leine und legen Sie ein Auge nahe dem Arbeitsende (der so genannte Kreuztörn). Man kann das Auge formen, indem man einen Törn um den Daumen legt. Führen Sie das Ende der Leine über die stehende Part und dann durch das Auge.

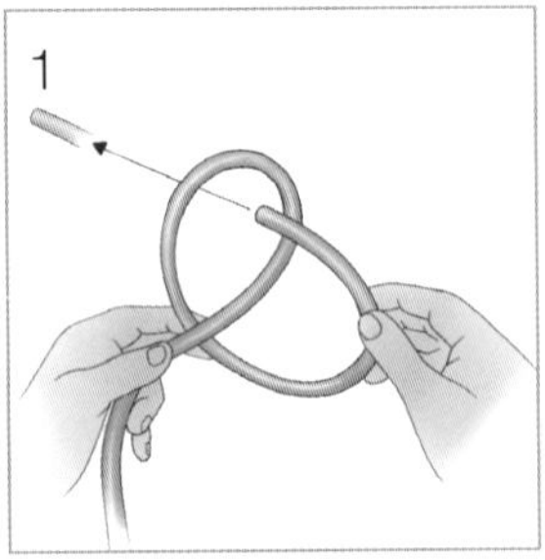


2 Das Seil sollte nun so aussehen wie auf der Abbildung. Wenn Sie die Enden auseinander ziehen, wird die Leine gestrafft, und Sie erhalten den Überhandknoten.

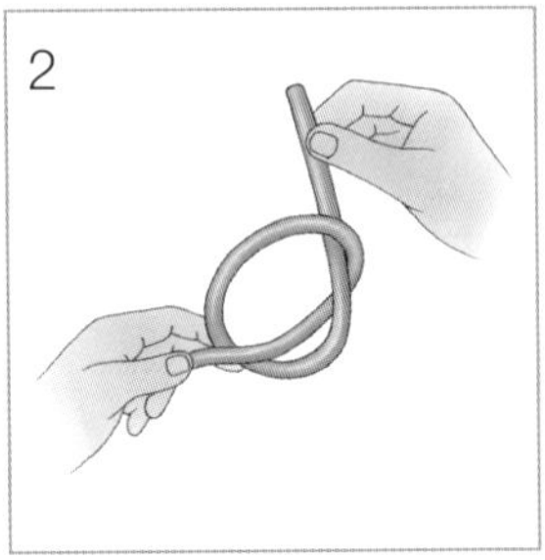


Der Überhandknoten kann auf zweierlei Weise gebunden werden; der Kreuztörn kann über oder unter der stehenden Part hinweggeführt werden. Das ändert am Knoten nichts, zeigt aber klar, dass es Unterschiede gibt.

# Doppelter Überhand- oder Blutknoten (1)

Eine einfache Spielart des vorigen Knotens: Wenn das Arbeitsende vor dem Zuziehen des Auges ein zweites Mal um die stehende Part geführt wird, erhalten wir diesen Knoten. Der Name rührt daher, dass er in Peitschenstränge geknüpft wurde, um ins Fleisch einzuschneiden.

1 Auch hier wird beim Seil in der Nähe des Arbeitsendes ein Auge gelegt. Führen Sie wie beim vorigen Knoten das Ende des Seils über die stehende Part und dann durch das Auge und wiederholen Sie das Ganze.

2 Die Enden straff ziehen.

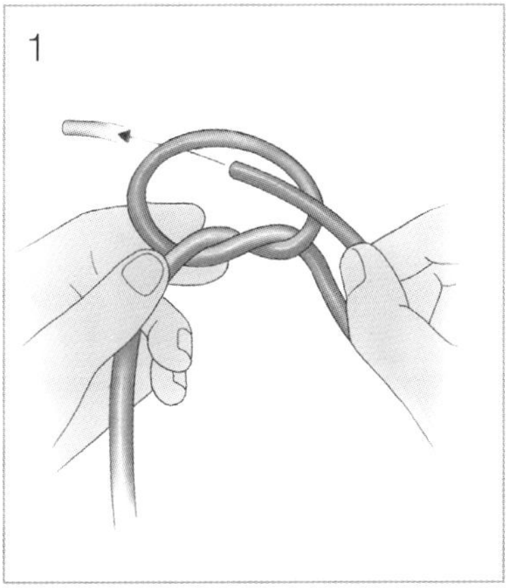


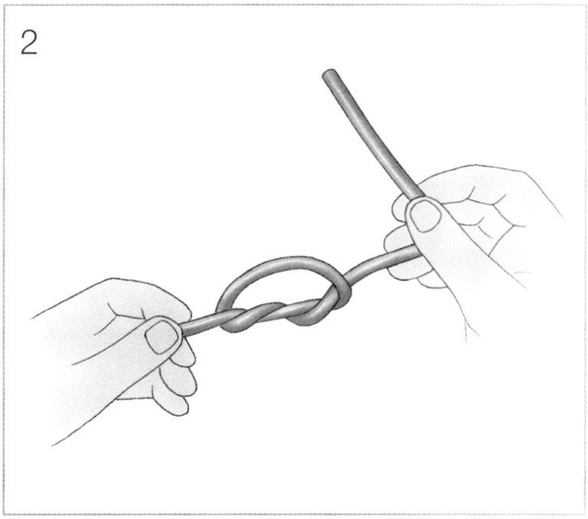

# Überhandschlaufe

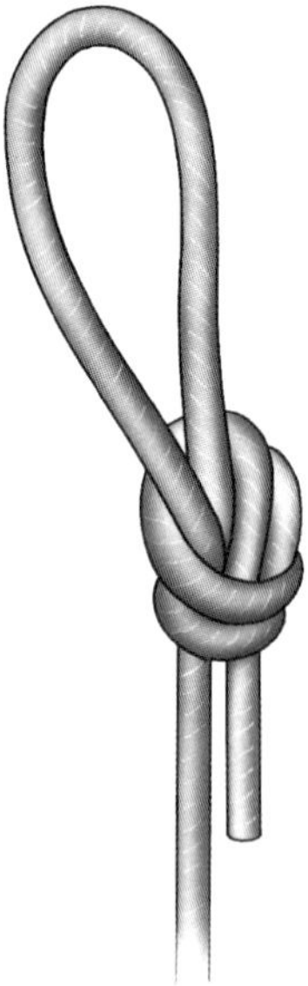

Dies ist die einfachste Art, ein Seilende zu binden, und wird vor allem verwendet, wenn jemand in Eile ist, wenn zum Beispiel ein Päckchen geschnürt werden soll. Sie ist recht vielseitig, aber Vorsicht: Ist sie einmal richtig zugezogen, kann sie nur schwer wieder gelöst werden.

1 Legen Sie das Seil zu einer Bucht und lassen Sie eine vernünftige Länge hängen, damit Sie es später doppelt nehmen können.

2 u. 3 Knüpfen Sie mit der Bucht wie zuvor einen Überhandknoten und ziehen Sie an der Bucht, um den Knoten festzuzurren.

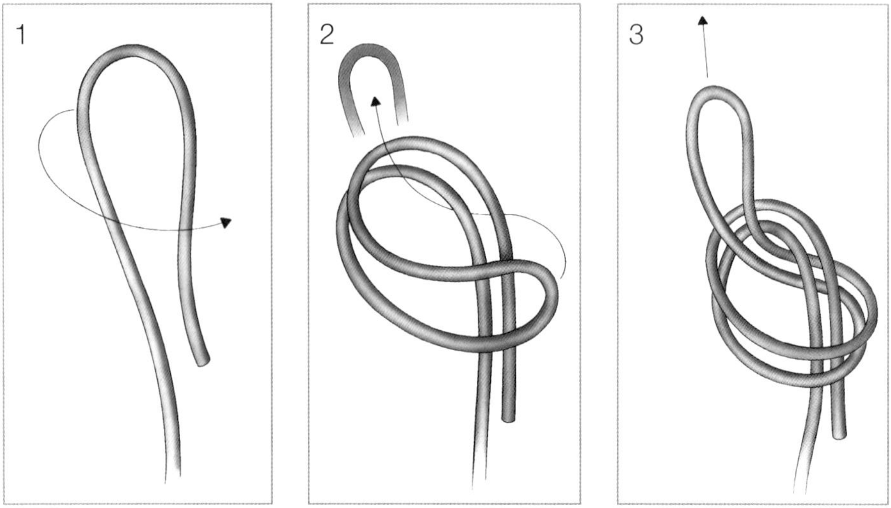

# Überhandknoten mit halber Schleife

1

Weil es schwierig sein kann, den Überhandknoten wieder zu lösen, hat man diese Variante entwickelt.

1 Legen Sie wie üblich einen Überhandknoten, bevor Sie ihn jedoch festziehen, stecken Sie das Arbeitsende zurück durchs Auge.

2

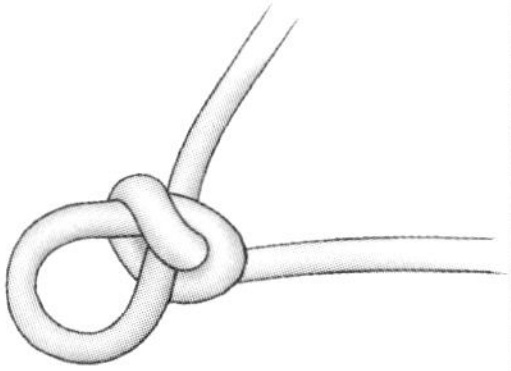

2 Arbeiten Sie mit einem geschlossenen Auge, welches das Arbeitsende festhält. Sobald Sie am Ende ziehen, wird das Auge durch den Überhandknoten gezogen und dieser gelöst.

Achten Sie darauf, dass das Arbeitsende parallel zu sich selbst ins Auge geführt wird, um die Zugschleife zu bilden. Es darf nicht von der falschen Seite kommen, sonst entstünde ein Blutknoten.

3 Wenn Sie die Schleife um die stehende Part des Seils legen, wird diese, wenn sie festgezogen wird, über die stehende Part rutschen, es bildet sich also ein einfacher Laufknoten oder eine Schlinge. In dieser Form wird der Knoten für Fallen verwendet, allerdings gibt es hierfür bessere Knoten.

3

# Weber-, Kreuz- oder Samariterknoten

In Amerika heißt dieser Knoten »square knot« (»Quadratknoten«), anderswo wird er nach seiner Verwendung, dem Reffen von Segeln, »reef knot« (Reffknoten) genannt. Dieser uralte Knoten war bei Juwelieren gang und gäbe. Einige meinen, er wurde einst Herkules-Knoten genannt nach einem Arzt, der ihn beim Verbinden von Wunden verwendete, andere behaupten, Herkules hätte den Knoten verwendet, um die Beine des Fells des Nemeischen Löwen, den er besiegte, zusammenzubinden. Heutzutage wird der Knoten verwendet, um Enden von Dreieckstüchern zu einer Schlinge zu formen, da der Knoten flach liegt und recht bequem ist.

1 Nehmen Sie ein Ende der Leine in jede Hand. Kreuzen Sie die Enden miteinander und führen Sie dann ein Ende unter die andere Leine, dann nach oben und über die erste Leine.

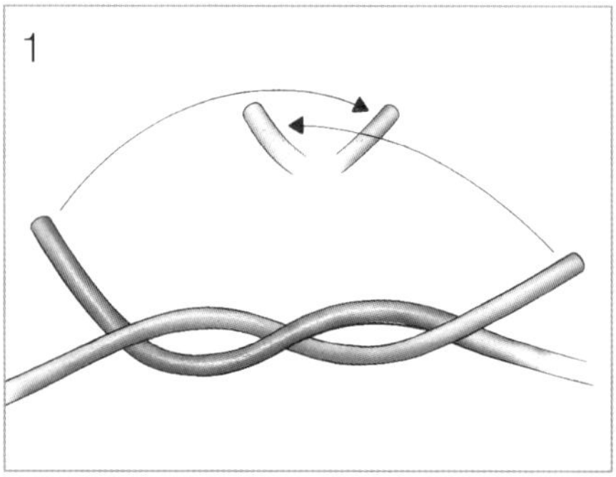

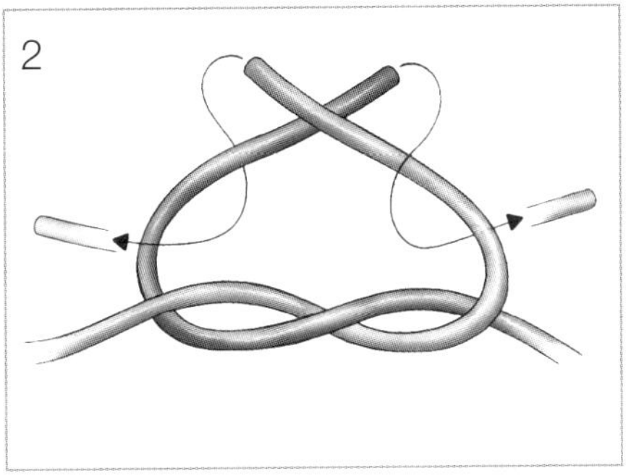


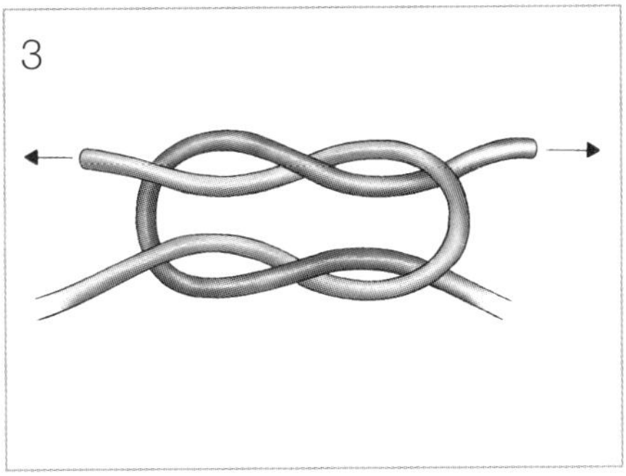


2 Bei der nächsten Bewegung wird das obenauf liegende Ende über die zweite Leine geführt. Hierfür muss es so gedreht werden, dass es dahin zurück zeigt, wo es gerade hergeholt wurde. Es wird nach unten und nach oben durch das gebildete Auge geführt. Beim Verlassen des Auges sollte es parallel zu sich selbst verlaufen, die andere Leine in der entgegengesetzten Richtung ebenso.

3 Wenn Sie jedes Ende nahe an der eigenen stehenden Part halten und beide paarweise voneinander wegziehen, zieht sich der Knoten zu.

Wenn Sie bei der zweiten Reihe Kreuztörns einen Fehler machen, entsteht ein Altweiberknoten: Die Arbeitsenden liegen nicht neben ihrer eigenen stehenden Part. Dann fällt alles auseinander und Sie müssen wieder von vorne beginnen.

Verwenden Sie den Knoten nicht, wenn jemand an dem Seil hängt. Nehmen Sie ein Arbeitsende und seine stehende Part und ziehen sie beide in entgegengesetzte Richtungen. Sie werden feststellen, dass der Knoten umkippt und die beim anderen Seil entstehenden umgekehrten Halben Schläge leicht vom ersten Seil rutschen können, so dass der Bergsteiger abstürzt. Schon ein Grasbüschel kann dazu führen, dass ein Kreuzknoten umkippt, also sollte man ihn höchstens bei einer Schnur oder Kordel verwenden. Um zwei Seile miteinander zu verknüpfen, gibt es geeignetere Knoten.

# Schleifenknoten

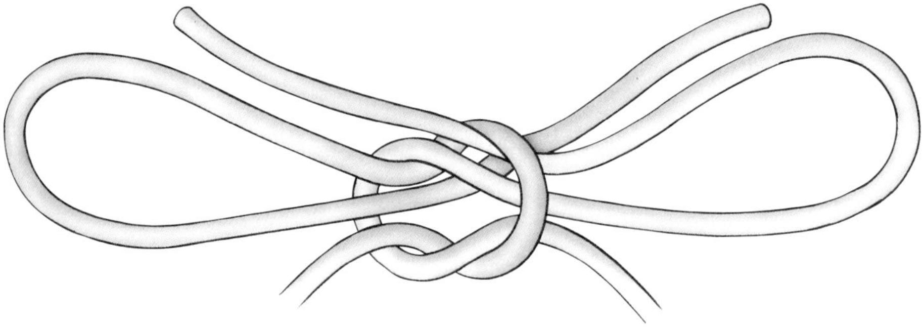

Dies ist der traditionelle und leicht zu bindende Knoten, der üblicherweise für Schnürsenkel verwendet wird. Erstaunlicherweise wird er von vielen nicht richtig gebunden und für sie sei er hier beschrieben. Richtig gebunden ist er ein sicherer Knoten, der zudem noch sehr leicht geöffnet werden kann. Er kann außerdem mit verschiedenen Materialien, zum Beispiel Bändern, gebunden werden, was dekorativ aussieht.

1 Beginnen Sie diesen Knoten in exakt der gleichen Weise wie den Kreuzknoten, allerdings mit längeren Arbeitsenden.

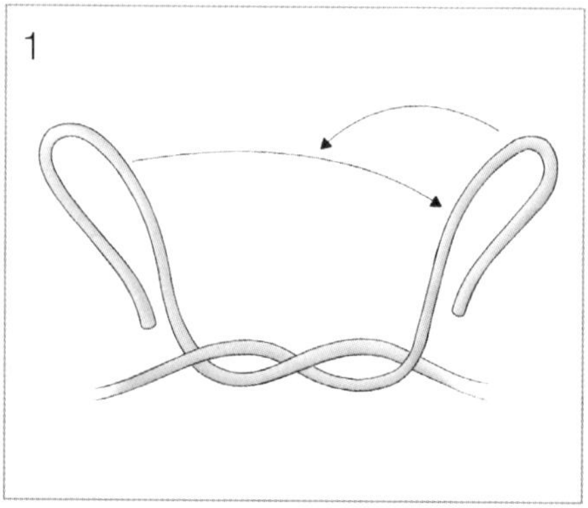

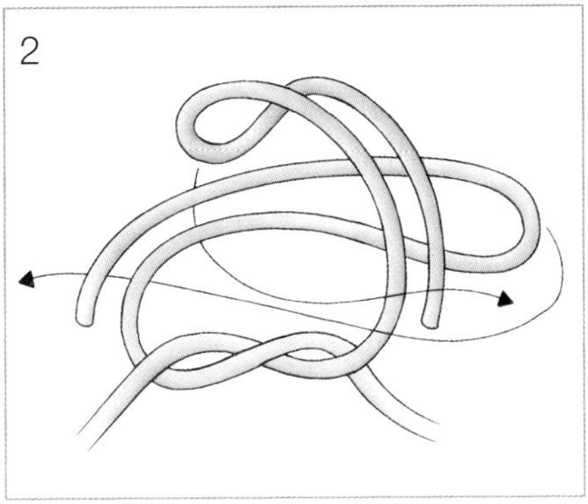
2

2 Nach den ersten Kreuztörns bildet man mit jedem Arbeitsende eine Bucht und bindet damit den Schleifenknoten.

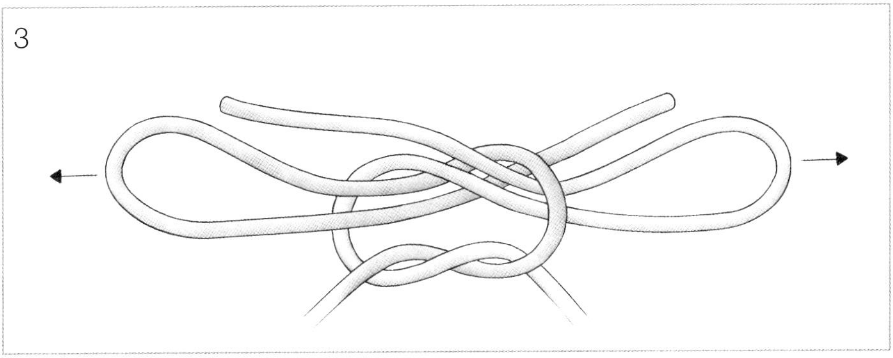
3

3 Sobald an den Arbeitsenden gezogen wird, öffnet sich der gestraffte Knoten. Wird hingegen an den Buchten gezogen, rutschen die Arbeitsenden durch die Knotenmitte, und es bleibt ein Kreuzknoten übrig.

# Hunterknoten

Um zwei Seile miteinander zu verbinden, verwenden Sie lieber diesen Knoten als den Kreuzknoten. Zum Öffnen lockern Sie einfach die äußeren Bereiche des Knotens und ziehen Sie die Enden heraus.

Der Knoten hat seinen Namen von einem gewissen Dr. Hunter, der 1978 meinte, einen neuen Knoten erfunden zu haben. Die Entdeckung fand ein breites Echo, das dann letztendlich 1982 zur Gründung der International Guild of Knot Tyers führte. Einige Jahre später schrieb ein Amerikaner, Phil Smith, er habe den Knoten bereits in einem Bergsteigerbuch von 1953 beschrieben und habe ihn »Rigger's bend« genannt. Dennoch ist der Knoten weithin als Hunterknoten bekannt, und ungeachtet der Bezeichnung ist er auf jeden Fall nützlich.

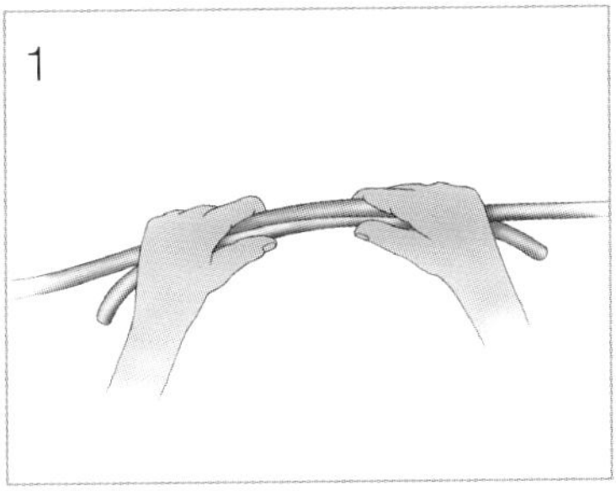


1 Nehmen Sie ein Seil in jede Hand, und zwar so, dass die Arbeitsenden parallel zueinander, aber in entgegengesetzter Richtung zu liegen kommen. Sie müssen sich für eine ausreichende Arbeitslänge weit überlappen.

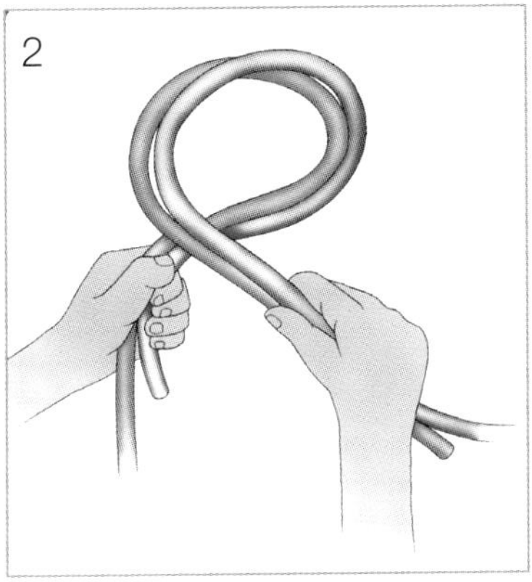


2 Halten Sie die Seile zusammen und legen Sie mit beiden ein Auge oder einen Kreuztörn. Falls nötig, ordnen Sie die Seile wie in Abbildung 3 neu an. Ein Arbeitsende liegt unter den beiden Seilen und ein Arbeitsende obenauf.

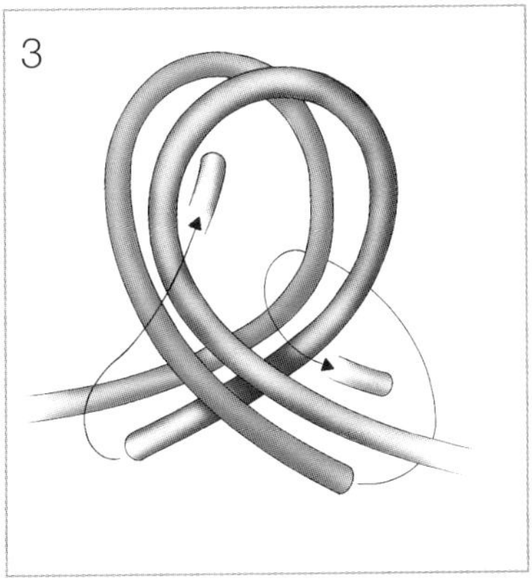


3 Führen Sie das untere Ende nach oben und stecken Sie es durch das Auge. Führen Sie nun das andere Ende unter die Seile und durchs Auge nach oben. Nun ist der Knoten geknüpft und braucht nur noch gespannt zu werden. Halten Sie ein Ende und die stehende Part in der einen Hand und das andere Ende neben seiner stehenden Part in der anderen. Ziehen Sie vorsichtig daran. Nach und nach rutscht alles an die richtige Stelle und Sie erhalten einen symmetrischen, sicheren Knoten.

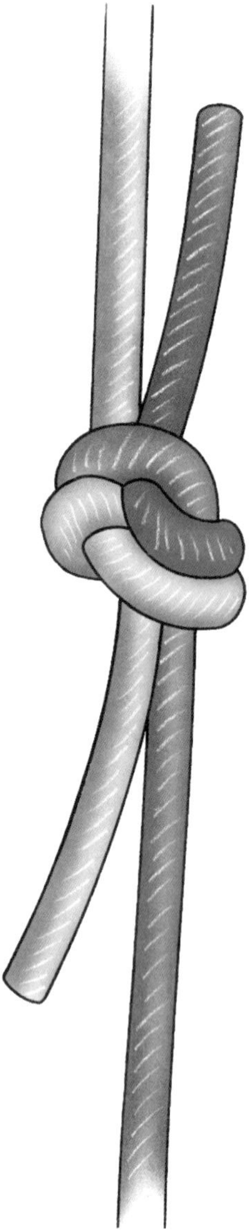

# Fischerknoten, Anglerknoten

Dieser Knoten ist schon seit Mitte des 15. Jahrhunderts in Büchern zu finden und wurde gerne verwendet, um Angelschnüre miteinander zu verknüpfen. Er heißt auch »Englischer Knoten«, vermutlich weil er fast überall hingereist ist, wo das britische Empire präsent war. Im Englischen hat er auch die Bezeichnung »True lover's knot«, vermutlich weil er so aussieht wie ein aneinander geschmiegtes Liebespaar.

1 Nehmen Sie die zwei Enden, so dass sie in entgegengesetzte Richtungen zeigen und sich deutlich überlappen.

2 Binden Sie mit dem einen Ende um die andere Leine einen Überhandknoten. Wiederholen Sie diese Schritte mit dem anderen Ende.

3 Ziehen Sie den Knoten vorsichtig straff, dann ziehen Sie an den zwei stehenden Parten, so dass die Überhandknoten am Seil so weit entlangrutschen, bis sie aufeinander stoßen. Festzurren.

Selbst wenn der fertige Knoten nicht wie die Abbildung auf S. 46 aussieht, sollte der Knoten halten. Wenn Sie damit nicht zufrieden sind, müssen Sie nur rasch am kurzen Arbeitsende ziehen, so dass zwischen den Überhandknoten ein Abstand entsteht, wodurch Sie einen davon nach Wunsch erneut binden können.

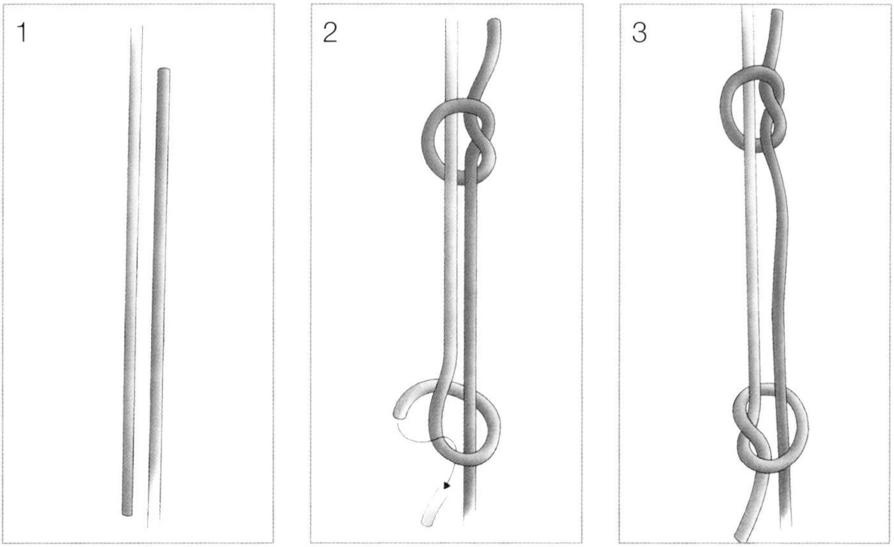

# Doppelter Fischerstek

Dieser Knoten ist sicherer als der einfache Fischerknoten und bei Bergsteigern beliebt, um Seile miteinander zu verbinden. Die folgenden Abbildungen zeigen, wie man ihn leicht knüpfen kann.

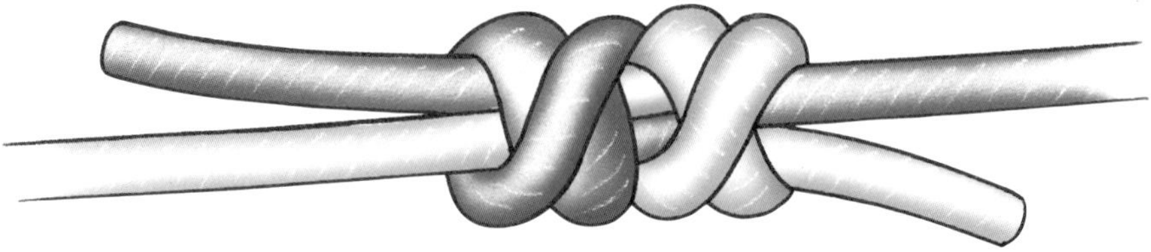

1 Beginnen Sie wie bei einem einfachen Fischerknoten. Statt einen Überhandknoten zu binden, legen Sie zwei Törns um das Seil, führen Sie das Ende über die Törns wieder zurück und stecken Sie es dann darunter, so dass es in die ursprüngliche Richtung weist. Verfahren Sie auf der anderen Seite genauso. Sind die Knoten in der gewünschten Positition, zieht man an den stehenden Parten.

1

# Dreifacher Fischerstek

Dieser Knoten bildet eine sichere Verbindung zwischen zwei Seilen und ist fürs Höhlenklettern und Bergsteigen geeignet.

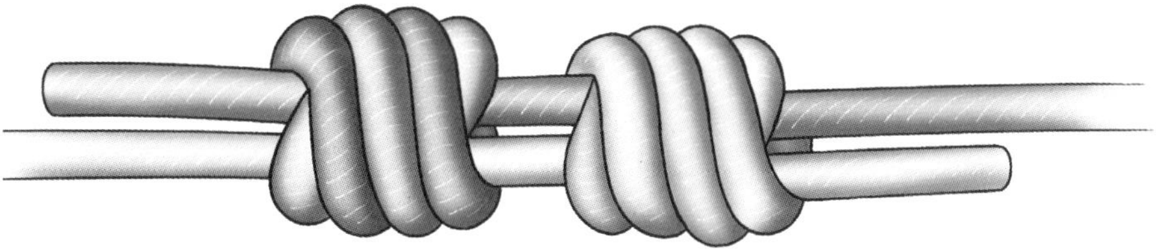

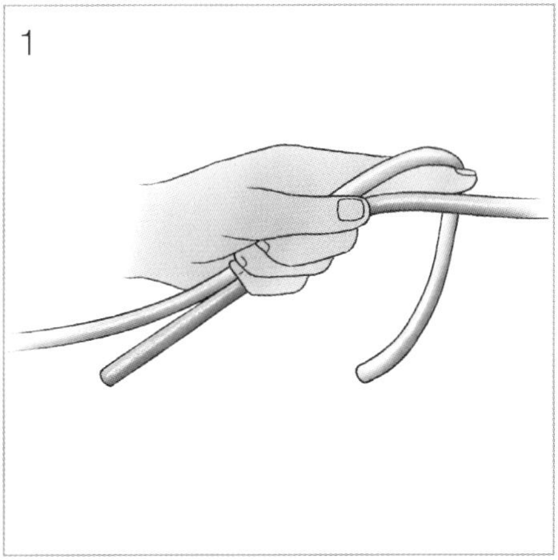


1 Legen Sie die Seile wie bei den vorherigen Knoten: parallel zueinander mit überlappenden Arbeitsenden. Halten Sie beide Seile in einer Hand und strecken Sie den Zeigefinger parallel zum einen Arbeitsende.

2
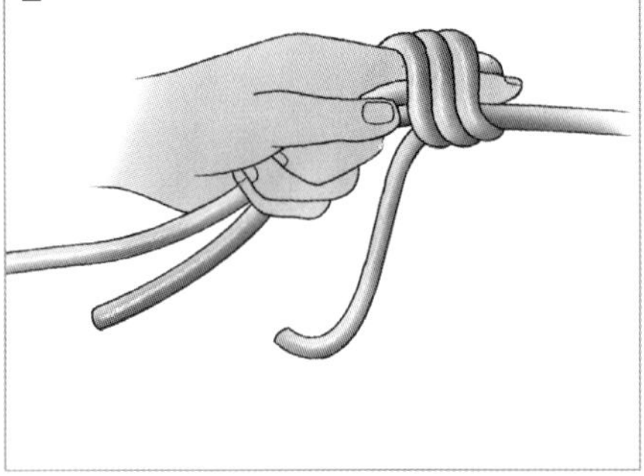

3
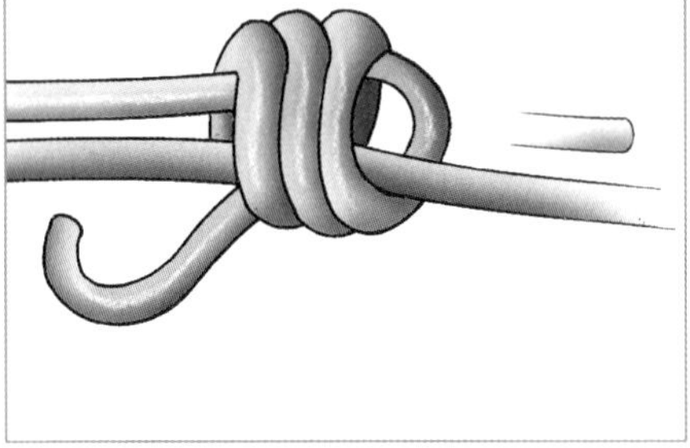

4
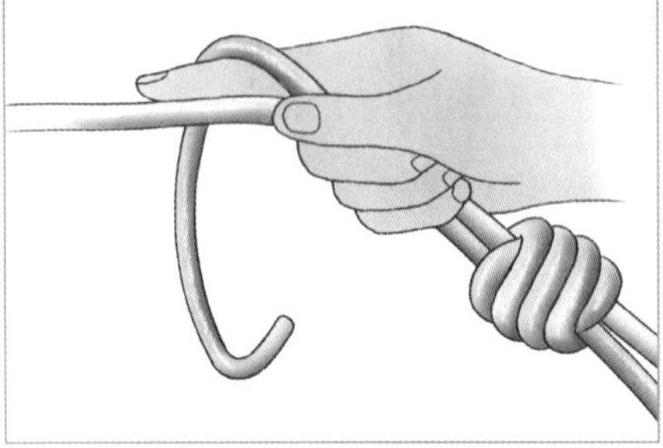

2 Wickeln Sie das andere Seilende dreimal um ihren Finger, wobei Sie vom Nagel Richtung Handfläche arbeiten (bei zwei Wicklungen erhält man die doppelte Version dieses Knotens).

3 Ziehen Sie den Finger aus den Schlingen und ziehen Sie das Seilende durch den hierdurch entstandenen Tunnel.

4 Legen Sie die Seile entweder in die andere Hand oder drehen Sie das Seilbündel um 180 Grad, wieder mit gestrecktem Zeigefinger. Legen Sie mit dem anderen Seil drei Windungen und schieben Sie das Ende erneut durch den Tunnel. Ziehen Sie die Knoten fest und schieben Sie sie dann am Seil so weit entlang, bis sie zusammenstoßen.

Um den Knoten aufzulösen, drücken Sie die Knoten wieder auseinander, lockern die Windungen und nehmen das Ende heraus.

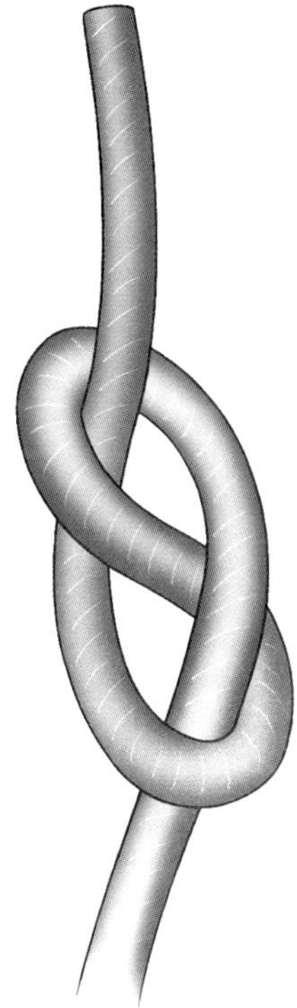

# Achterknoten

In seiner einfachsten Form wird der Achterknoten als Stopperknoten verwendet. Er ist einfach zu binden und voluminöser als ein einfacher Überhandknoten, was ihn als Stopperknoten geeigneter macht. Selbst nach größerer Belastung ist er wieder gut zu lösen.

1 Legen Sie am Ende des Seils ein Auge. Wenn das Arbeitsende über das Seil gelegt wurde, wird es unter seiner stehenden Part über sich selbst hinweg und durch das Auge geführt.

2 Hat das Arbeitsende den Kreuztörn unten herum vollzogen, einfach die Anweisungen umkehren.

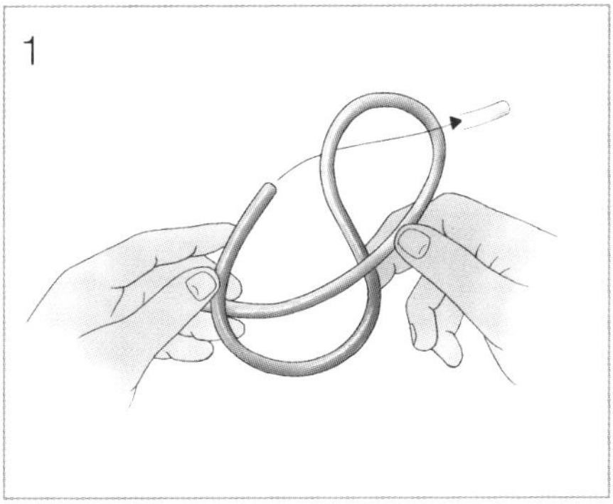


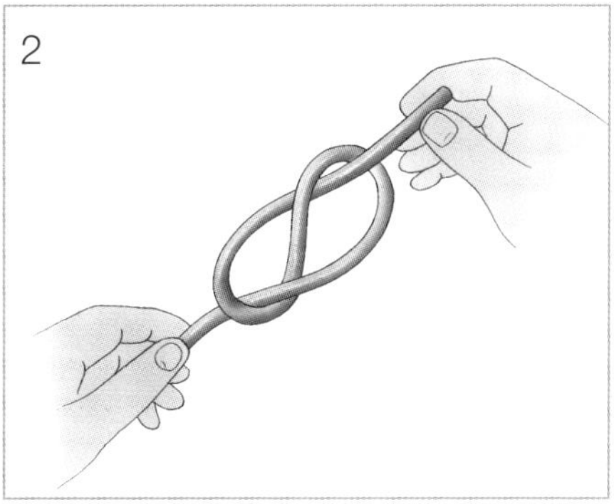

# Gebundener Achterknoten

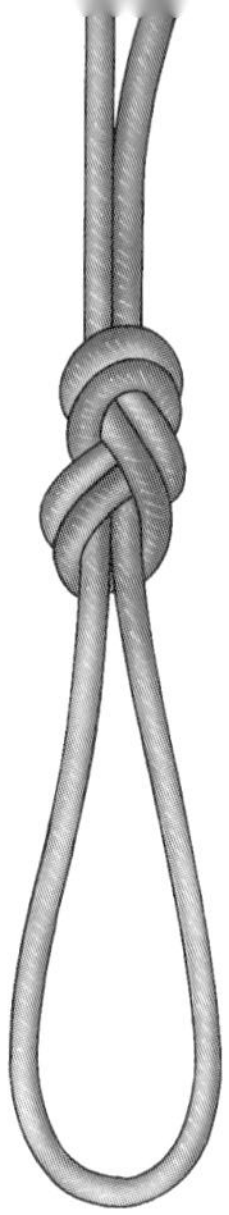

Dieser Knoten, auch unter dem Namen Flämischer Knoten bekannt, ist recht nützlich und wird gern von Kletterern geknüpft. Weil er so einfach zu binden und leicht zu erkennen ist, ist seine Wahl nahe liegend, vor allem, wenn man rasch einen zuverlässigen Knoten braucht. Gut daran ist außerdem, dass er unkorrekt gebunden bis zu einem gewissen Grad immer noch als Überhandknoten funktionieren kann, auch wenn dieser nicht so gut hält.

1 u. 2 Legen Sie am Seilende eine lange Bucht und binden Sie damit einen Achterknoten. Die Knotenstränge sollten flach zu liegen kommen.

3 Für eine erhöhte Sicherheit kann man den überstehenden Tampen um die stehende Part herum zu einem Daumenknoten binden.

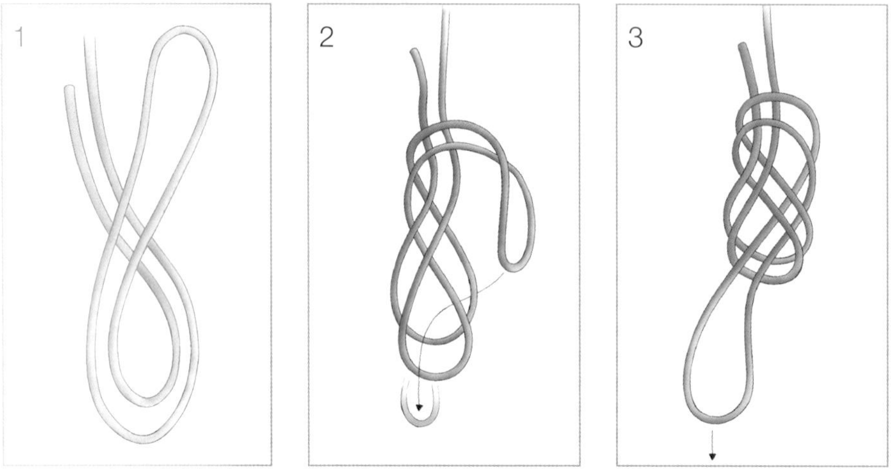

# Gebundener Achterknoten, eingefädelt

Wenn Sie einen Achterknoten an einem Ring oder etwas Ähnlichem befestigen wollen, ist dies die richtige Technik. So bekommen Sie das Auge genau da, wo Sie es haben wollen.

1 Legen Sie einen Achterknoten, allerdings mit langem Arbeitsende. Ziehen Sie den Knoten nicht straff, sondern lassen Sie ihn etwas lose. Stecken Sie das Arbeitsende durch den Ring und führen Sie es zurück zum Knoten. Nun fädeln Sie einfach das Arbeitsende ganz durch den Knoten, und zwar parallel zu den ersten Strängen. Wenn das Ende aus dem Knoten hervorlugt, können Sie damit beginnen, das Ganze festzuziehen. Auch hier ist ein Daumenknoten am stehenden Ende eine gute Idee.

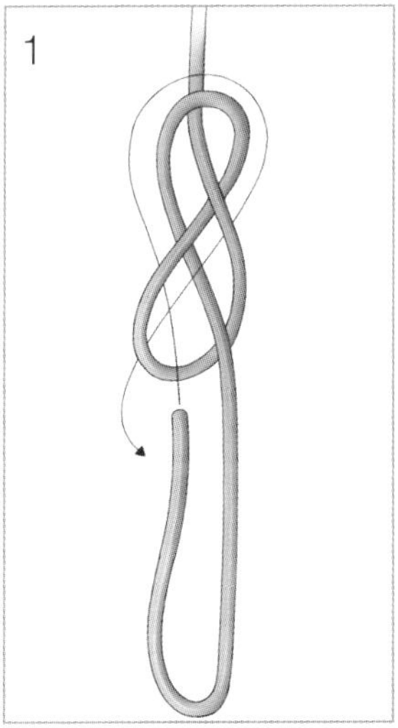

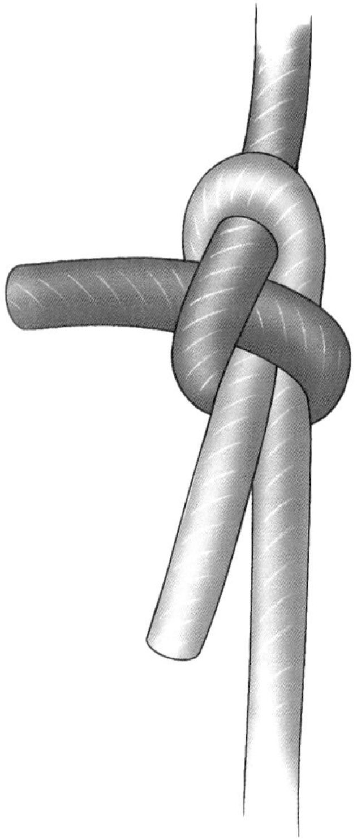

# Schotstek

Weil man diesen Knoten an vielen Orten findet und er in zahlreichen Handwerken verwendet wird, hat er viele Namen (zum Beispiel Weberknoten). Er wurde bereits vor etwa 9000 Jahren zum Knüpfen von Fischernetzen verwendet, was ihn zum ältesten nachweisbaren Knoten überhaupt macht.

Die Tradition besagt, dass der Schotstek lediglich dazu dient, Leinen unterschiedlicher Dicke miteinander zu verbinden, aber er funktioniert auch bei Leinen gleicher Dicke gut. Haben sie jedoch einen unterschiedlichen Durchmesser, muss die dickere Leine für das Legen der ersten Bucht verwendet werden.

1 Legen Sie mit der dickeren Leine eine Bucht. Führen Sie das Ende der anderen Leine von unten nach oben in die Bucht.

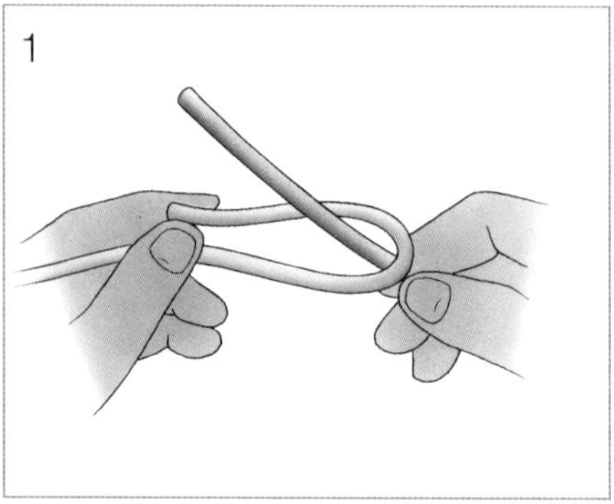

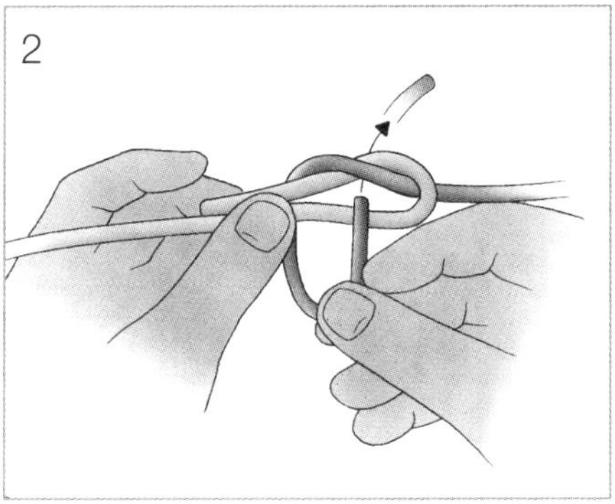


2 Führen Sie es um beide Parten der Bucht hinten herum und nach unten. Wenn es wieder nach oben zeigt, führen Sie es unter sich selbst durch und an der Spitze der Bucht hinaus.

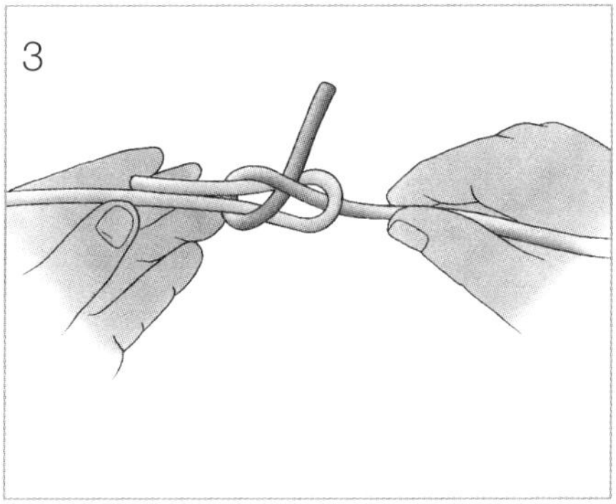


3 Halten Sie beide Seiten der Bucht und das Arbeitsende zusammen, bevor Sie die stehende Part der zweiten Leine straff ziehen. Aus Gründen der Sicherheit sollten die losen Enden auf derselben Knotenseite zu sehen sein.

4 Alternativ erhalten Sie, wenn Sie bei der letzten Bewegung eine Bucht durchziehen, einen Knoten, der durch das Ziehen am losen Ende leicht gelöst werden kann. Dies ist der so genannte Geslippte Schotstek.

# Doppelter Schotstek

Wenn die Tampen schlüpfrig sind oder sich in der Größe wesentlich voneinander unterscheiden, dann empfiehlt sich ein doppelter Schotstek. Verwenden Sie die dünnere Leine, um den Knoten zu machen.

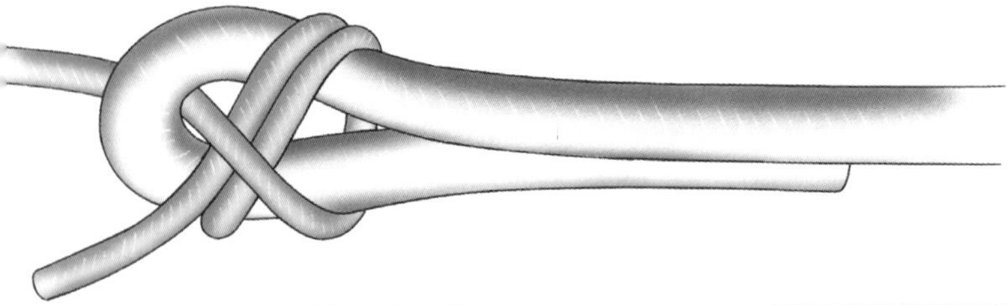

1 Nachdem Sie das Arbeitsende einmal um die Bucht geschlungen haben, machen Sie einfach einen zweiten Törn, bevor Sie das Ende so wie zuvor nach außen bringen.

2 Man muss den Knoten vorsichtig in die korrekte Form ziehen, so dass auch alles an die richtige Stelle rutscht.

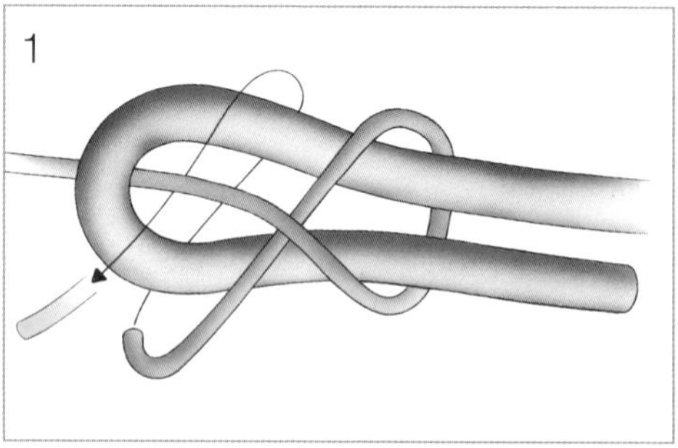


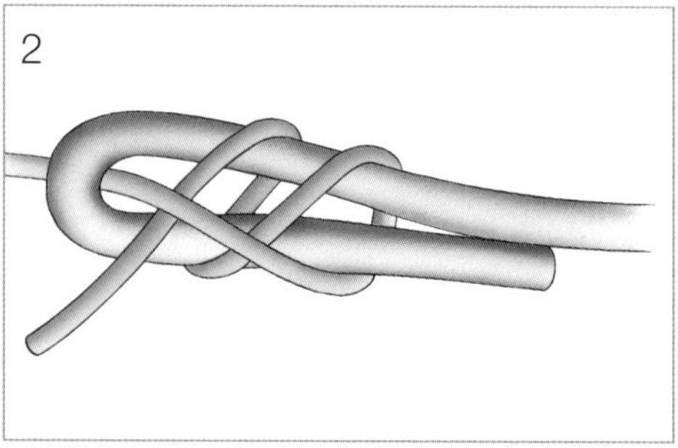

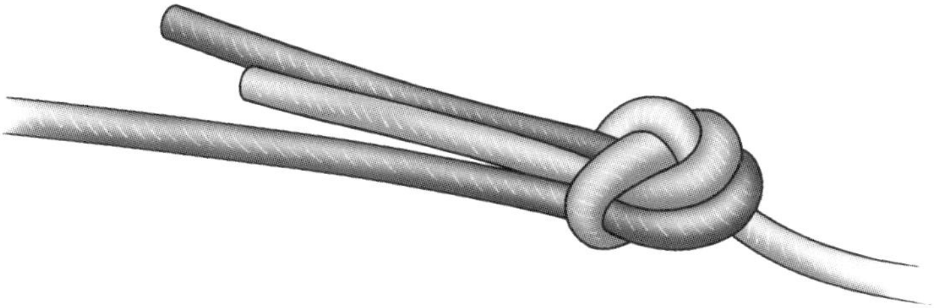

# Schotstek mit Einstecken

Wenn eine schwerere Leine mit Hilfe einer leichteren durch Wasser oder durch ein Rohr gezogen werden soll, könnte das herausragende Ende der leichten Leine sich an einer engen Stelle verfangen und das gesamte System verstopfen. Dieses Problem kann mit Hilfe dieses Knotens überwunden werden.

1 Führen Sie das Arbeitsende der leichten Leine um sich selbst und zurück durch das eigene Auge, so dass sie in die gleiche Richtung weist wie die beiden Enden der dickeren Leine.

1

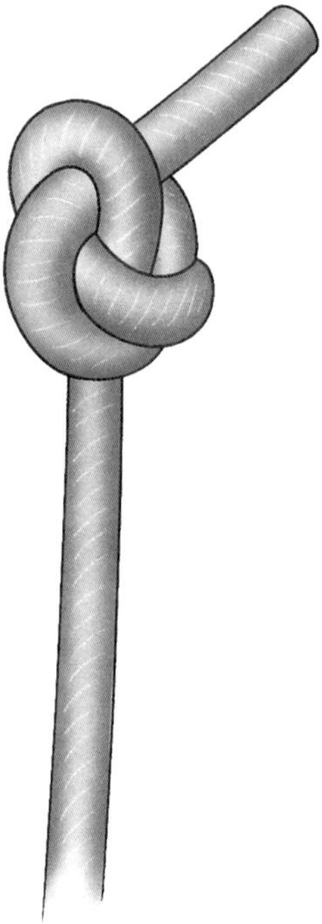

# Austernfischer-Stopper

Dieser effiziente Stopper-Knoten wurde von Clifford Ashley erfunden, der, als er versuchte, einen Knoten nachzumachen, versehentlich diesen Knoten erhielt.

1 Legen Sie eine Bucht und binden Sie einen Daumenknoten um die stehende Part, als wollten Sie eine einfache Schlinge legen.

2 u. 3 Führen Sie das Arbeitsende zurück ins Schlingenauge und ziehen Sie es fest.

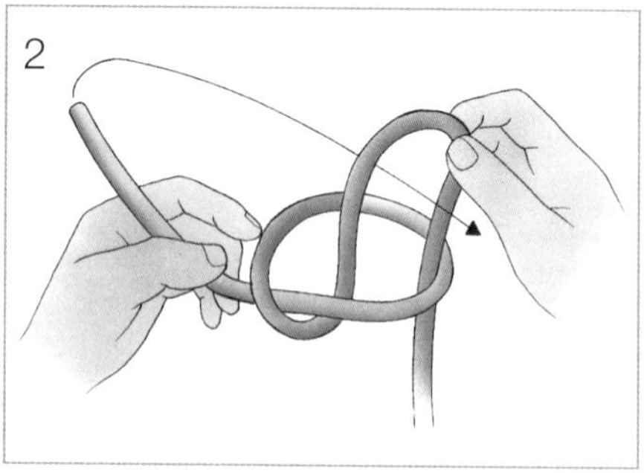


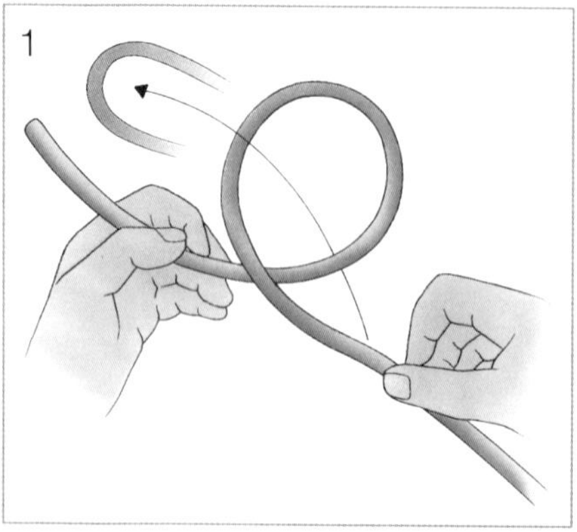

# Rundtörn mit zwei Halben Schlägen

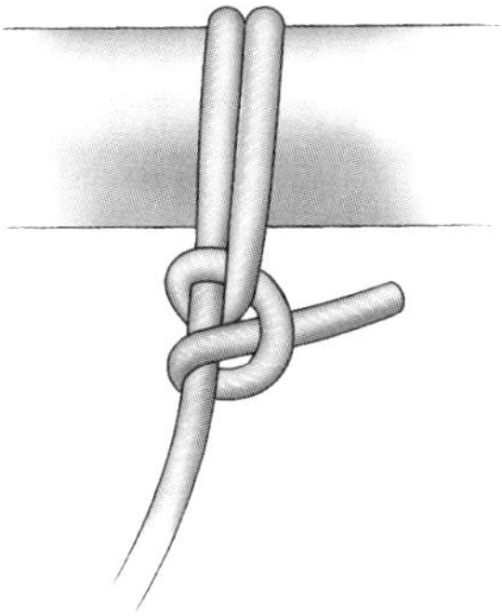

Wie im Kapitel über Begriffe und Techniken zu Anfang des Buches besprochen, ist dies ein guter Knoten, um ein Boot zu vertäuen. Er hat aber so viele Anwendungsbereiche, dass jeder ihn kennen sollte.

1 Legen Sie das Leinenende über das Holz (oder durch einen Ring) und wiederholen Sie dies für einen Rundtörn. Führen Sie das Arbeitsende vor die stehende Part, führen Sie es um den hinteren Teil und wieder zurück nach vorne durch den Raum zwischen Seil und Holz: der erste Halbe Schlag.

2 u. 3 Verfahren Sie um die stehende Part herum genauso, allerdings unterhalb des Halben Schlags, und ziehen Sie die Leine straff.

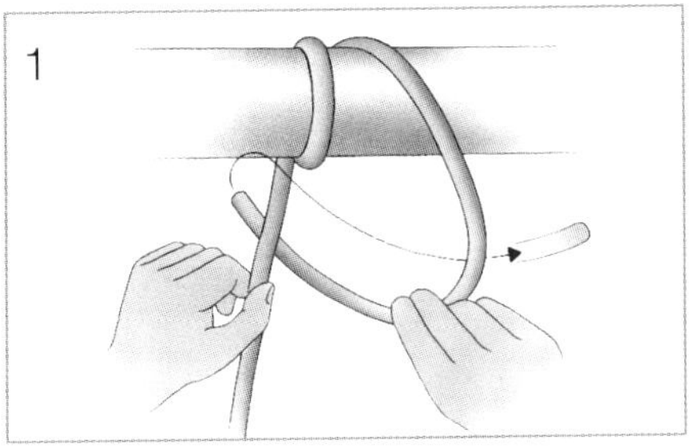


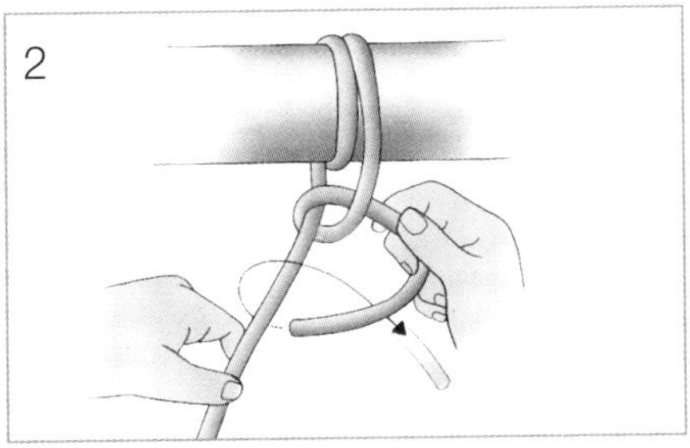


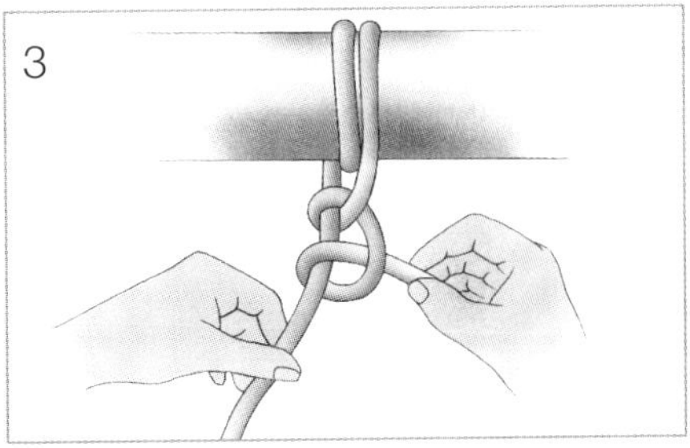

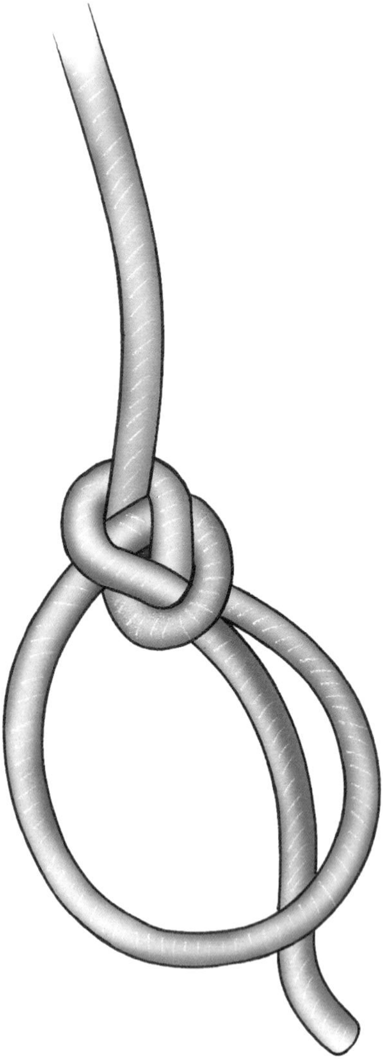

# Palstek (1)

Dieser »König der Knoten« hat zahlreiche Verwendungen. Sein einziger Nachteil ist, dass er unter Last unter Umständen schwierig zu lösen ist. Mit etwas Übung sind die Handbewegungen so gut aufeinander abgestimmt, dass man ihn innerhalb von drei Sekunden in ein Kletterseil binden kann. Es ist wichtig, ein langes freies Ende zu lassen, mit dem man zur größeren Sicherheit einen Überhandknoten um den rechten Abschnitt des Auges binden kann.

1 Hier kann die auf S. 29 beschriebene Handdrehung verwendet werden. Legen Sie mit dem Seil ein Auge mit einem Kreuztörn.

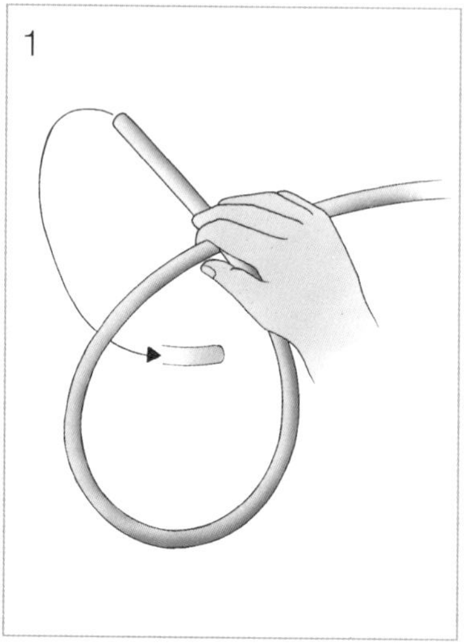

2 Halten Sie mit Ihrer starken Hand den Punkt, an dem das Arbeitsende über dem Seil liegt, und drehen Sie die Hand nach vorne und unten, dann drehen Sie sie vom Körper weg.

3 Das Arbeitsende sollte nun durch das Seilauge nach oben stoßen, wobei das größere Auge darunter hängt. In der Abbildung erfolgt dies mit der rechten Hand.

4 Die andere Hand sollte hinter dem Seil verharren, bis sie das Arbeitsende zu greifen bekommt. Dann zieht sie es um den hinteren Teil des Seils und durch das kleine entstandene Loch nach unten. Es kommt dann automatisch parallel zu sich selbst zum Liegen. Halten Sie die lose Part und die Seiten des Auges und ziehen Sie am stehenden Ende, um den Knoten festzuziehen. Je nach Verwendung muss die Größe vor dem Festzurren unter Umständen angepasst werden.

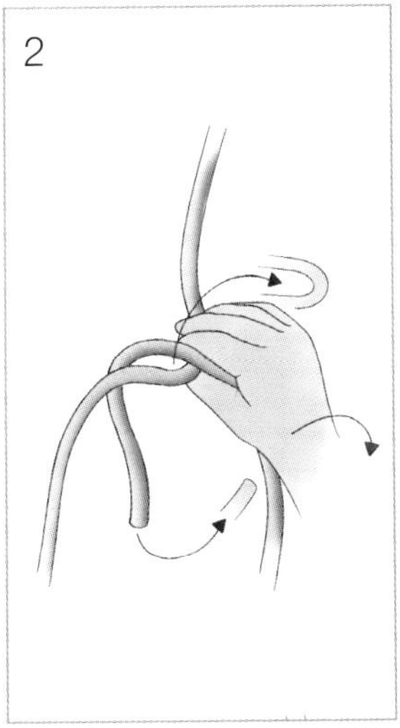


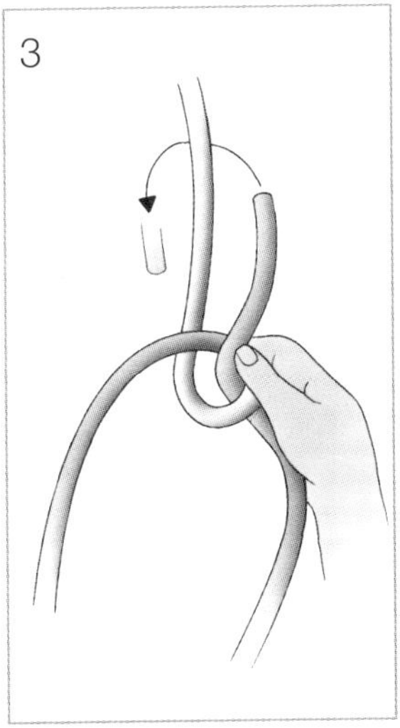


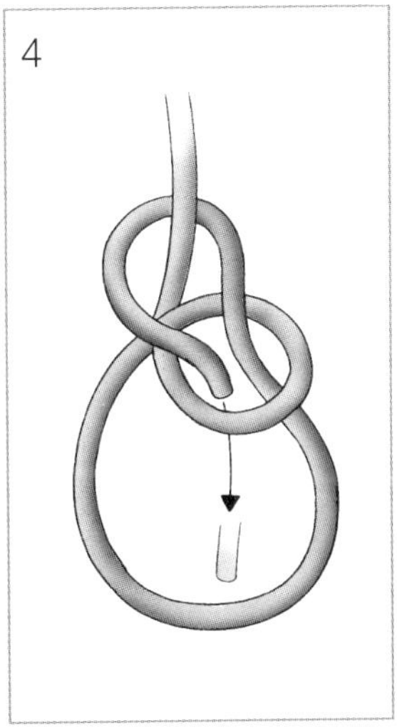

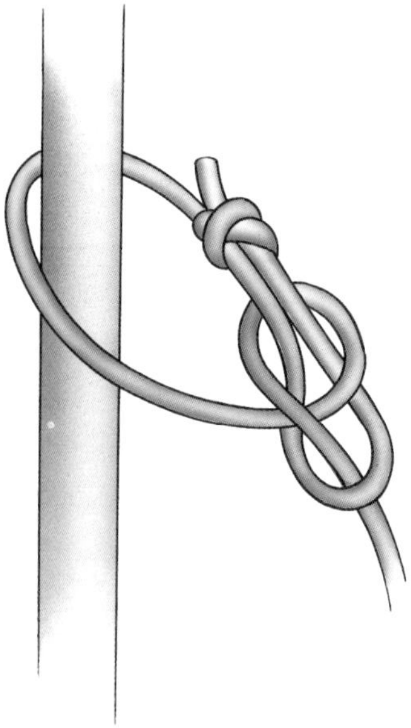

# Palstek (2)

Diese Art, den Palstek zu knüpfen, zeigt, wie man ihn von einer anderen Richtung aus angeht unter Verwendung einer Legeart, die von Kletterern dann gebraucht wird, wenn sie sich den Palstek um die Taille binden. Anschließend kann man seine Größe entsprechend regulieren. Auch hier ist es für mehr Sicherheit sinnvoll, rechts vom Auge einen Daumenknoten zu binden.

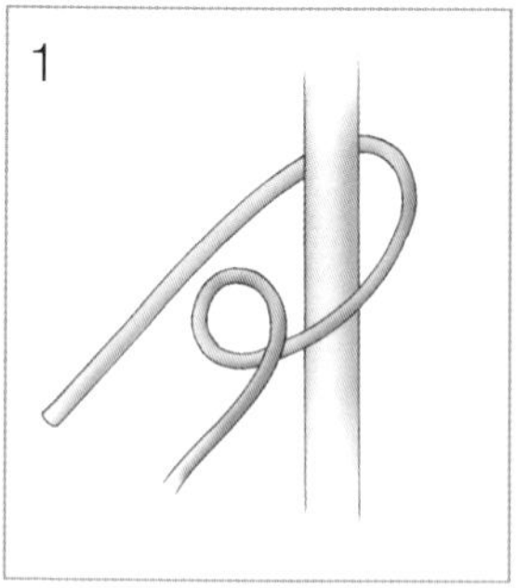


1 Ziehen Sie eine ausreichende Länge Seil um das Holz oder durch einen Ring, dabei ist die Richtung ohne Bedeutung. Machen Sie bei der stehenden Part des Seils einen Kreuztörn. Am einfachsten ist es, die stehende Part in der linken Hand zu halten, wobei der Handrücken nach oben und der Daumen Richtung Körper zeigt. Drehen Sie die Hand weg, bis der Handrücken nach unten zeigt.

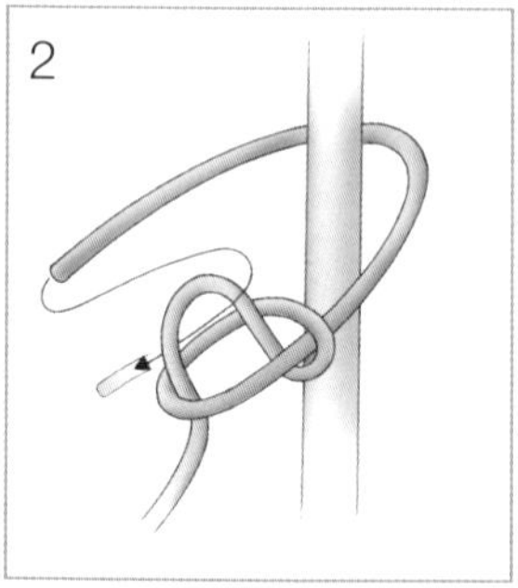


2 Legen Sie eine Bucht in die stehende Part und führen Sie sie nach oben in das gerade gelegte Auge.

3 Schieben Sie das Arbeitsende durch die hervorstehende Bucht und halten Sie es fest.

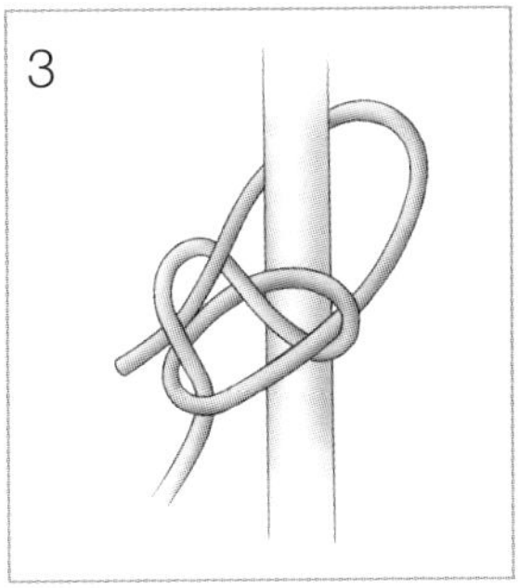


4 Ziehen Sie an dem stehenden Ende. Nun sollte der Knoten zu einem perfekten Palstek umkippen. Ein harter Ruck ist im Allgemeinen wirkungsvoller als stetiges Ziehen. Manchmal läuft es an diesem Punkt nicht so reibungslos: Dann ist es ratsam, die Hand um den Knoten zu legen, und so zu drücken, dass er die richtige Form annimmt.

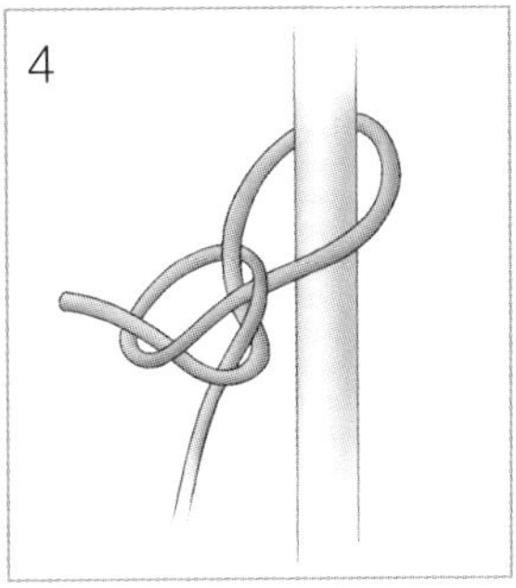


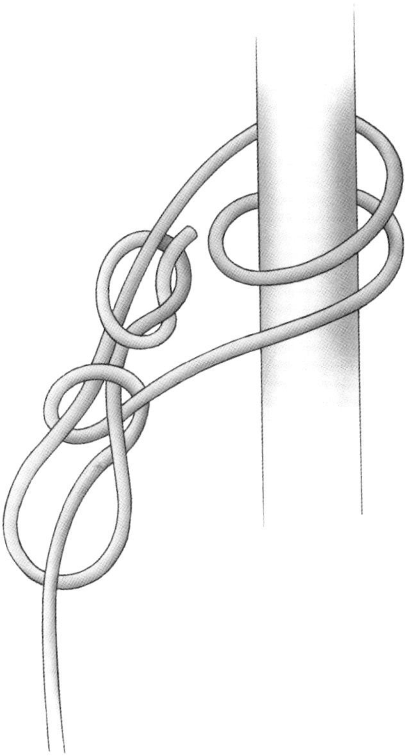

Sie können die Leine auch zweimal um die Stange führen und einen Rundtörn schlagen, bevor Sie den Knoten binden. Dies kann den Zug aufs Seil verringern, da eine zusätzliche Kontaktfläche dabei hilft, die Last zu verteilen. Man nennt das Palstek mit Rundtörn. Wenn man den Palstek um seine eigene stehende Part binden, oder die gesamte stehende Part durch das Auge führt, erhält man den Palstek auf der Bucht.

# Mastwurf (1), Webleinstek oder Achterschlinge an einem Mast oder Ring

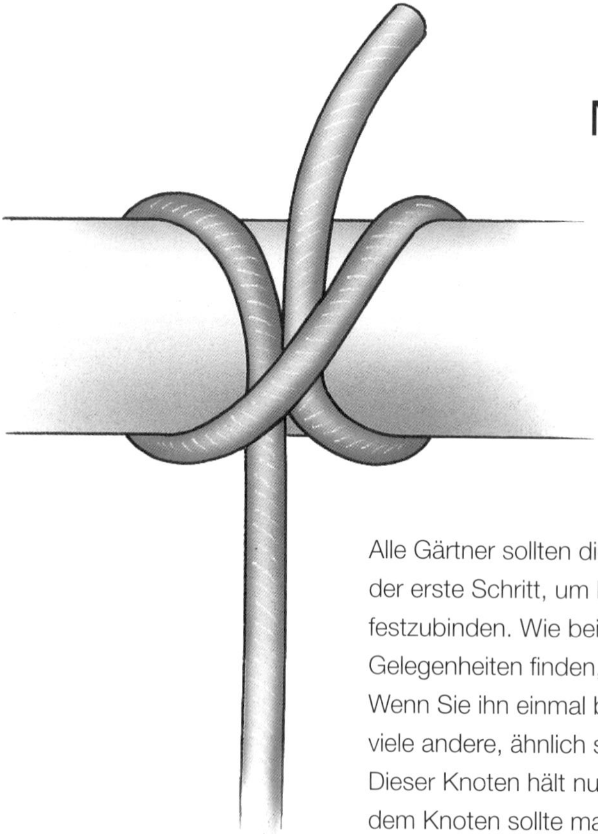

Alle Gärtner sollten diesen Knoten lernen, denn er ist der erste Schritt, um Bohnen- oder Erbsenstöcke festzubinden. Wie beim Palstek werden Sie unzählige Gelegenheiten finden, diesen Knoten zu benutzen. Wenn Sie ihn einmal beherrschen, wird es einfach, viele andere, ähnlich strukturierte Knoten zu binden. Dieser Knoten hält nur bei Rundhölzern richtig. Mit dem Knoten sollte man auch keine Boote vertäuen, da der Mastwurf sich bei plötzlichen Stößen gerne öffnet, obwohl zwei Halbe Schläge auf einem Rundtörn, wie Sie vielleicht bereits gemerkt haben, eigentlich einen Mastwurf ergeben, wobei die zusätzlichen Halben Schläge zur Sicherheit beitragen.

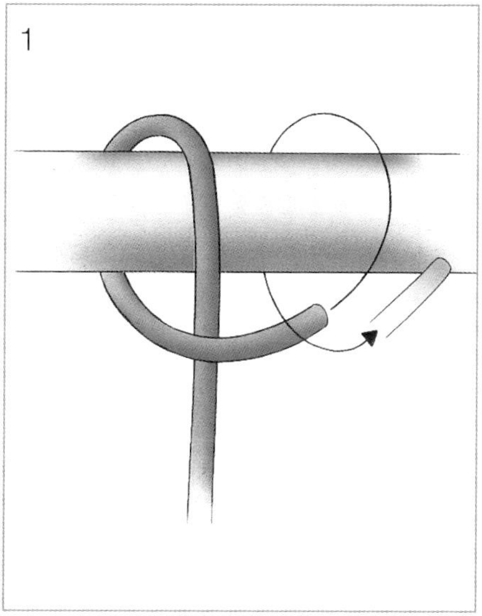

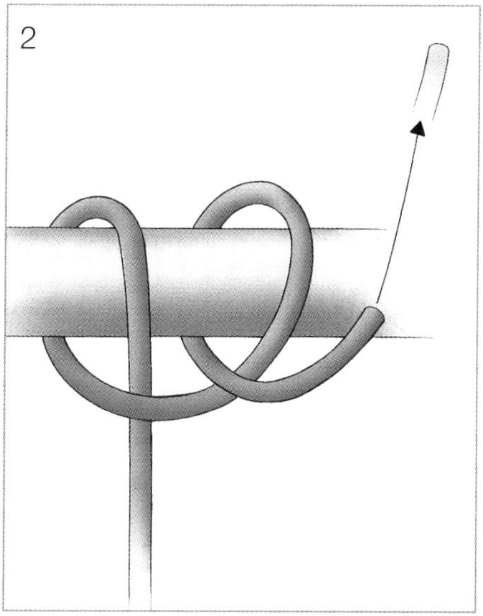

1 Legen Sie das Seilende über das Holz oder schieben Sie es durch einen Ring, so dass das kurze Ende hinten herunterhängt. Fassen Sie unter das Holz und bringen Sie das Ende neben die stehende Part nach vorne. Führen Sie es diagonal über den vorderen Teil der stehenden Part und wieder über das Holz, wobei Sie ein kleines Auge nach unten hängen lassen.

2 Das Ende wird nach vorne und oben durch dieses Auge geschoben. Ziehen Sie das Seil auf beiden Seiten des Knotens straff.

Wenn Sie es einfacher finden, entgegengesetzt zu den Abbildungen vorzugehen, dann können Sie das gerne tun (von rechts nach links statt von links nach rechts). Der Knoten hält in diesem Fall genauso gut.

# Mastwurf (2) um einen Pflock

Oft ragt ein Pflock irgendwo so heraus, dass Sie rasch einen Mastwurf binden und nach der unten beschriebenen Methode darüber werfen können.

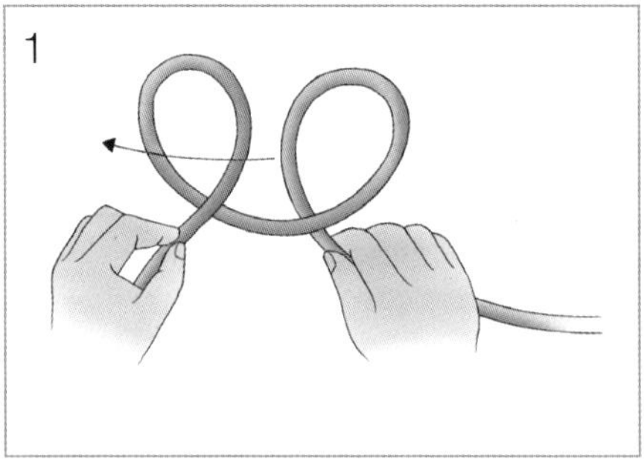


1 Legen Sie zwei nebeneinander liegende Augen, beide vom gleichen Typ, in die Leine. Hier sieht man zwei Überhandaugen.

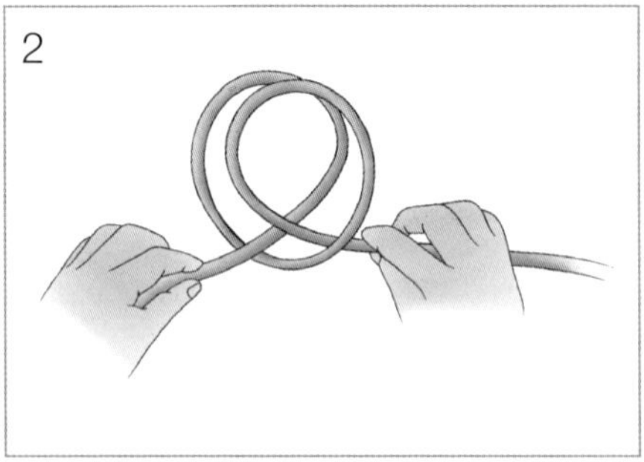


2 Schieben Sie die beiden Augen übereinander, wobei die beiden Enden zwischen den Augen herausragen.

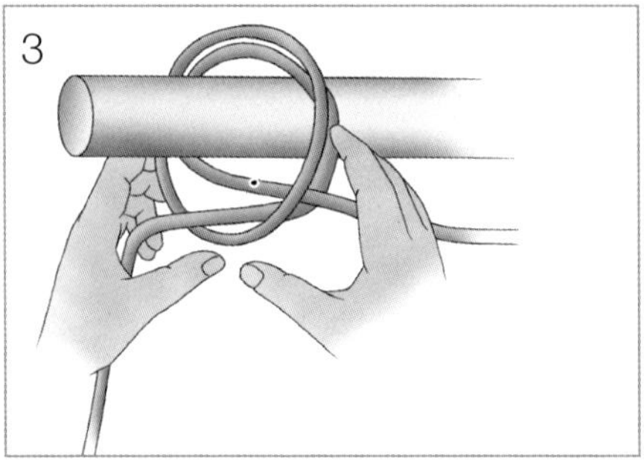


3 Die beiden Augen werden dann über das Pflockende geschoben und festgezurrt.

Wenn Sie die Richtung eines der Augen falsch legen oder die Enden nicht in der Mitte herauskommen, fällt der Knoten auseinander und muss neu gebunden werden, einige Sorgfalt ist also notwendig.

# Zimmermannsschlag, Zimmermannsstek

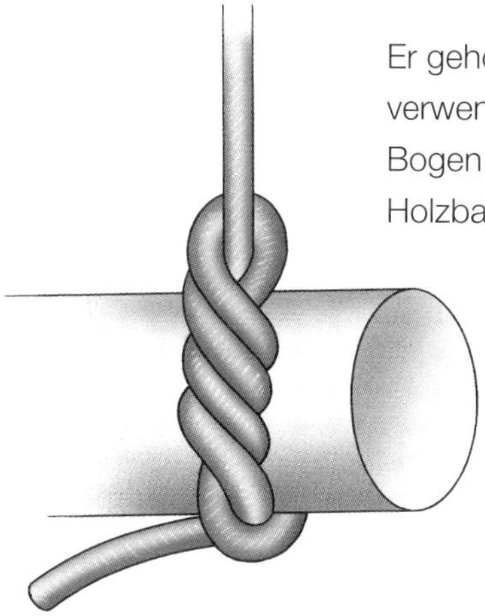

Er gehört zu den einfachsten Knoten und wurde einst verwendet, um das Ende einer Bogensehne mit dem Bogen zu verbinden. Er ist auch gut geeignet, um Holzbalken bei Zimmermannsarbeiten zu heben.

1

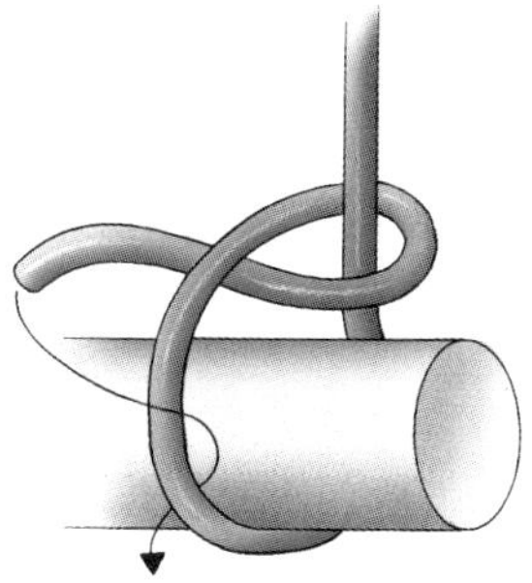

2

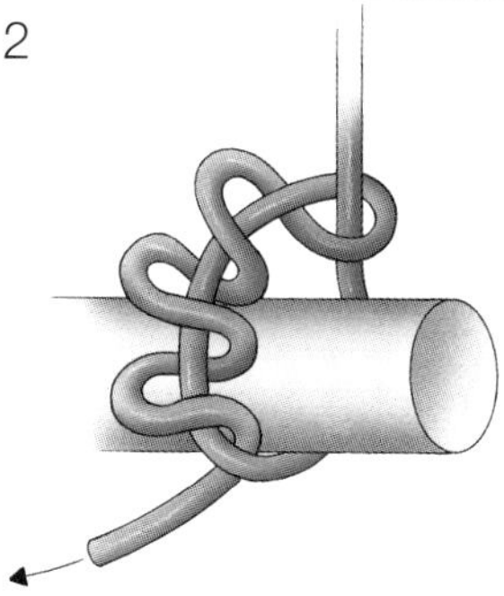

1 Führen Sie die Leine um den Balken (oder das Stockbündel). Legen Sie für ein Unterhandauge einen Törn um die stehende Part. Das Ende kreuzt unter der Leine.

2 Machen Sie nun um den Abschnitt der Leine, der vom Auge wegführt, einige Rundtörns. Ziehen Sie am Arbeitsende, um das Ganze zu straffen. Wenn eine Last auf die stehende Part aufgebracht wird, werden alle Törns fixiert.

# Zimmermannsstek mit Halbem Schlag

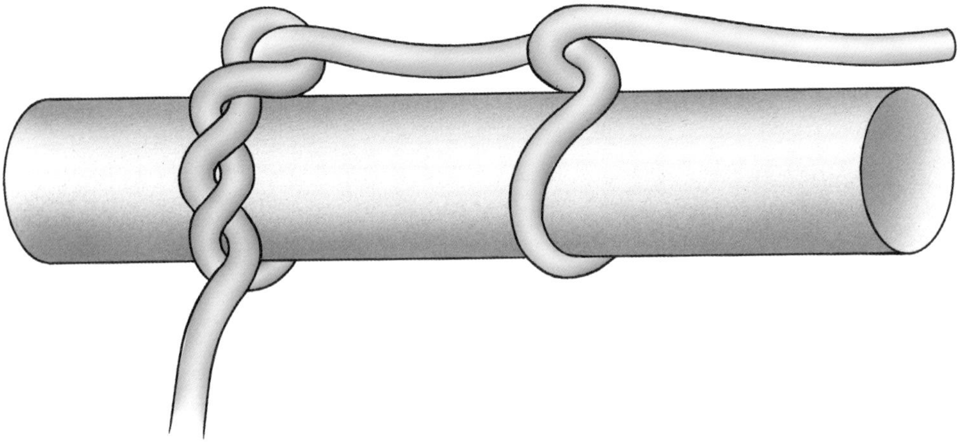

Hierbei handelt es sich um eine nützliche Spielart des auf der vorherigen Seite gezeigten Zimmermannsschlags. Manchmal sind der zu ziehende Balken oder das Bündel sperrig. Damit sie trotzdem nicht wegrutschen, wird der Zimmermannsstek an dem der Last gegenüberliegenden Ende befestigt und ein Halber Schlag an dem ihr benachbarten Ende gelegt. Die Last wird aufgebracht und man hat nun eine zusätzliche Führung, die dafür sorgt, dass sich der Balken wie gewünscht bewegt.

Der Zimmermannsstek mit Halbem Schlag kann auch an einem großen Stein befestigt werden, wenn man einen improvisierten Anker benötigt.

# Bogensehnen- oder Hondaknoten

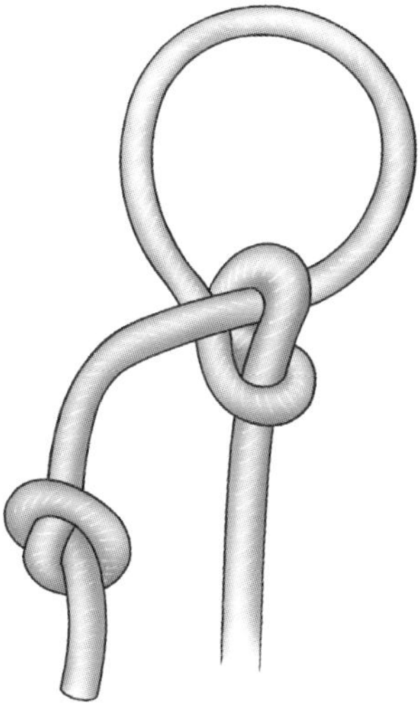

Dieser Knoten wurde weithin zum Lasso gebunden, weil die Schlinge sich beim Einfangen wilder Pferde oder von Vieh leicht verschieben lässt. Daher wird er auch für Fallen und Schlingen verwendet.

Man benutzte ihn auch weithin als Knoten für Bogensehnen, er ist inzwischen aber längst durch eine in der Bogensehne vorgesehene Öse ersetzt worden. Man kann ihn natürlich noch immer verwenden, wenn man ein Lasso oder einen Bogen improvisieren möchte.

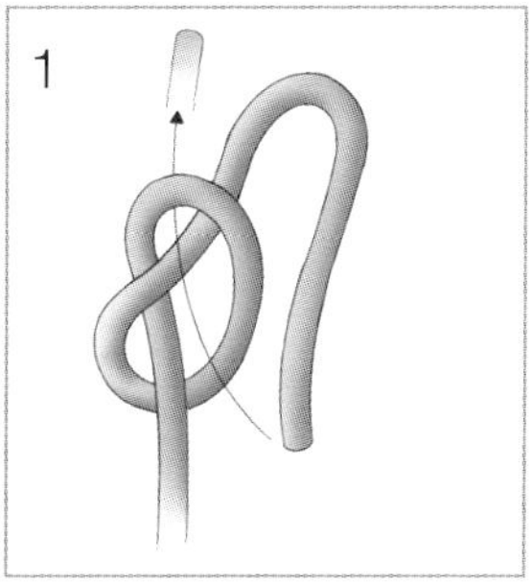


1 u. 2 Binden Sie einen Daumenknoten. Ziehen Sie ihn nicht fest, sondern schieben Sie das Arbeitsende wie in der Abbildung durch den Knoten. Binden Sie einen zweiten Daumenknoten nahe dem Ende der losen Part und ziehen Sie ihn fest. Er dient als Stopper, um das Ende an Ort und Stelle zu halten. Sorgen Sie dafür, dass der Hondaknoten die notwendige Größe hat, und bewegen Sie den zweiten Daumenknoten so, dass alles fest sitzt.

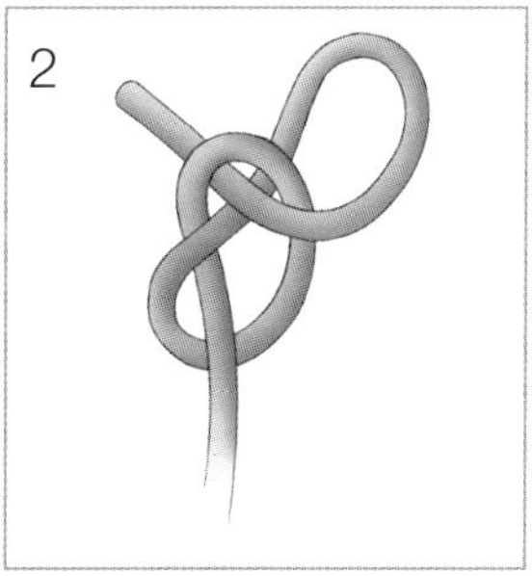


Für die Herstellung eines Lassos oder einer Schlinge muss die Leine durch die Hondaschleife gezogen werden. Sie werden dann feststellen, ob das Auge für das Durchrutschen zu groß oder genau richtig ist.

# Rollstek

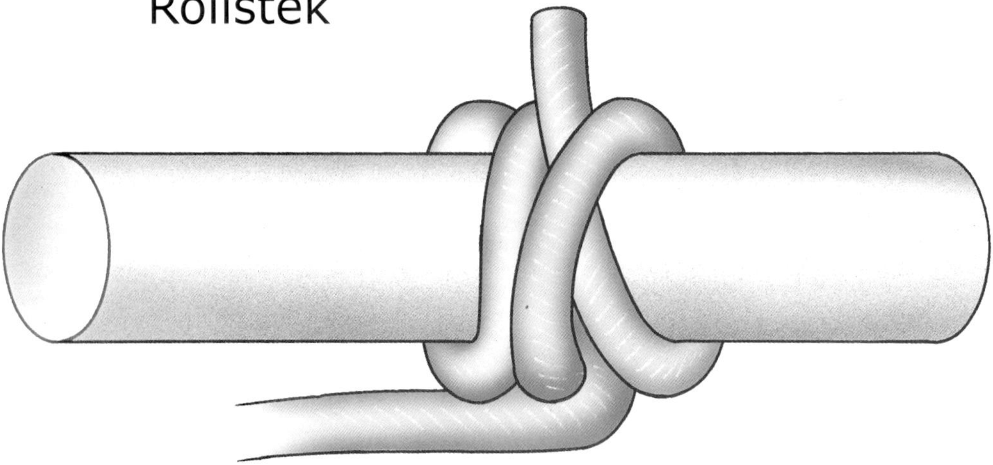

Manchmal müssen ein Sparren oder ein Seil seitlich gezogen werden, wofür der Rollstek besonders geeignet ist. Dieser Knoten hilft dabei, ohne Durchrutschen in eine Richtung zu ziehen, wobei die lose Part fest gegen die beiden Törns nach unten gezogen wird und diese fixiert.

Auch dies ist ein sehr alter Knoten, und es wurde schon viel darüber diskutiert, woher er wohl stammt. Der Name Rollstek ist an diesem Knoten wohl das einzig Neue.

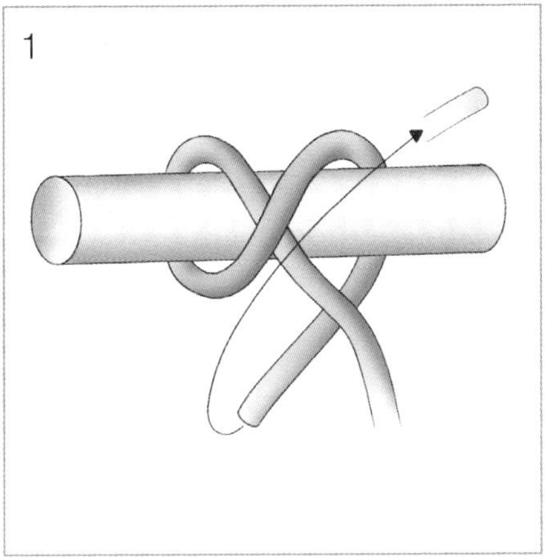


1 Beginnen Sie genau wie beim Mastwurf. Legen Sie das Ende über den Mast und führen Sie es neben die stehende Part. Führen Sie es wieder darüber und zum zweiten Mal neben die stehende Part.

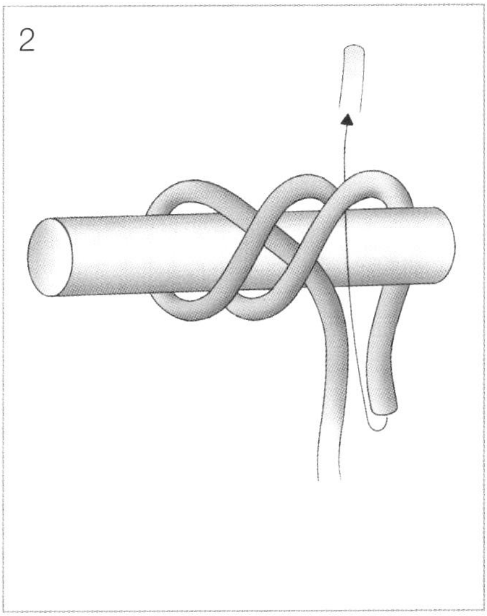


2 Führen Sie den Tampen ein drittes Mal darüber, aber nun, wie beim Mastwurf, zur anderen Seite der stehenden Part, und ziehen Sie ihn unter den letzten Törn. Ziehen Sie am Ende, um den Knoten zu straffen. Die Zugrichtung muss den zwei ursprünglichen Törns entgegenlaufen. Wenn Sie die Zugbewegung nach rechts ausführen wollen, müsste der Knoten anders als in der Abbildung mit den zwei ersten Törns auf der anderen Seite gebunden werden.

# Tundj-Knoten

Er dient dazu, Bogensehnen an türkischen Bogen zu befestigen. Anwendungsmöglichkeiten sind heutzutage selten, aber ich nehme ihn in dieses Buch auf für den Fall, dass Sie damit herumexperimentieren wollen, und um Ihnen zu zeigen, wie verschiedene Kulturen für die gleichen Bedürfnisse unterschiedliche Knoten entwickelten.

1

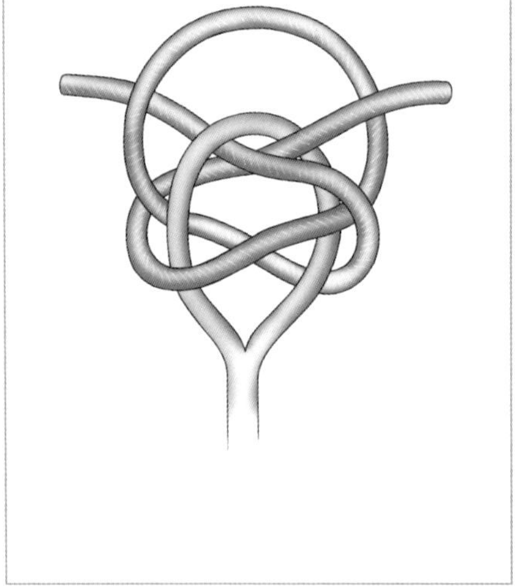

2

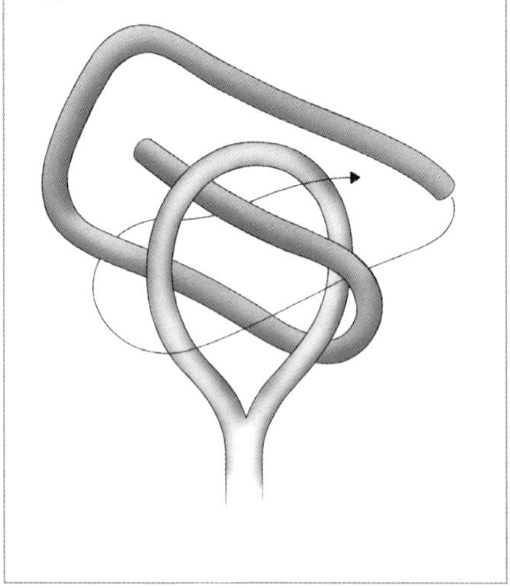

1 u. 2 Die Leine geht durch die Sehnenöse und wird gebunden wie abgebildet. Die Spannung kann reguliert werden, indem man an der Sehne zieht oder sie löst. Die Befestigungsleine kann dicker und fester sein als die Bogensehne, so dass sie eine bessere Haltbarkeit hat, auch wenn sie ständig am Bogen reibt.

# Klammernde Klara

Die von Dr. Harry Asher erdachte Klammernde Klara erlaubt es, eine Leine an ein Tau zu binden, damit man damit an Letzterem ziehen kann. Ein nützlicher Knoten, dessen Beherrschung allemal lohnt.

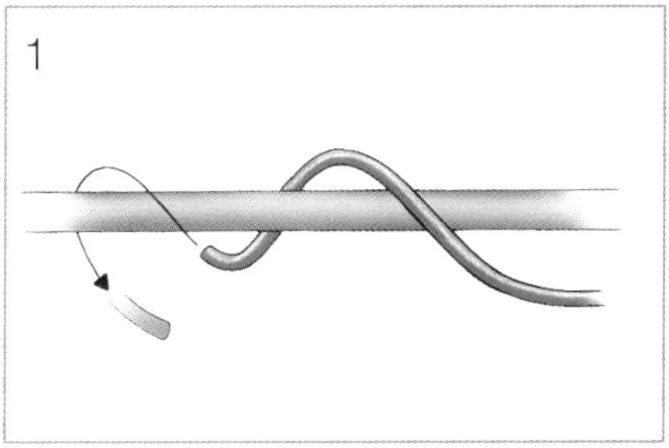


1 Machen Sie mit der Leine entlang des Taus einen vollen Törn. Wenn es ein geschlagenes Seil ist, folgen Sie der Schlagrichtung. Die Belastung entsteht an der stehenden Part, stellen Sie also sicher, dass Sie den Törn in die richtige Richtung legen.

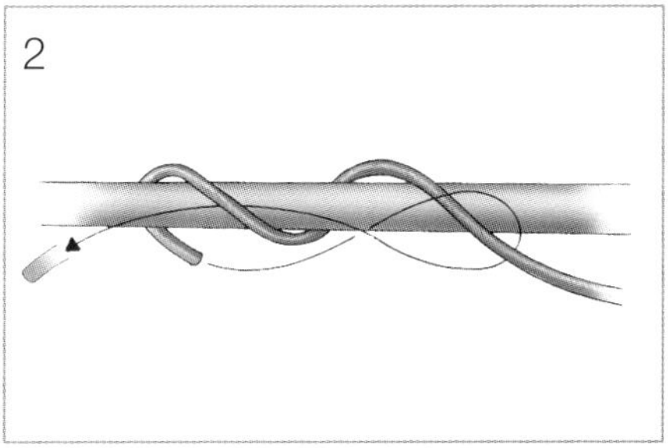


2 Bewegen Sie die lose Part zurück zur stehenden und über diese hinweg. Wechseln Sie nun wieder die Richtung unter der stehenden Part hindurch und stecken Sie schließlich den Tampen unter die letzte Kreuzung des Rundtörns.

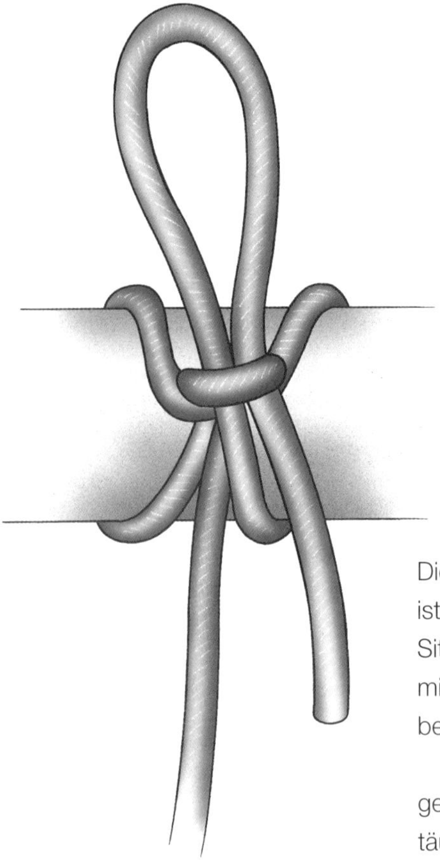

# Räuberknoten

Dieser Knoten mit seinem romantischen Namen ist ein sich rasch lösender Knoten, der in vielerlei Situationen angewendet werden kann. Weil er sich mit einem einzigen Zug am Seil sofort löst, ist er besonders bei Kindern beliebt.

Die Anordnung seiner Augen und Buchten suggeriert eine gewisse Kompliziertheit, was aber täuscht. Seinen Namen leitet er davon ab, dass Räuber ihn angeblich benutzten, um die Zügel ihrer Pferde rasch lösen und so fliehen zu können. Auch heute noch eignet er sich dazu, ein Pferd festzubinden und auch ein Boot zu vertäuen. Allerdings sollte man darauf achten, dass das richtige Seilende belastet und der Knoten so festgezogen wird, dass er sich nicht versehentlich von selbst löst.

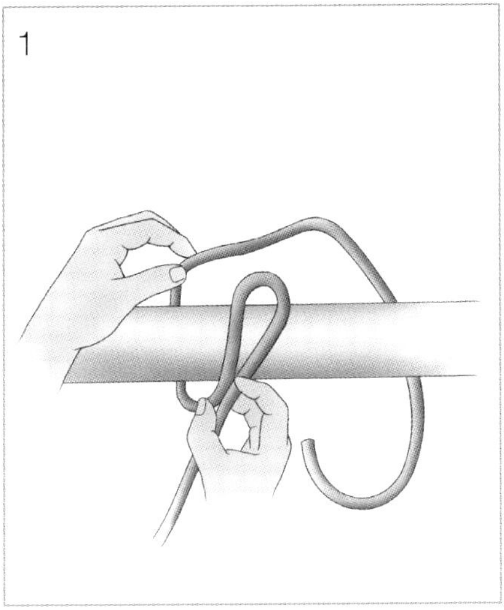


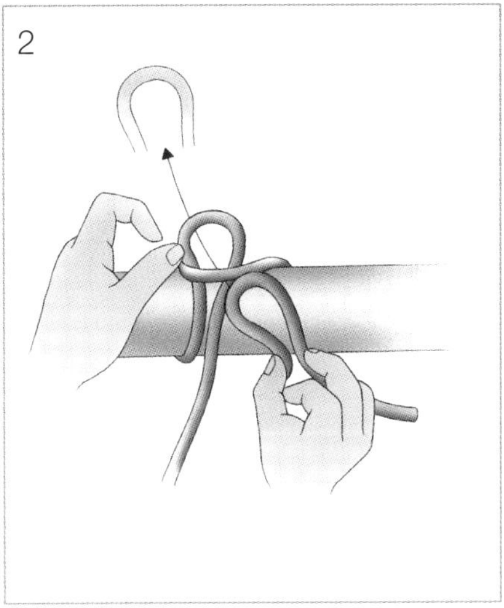


1 Legen Sie in einigem Abstand vom Ende der Leine eine Bucht, die über der Stange zu liegen kommt. Führen Sie von unten die lose Part hinter der Stange über die Bucht, so dass das Ende wieder hinter der Stange nach unten hängt. Halten Sie die Bucht an Ort und Stelle. Legen Sie auf der Seite der Leine, die belastet wird (Pferdseite), eine weitere Bucht. Im Allgemeinen ist das am langen Ende. Führen Sie diese Bucht vor der Stange nach oben und durch die erste Bucht. Sie können die erste Bucht nun loslassen, halten Sie dafür die zweite.

2 Legen Sie nun eine dritte Bucht an dem kurzen, von der ersten Bucht herabhängenden Tampen. Führen Sie sie nach oben durch die zweite Bucht hindurch. Ziehen Sie am langen Ende (Pferdseite), um die dritte Bucht zu fixieren. Sobald die dritte Bucht gesichert ist, ist der Knoten fertig.

Den Knoten löst man, indem man mit einem kurzen Ruck am kurzen Tampen zieht. Das Pferd zieht dann das zweite Auge aus der ersten Bucht, die sich von der Stange löst.

# Gekreuzter Weberknoten

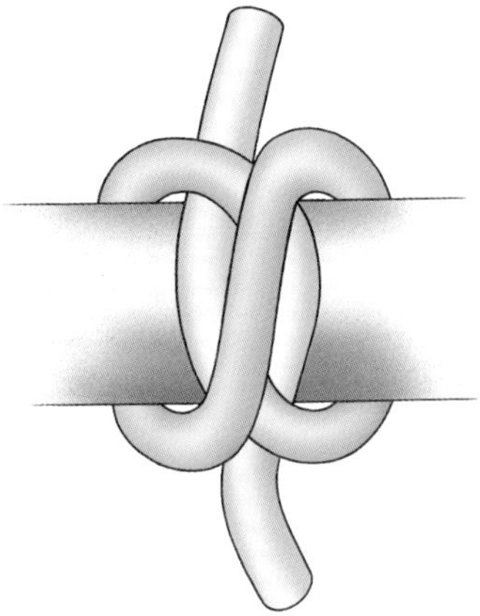

Der Gekreuzte Weberknoten hält bombenfest und lockert sich im Allgemeinen nicht. Wenn er mit einer weichen Leine um einen harten Gegenstand gebunden wird, kann er sich so festziehen, dass man ihn am Ende nur noch mit dem Messer herunterschneiden kann. Er ist in alltäglichen Situationen sehr praktisch, zum Beispiel beim Verschnüren von Müllsäcken.

Es gibt verschiedene Methoden, den Gekreuzten Weberknoten zu binden. Ich zeige hier die drei Spielarten, die ich am nützlichsten finde.

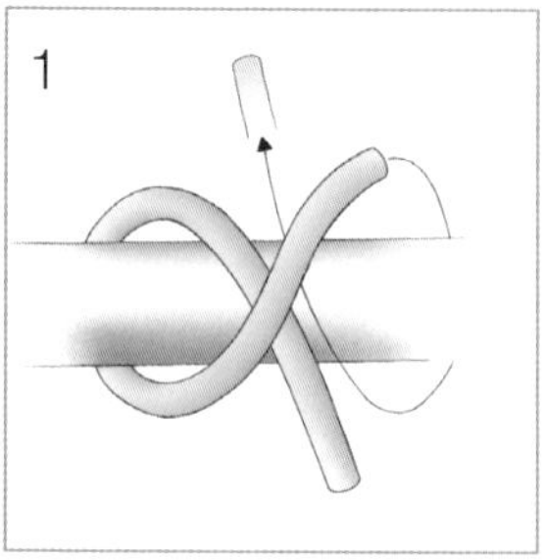


1 Bei der ersten Variante binden Sie zunächst einen Mastwurf. Legen Sie die Leine über das Holz (oder das offene Ende des Müllsacks) und legen Sie vor das Holz einen Kreuztörn, dann legen Sie die Leine wieder über das Holz und darum herum und ziehen Sie den Tampen nach oben unter sich selbst hinweg.

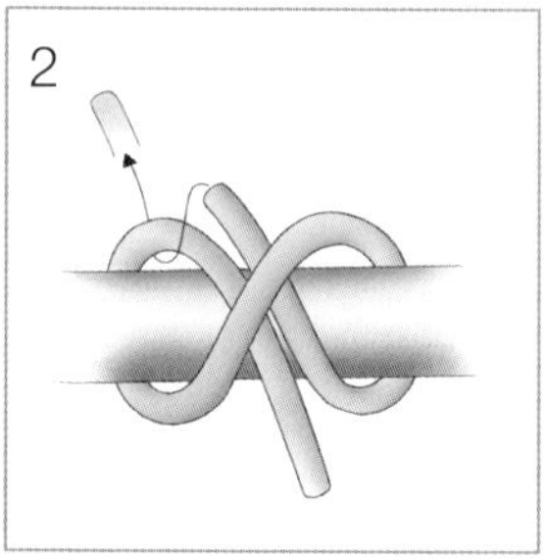


2 Nun wird der Tampen erst über, dann unter dem ersten Törn des Mastwurfs hindurchgeschoben und anschließend festgezogen.

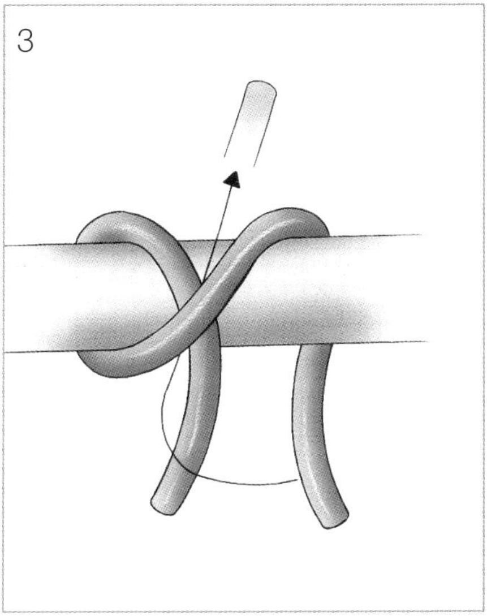


3 Eine andere Art, diesen Knoten zu binden, besteht darin, die erste Hälfte eines Mastwurfs zu legen. Nachdem Sie die Leine zum zweiten Mal über die Stange gelegt haben, führen Sie sie vor der stehenden Part nach oben unter die Kreuzung. Festgezogen ergibt sich ein Gekreuzter Weberknoten.

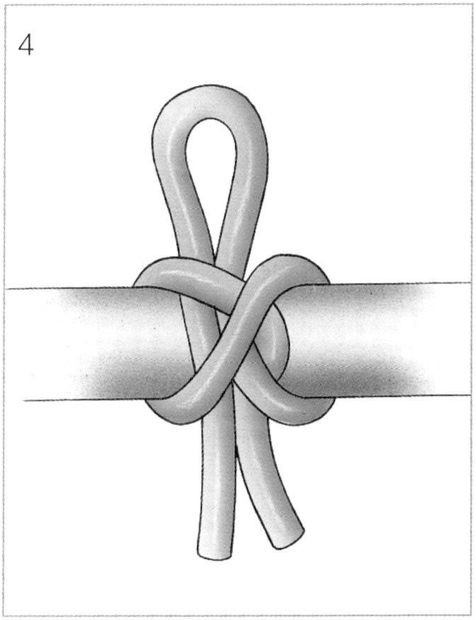


4 Die letzte Variante dieses Knotens ist wesentlich leichter wieder zu lösen. Wenn Sie vor dem Verstauen der Leine eine letzte Bucht legen, entsteht ein Geslippter gekreuzter Weberknoten, der sicher hält, aber durch das Herausziehen der Bucht leicht gelöst werden kann.

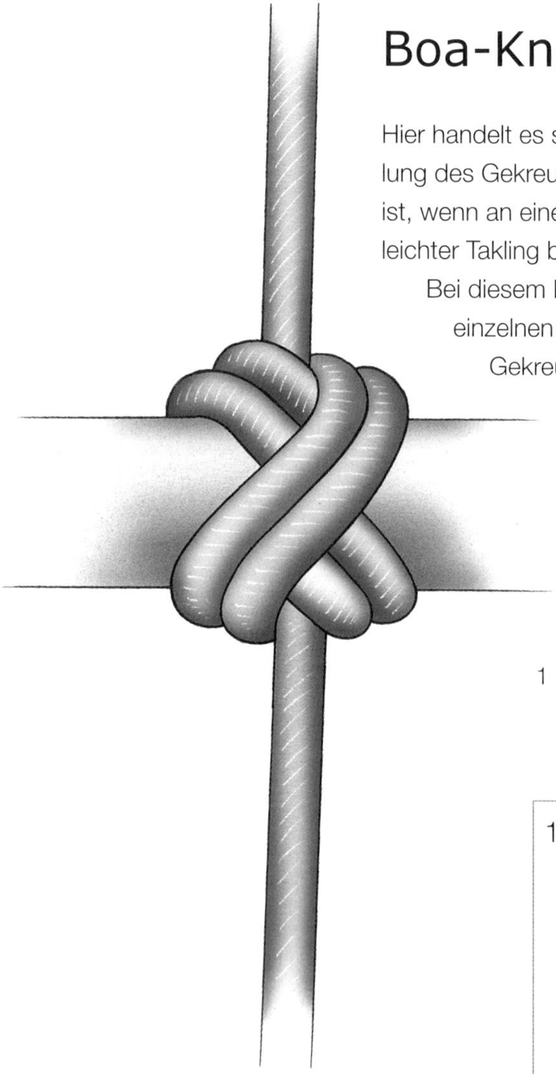

# Boa-Knoten

Hier handelt es sich um eine stabilere Weiterentwicklung des Gekreuzten Weberknotens, die sehr nützlich ist, wenn an einem Seilende vorübergehend ein leichter Takling benötigt wird.

Bei diesem Knoten kann man auch mit einem einzelnen Auge binden, wodurch man den Gekreuzten Weberknoten erhält.

1 Legen Sie zwei identische Überhandaugen übereinander.

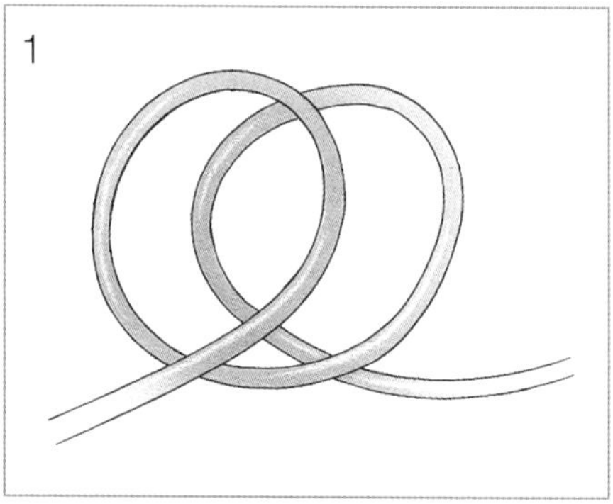

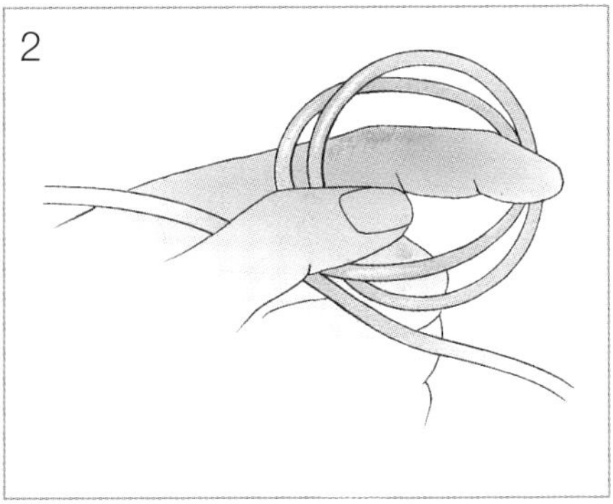


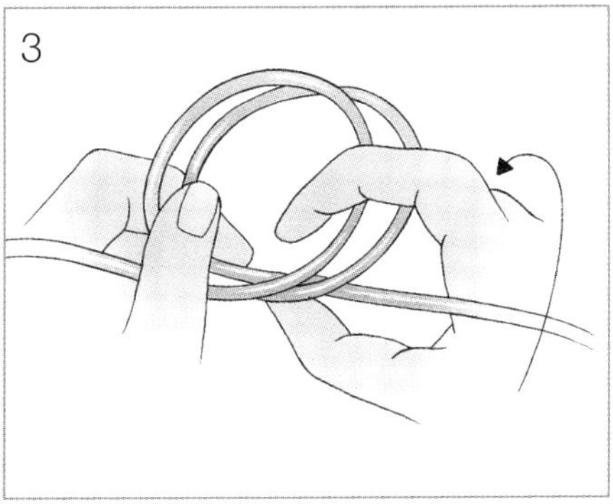


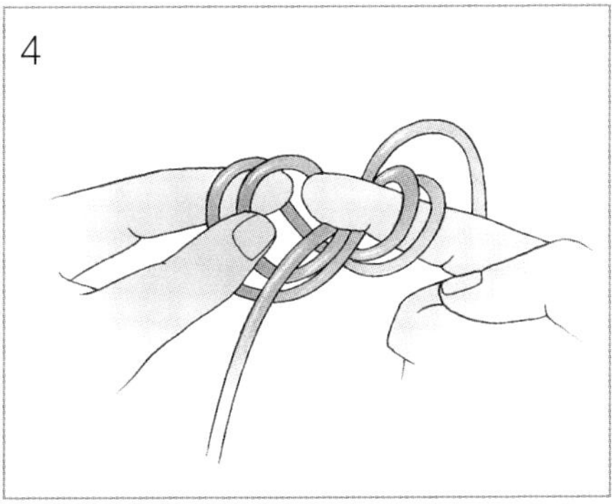


2 u. 3 Stecken Sie den linken Zeigefinger nach oben und den rechten nach unten durch das Auge.

4 Drehen Sie die rechte Hand von sich weg, so dass beide Finger wie in Abbildung 4 nach oben weisen. Dann ziehen Sie den linken Zeigefinger heraus und schieben den rechten in den so entstandenen Hohlraum. Der vollständige Knoten kann dann über das Ende des Gegenstands geschoben werden, an den der Knoten gebunden werden soll. Festziehen.

# Marlspiekerschlag

Wenn Sie an einem Tampen ziehen müssen, schneidet dieser manchmal schon bei geringstem Zug in die Hand ein. Mit dem Marlspiekerschlag kann man einen Gegenstand als Griff am Seil befestigen, so dass man auch schwere Taue heben kann, ohne sich wehzutun. Beim Entfernen des Griffs (oft verwendete man hierzu einen Marlspieker, daher der Name) löst sich der Knoten spurlos, aber man kann ihn bei Bedarf jederzeit wieder binden. Er kann nur in einer Richtung gebunden werden, also sollte man ihn üben, so dass man ihn von Anfang an richtig macht.

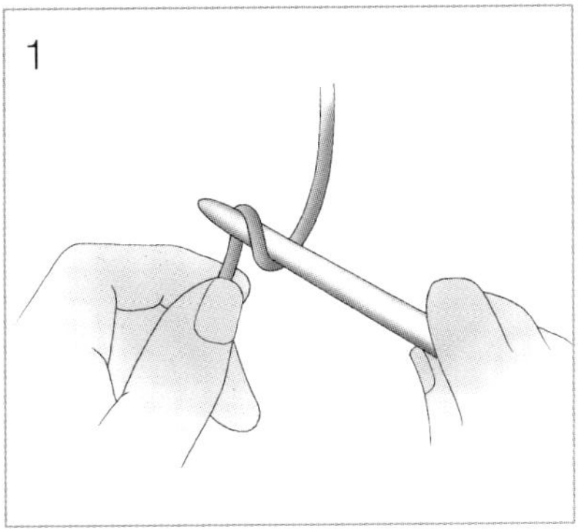


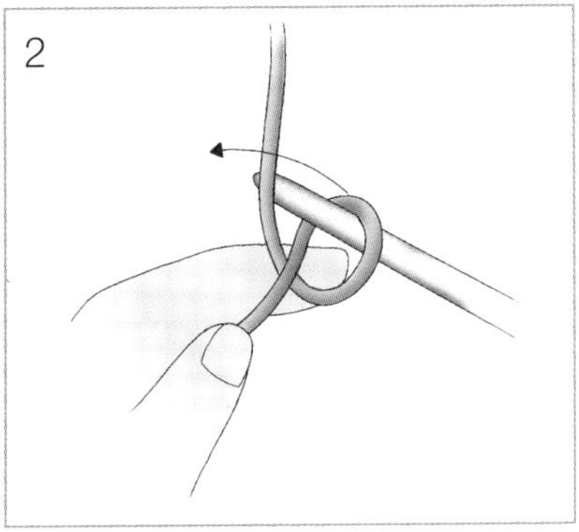


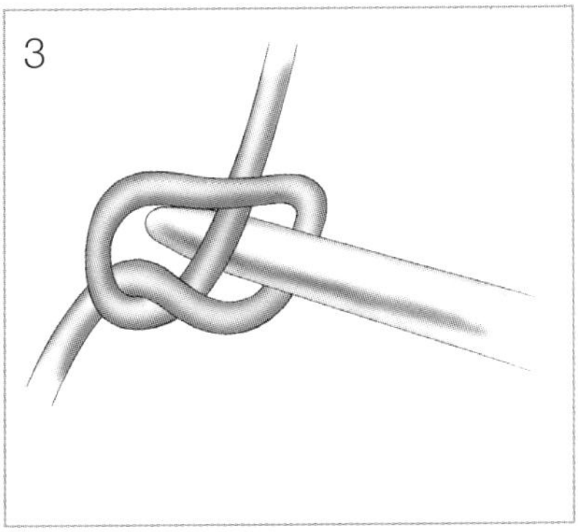


1 Nehmen Sie einen Marlspieker (oder Stock, Schraubenzieher oder was immer Sie zur Verfügung haben) und legen Sie ihn auf die Leine. Legen Sie die Leine einmal so über den Marlspieker, dass sie unter dem Stab wieder herausführt.

2 Legen Sie ein Auge so in die Leine, dass das kurze Ende auf dem längeren zu liegen kommt. Klappen Sie das Auge nun auf den längeren Teil der Leine.

3 Heben Sie die längere Leine durch das Auge hindurch, so dass Sie einen spitzen Gegenstand durch das Auge (unten) und die gewölbte Leine (oben) hindurchstecken können.

Wenn Sie den Knoten festziehen, haben Sie einen festen Griff, mit dem Sie das Seil unter Spannung setzen können. Denken Sie daran, dass nur in eine Richtung gezogen werden darf, in dem hier gezeigten Fall nach unten! Es bedarf geringer Übung, um diesen Knoten in kürzester Zeit zu binden, und er kann sehr nützlich sein.

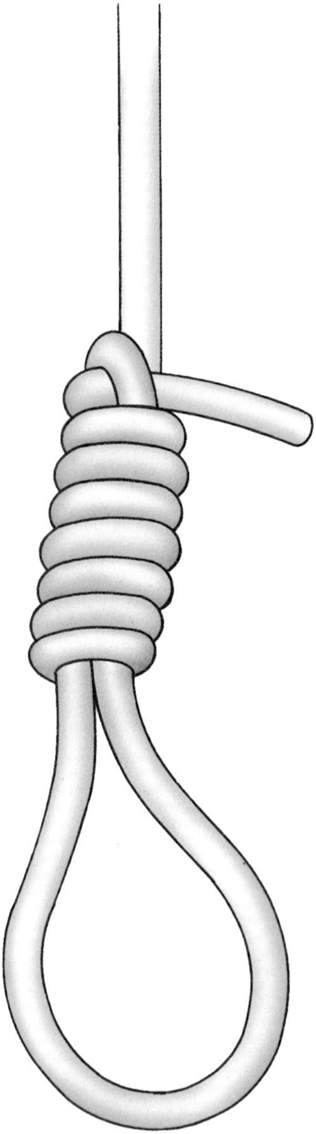

# Henkerknoten

Es wird immer wieder darüber diskutiert, ob dieser Knoten in die Lehrbücher gehört, da die Angst vor einem Missbrauch vorherrscht. Aber da schon ein Zehnjähriger problemlos herausfinden kann, wie man ihn bindet, glaube ich nicht, dass jemand von seinem Gebrauch abgehalten würde, wenn ich ihn ausließe. Ungeachtet seiner dunklen Vergangenheit ist er mit seinen vielen Varianten sehr nützlich, zudem fließt das bei seinem Aufbau verwendete Prinzip auch in viele andere Knoten ein, vor allem in Fischerknoten. Zum Üben eignet sich ein dickeres Seil, bevor Sie sich an einer Angelschnur versuchen.

1 Legen Sie in einigem Abstand zum Seilende eine Bucht. Legen Sie mit der losen Part eine zweite Bucht, wobei Sie ein langes Arbeitsende stehen lassen sollten.

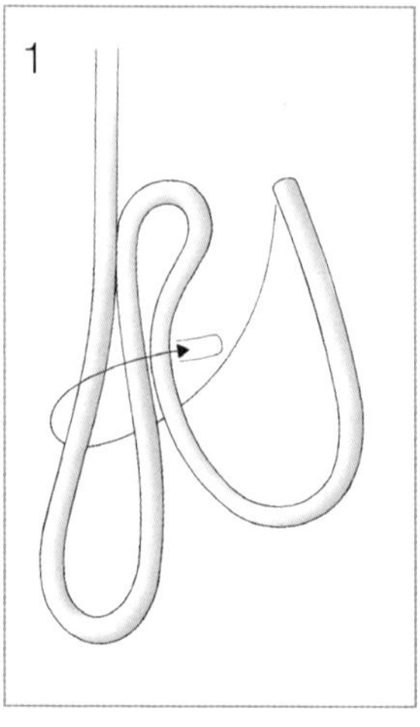

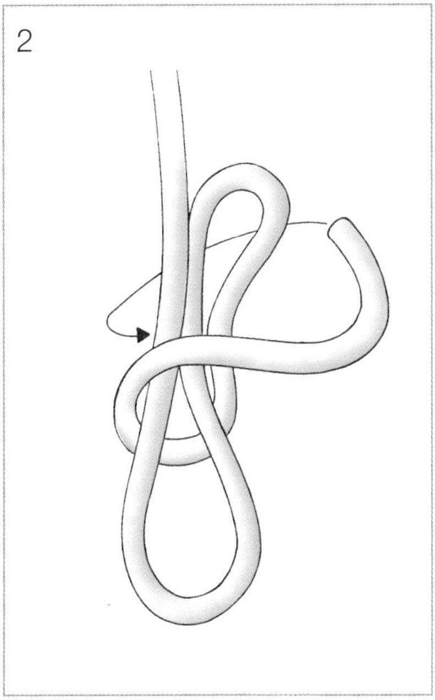


2 Wickeln Sie die lose Part um die drei Seilabschnitte, wobei Sie sich vom Auge der unteren Bucht beginnend nach oben arbeiten.

3 Wickeln Sie die lose Part fast bis zum Ende um das Seil.

4 Stecken Sie das Ende durch die aus der zweiten Bucht gebildete Öse. Wenn Sie sanft an einem der beiden am anderen Ende herausragenden Seile ziehen, schließt sich die Öse, fixiert das Arbeitsende und damit den Knoten. Die Größe der Schlinge ist nun verstellbar.

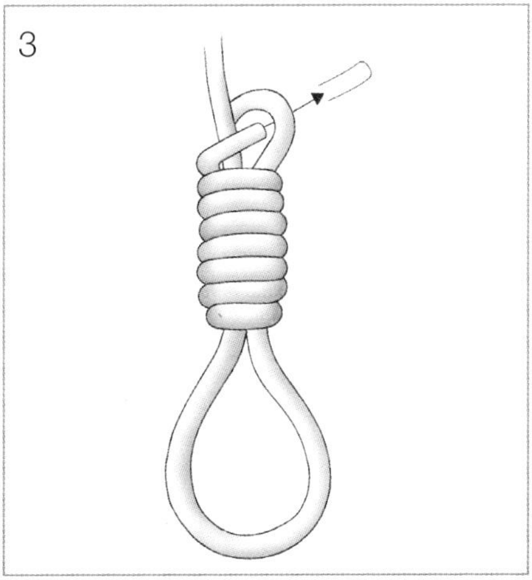


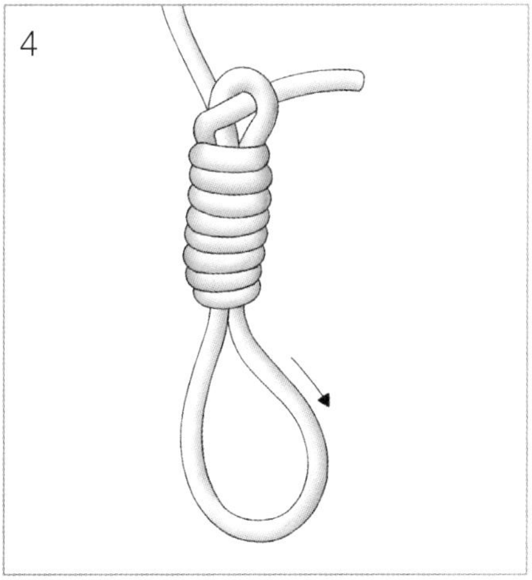

# Angler-Henkerknoten

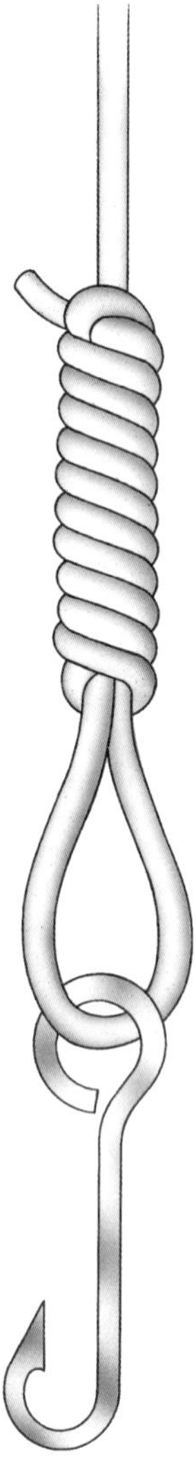

Um den Ruf des Henkerknotens wieder herzustellen, wird hier die nützliche Verwendung beim Befestigen eines Hakens an einer Angelschnur gezeigt. Eine andere Verwendungsmöglichkeit ist zum Beispiel die Herstellung einer einfachen Kinderschaukel (legen Sie einfach statt des Hakens ein abgerundetes Stück Holz hinein und binden Sie das obere Ende an einen dicken Baumast) oder das Festbinden eines Ankers.

Um den Knoten auf diese Weise zu verwenden, stecken Sie lediglich vor dem Legen der zwei Buchten und dem Umwickeln der Schnur diese durch die Öse eines Fischerhakens. Bevor man versuchen kann, damit Fische zu fangen, muss alles fest zusammengeschoben werden.

Das Schnurende wird vor dem Umwickeln durch die erste Bucht geschoben, was die Schlinge fixiert und daran hindert, herausgezogen zu werden. Wenn der Knoten mit zugezogener, fixierter Schlinge gestrafft wird, erhält man einen sehr wirksamen, festen Angelknoten.

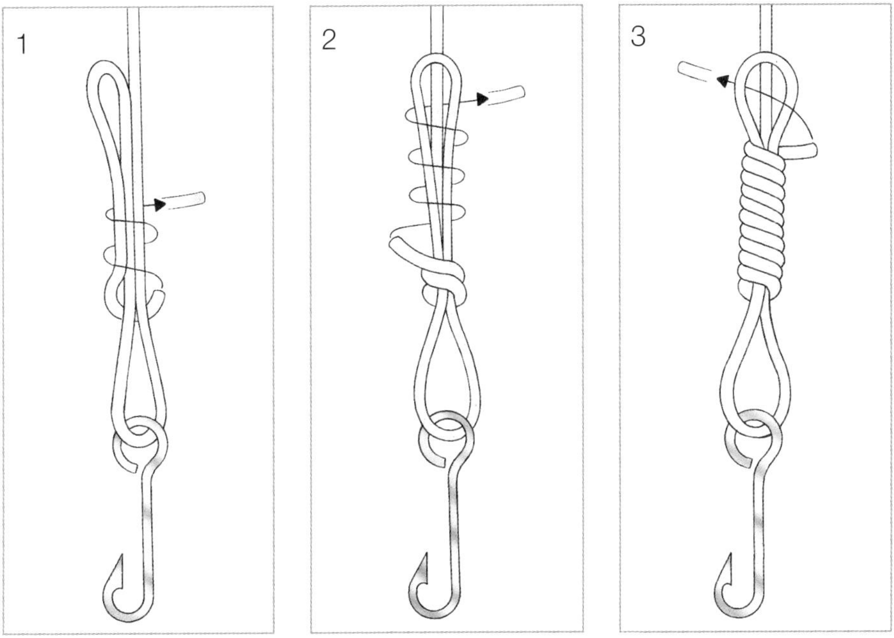


1 Fädeln Sie die Leine durch die Hakenöse und legen Sie, wie schon zuvor, in einigem Abstand von dem Leinenende eine Bucht. Mit der losen Part legen Sie eine zweite Bucht, wobei Sie ein langes Arbeitsende stehen lassen.

2 Umwickeln Sie ausgehend vom Auge der ersten Bucht die drei Leinenabschnitte mit der losen Part.

3 Wickeln Sie die lose Part weiter, bis sie sich ihrem Ende nähern. Stecken Sie das Ende durch die von der zweiten Bucht gebildete Öse. Indem Sie sanft an einer der beiden aus dem anderen Ende herausragenden Leinen ziehen, schließt sich die Öse, fixiert das Arbeitsende und damit den Knoten. Die Größe der Schlinge ist nun verstellbar.

# Kinderkopf, Affenfaust

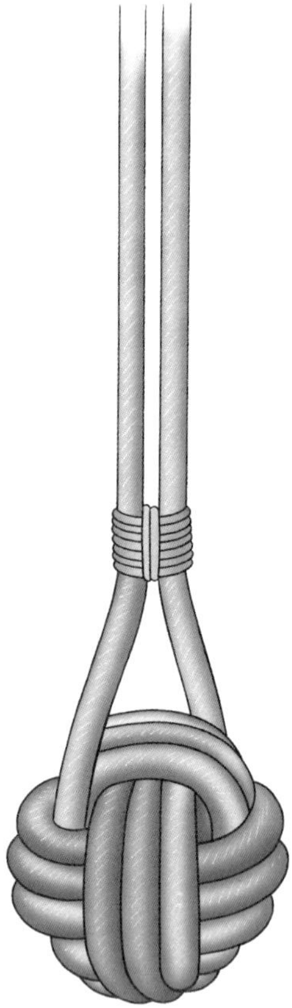

Wenn man ein Seil über einen Felsspalt werfen möchte, ist es einfacher, wenn das Seilende ein Gewicht hat. Der Kinderkopf, der um die Finger gebunden werden kann, ist ein traditioneller Knoten zum Beschweren des Seils. Seinerzeit wurde ein Gewicht hineingelegt, um das Werfen des Seils noch zu erleichtern, aber aus Sicherheitsgründen wird davon abgeraten.

Der Kinderkopf wird an eine leichte Wurfleine gebunden, die an einem schwereren Seil befestigt ist, welches das Hindernis, zum Beispiel einen Felsspalt, überwinden muss. Selbst wenn Sie den Kinderkopf nur selten benutzen, sollten Sie ihn kennen. Auf jeden Fall ist es ein hübscher Knoten, der auch für dekorative Zwecke eingesetzt werden kann.

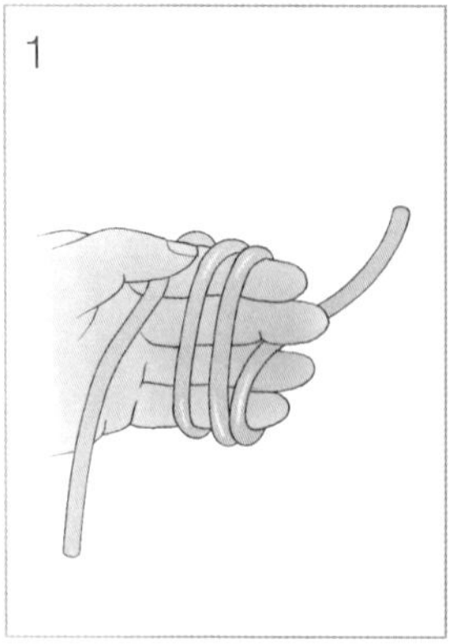


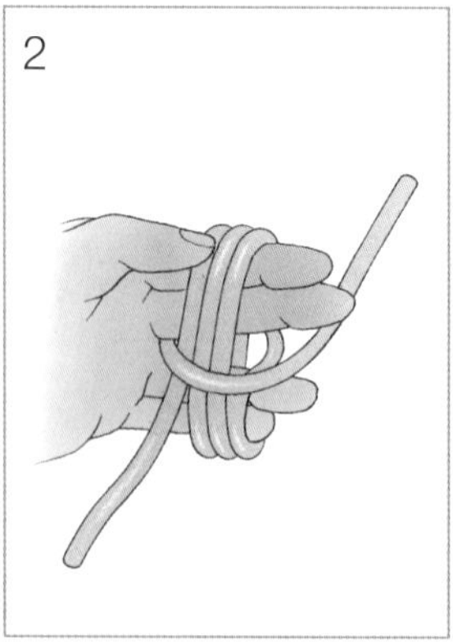


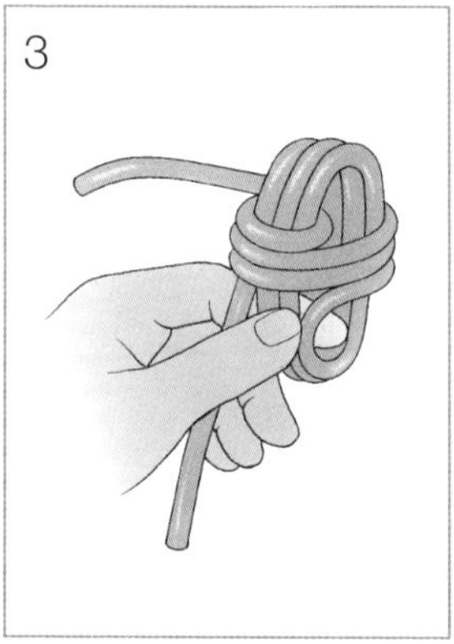

1 Wickeln Sie die Leine dreimal um die Finger einer Hand und führen Sie das Arbeitsende durch den Spalt in der Mitte nach außen.

2 Spreizen Sie die Finger, um den mittleren Spalt zu erweitern, und legen Sie das Arbeitsende um die ersten drei Wicklungen. Dies wird zweimal wiederholt, bis drei Rundtörns gelegt sind, die dann fest um die ersten Wicklungen gezogen werden können.

3 u. 4 Ziehen Sie die Finger vorsichtig heraus. Jetzt können Sie ein Gewicht hineinlegen.

5 Legen Sie drei weitere Rundtörns durch die Leerräume, in denen zuvor Ihre Finger steckten, und ziehen Sie sie fest an. Arbeiten Sie rückwärts zum Ausgangspunkt zurück, ziehen Sie alles straff und arrangieren Sie die Wicklungen ordentlich.

6 Da Sie die vorigen Wicklungen straff gezogen haben, müssen Sie jetzt nur noch die ersten drei Wicklungen in umgekehrter Reihenfolge bearbeiten, um den Knoten zu festigen und fertig zu stellen. Das Arbeitsende kann am stehenden Ende verspleißt werden, um an der Wurfleine einen dauerhaften Abschluss zu haben.

4

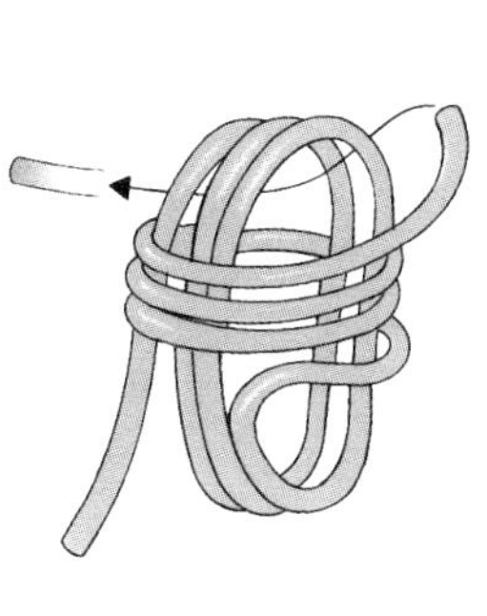

5

6

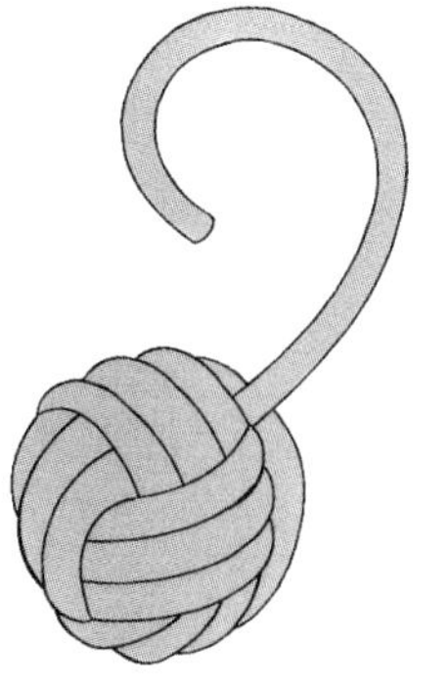

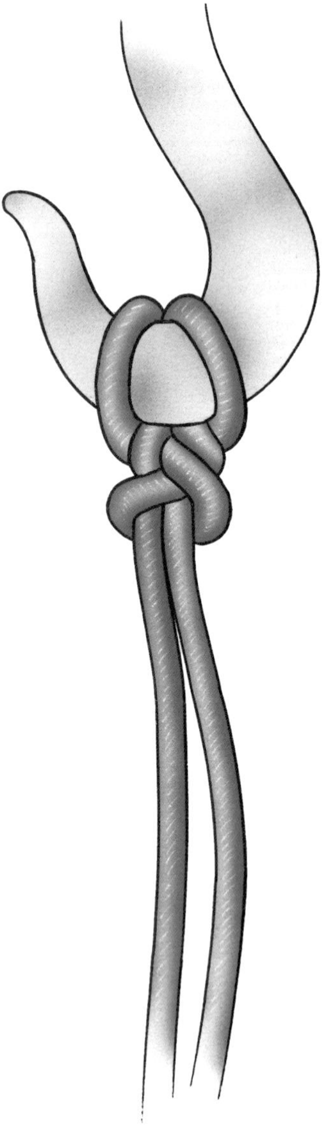

# Kurze Trompete (1)

Einfach eine Schleife über einen Haken zu hängen, ist nicht gerade die sicherste Art, eine Last zu bewegen. Sie nehmen besser die Kurze Trompete. Sie wird üblicherweise in der Mitte einer Schlinge gebunden.

1 Legen Sie in die Schlingenmitte eine Bucht und kippen Sie diese hinter die zwei nach oben gerichteten Abschnitte.

2 Drehen Sie die so entstandenen Flügel drei- bis viermal in einander entgegengesetzte Richtungen. Stecken Sie den Haken durch die obersten Schlaufen und ziehen Sie an den geraden Abschnitten den Knoten zusammen.

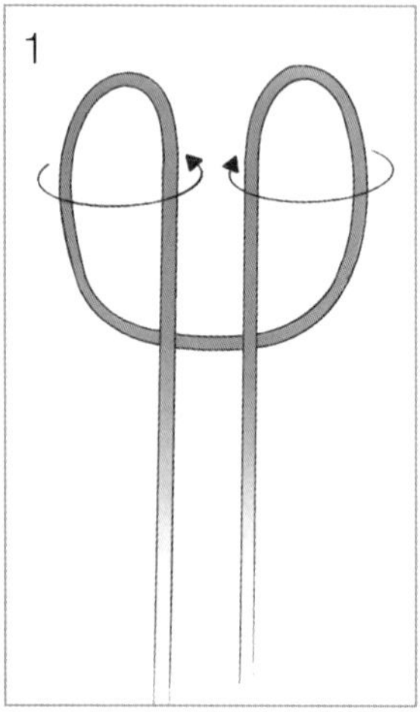


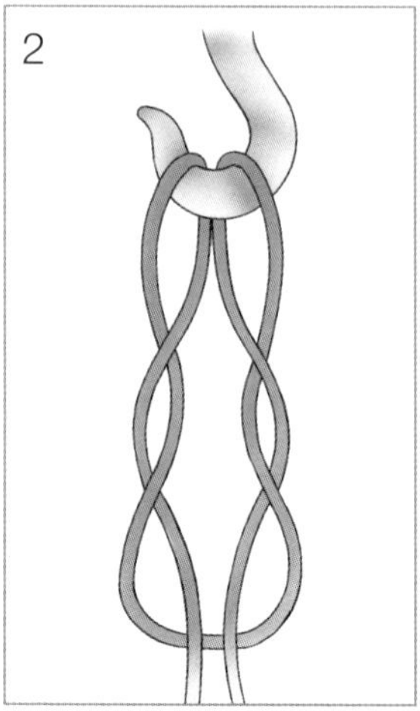

# Katzenpfote

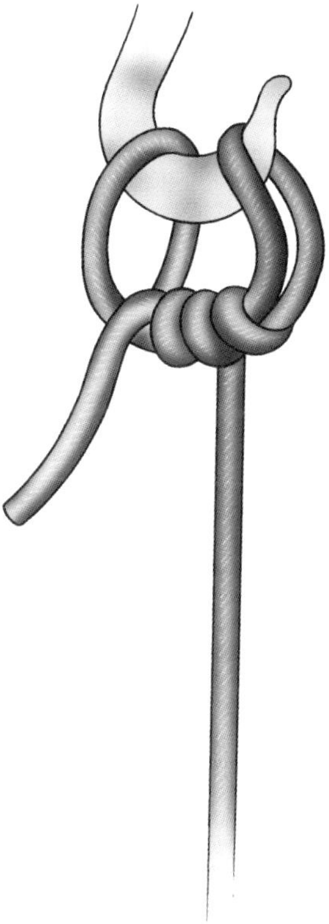

Die Anwendung entspricht der der Kurzen Trompete auf der vorherigen Seite.

1 Legen Sie in geringem Abstand vom Seilende eine Bucht in das Seil. Nehmen Sie das Seil ähnlich wie beim Henkerknoten doppelt. Legen Sie mindestens drei Rundtörns in die drei parallel verlaufenden Seile, wobei Sie ein recht großes Auge an jedem Ende stehen lassen.

2 Drehen Sie die beiden Augen nach oben und schieben Sie sie über den Haken. Achten Sie darauf, dass die Augen gut festgezogen sind. Nun kann die Last gehoben werden, und der Knoten hält perfekt.

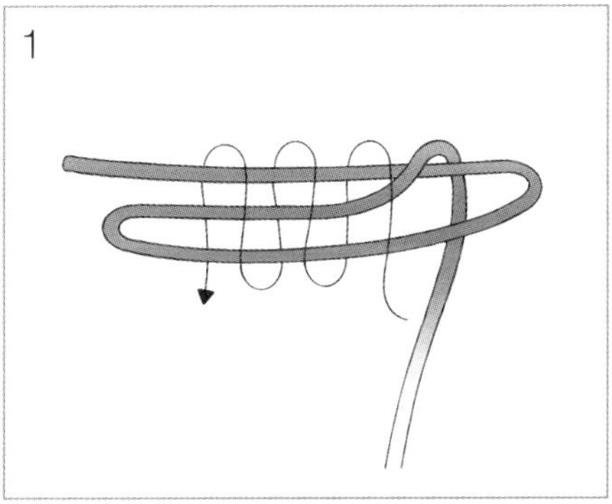


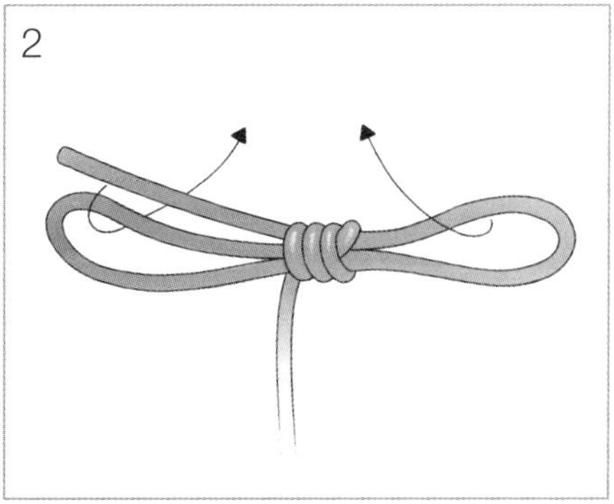

2

# Handfesselknoten

Wie schon der Name sagt, wird dieser Knoten verwendet, um improvisierte Fesseln herzustellen. Man sollte sich aber nicht auf ihn verlassen, wenn man jemanden über längere Zeit ruhig stellen möchte.

1 Machen Sie zwei Überhand-Kreuztörns und legen Sie diese so zusammen, dass sie sich überlappen, das linke Auge über dem rechten. Fassen Sie die rechte Part des linken Auges und die linke Part des rechten Auges. Ziehen Sie diese durch das jeweils andere Auge.

2 Gleichen Sie die Größen der Augen an und ziehen Sie den Knoten fest. Wenn der Knoten als Handfessel verwendet wird, steckt man die Hände durch die seitlichen Augen, die mit den Seilenden festgezogen werden. Um einen Gefangenen sicher gefesselt zu halten, müssen die Seilenden zusammengebunden werden.

1
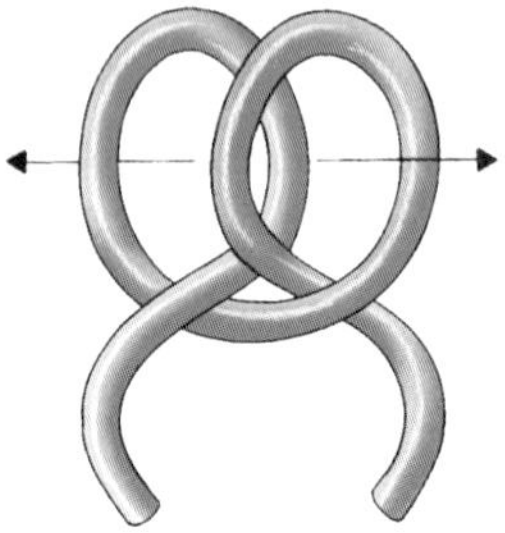

# Tom-Fool-Knoten

Auf den ersten, sogar oft auf den zweiten und dritten Blick sieht dieser Knoten genauso aus wie der Handfesselknoten. Er weist jedoch nicht die gleichen Kreuztörns auf.

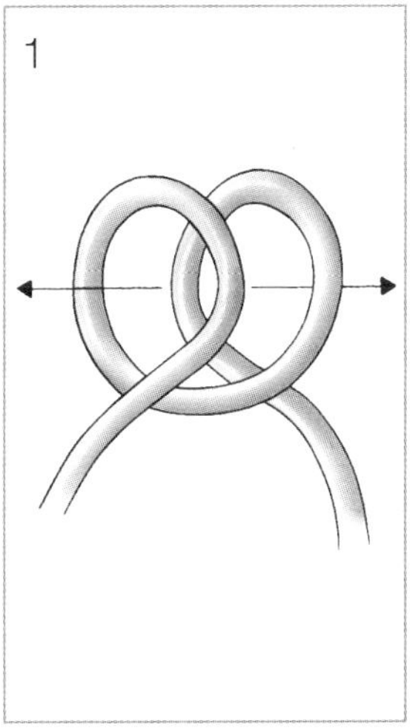


1 Legen Sie zwei Überhand-Kreuztörns übereinander. Ziehen Sie eine Bucht jedes Auges durch das andere und schon ist der Knoten fertig.

# Feuerwehrstuhl

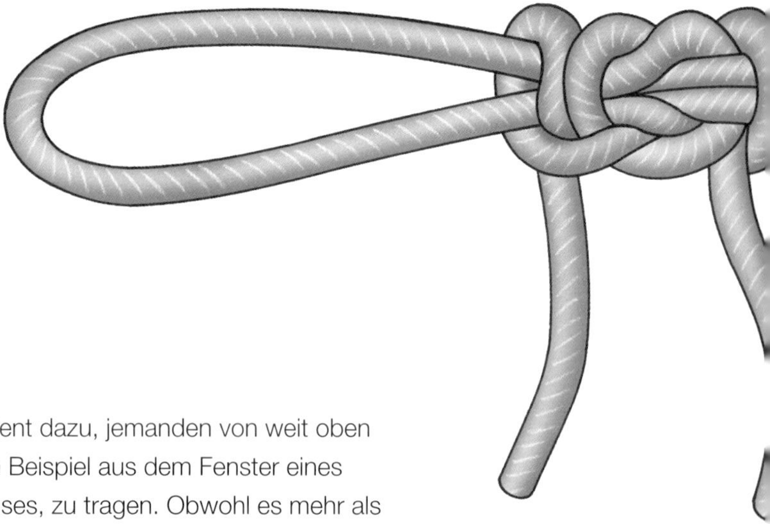

Dieser Knoten dient dazu, jemanden von weit oben nach unten, zum Beispiel aus dem Fenster eines brennenden Hauses, zu tragen. Obwohl es mehr als unwahrscheinlich ist, dass Sie diesen Knoten in einer echten Notsituation je benötigen werden, ist er so einfach zu binden, dass es sich lohnt, ihn für den Fall aller Fälle zu erlernen.

1

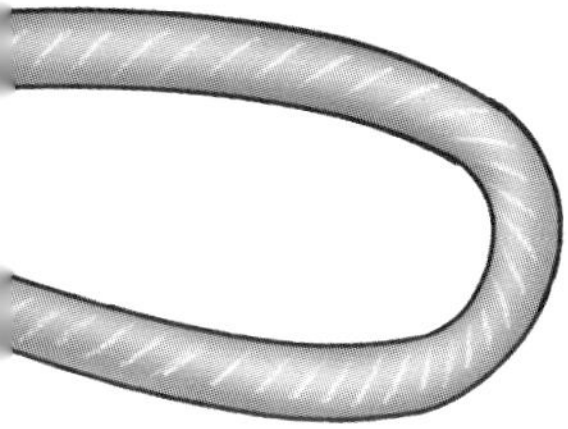

1 Beginnen Sie in der Mitte einer langen Leine entweder mit einem Handfessel- oder mit einem Tom-Fool-Knoten. Ziehen Sie die Augen so, dass das obere Auge unter die Achseln und um die Brust herum passt. Das untere Auge ist für die Beine gedacht.

2 Schlagen Sie auf beiden Seiten des Ausgangsknotens weitere Kreuztörns und ziehen Sie die neu angepassten Augen hindurch. Ziehen Sie die neuen Kreuztörns, die nun zu Halben Schlägen geworden sind, hinauf zur zentralen Part des Knotens und ziehen Sie alles fest. Die untere Hälfte des Seils wird zu jemandem am Boden heruntergelassen, der dafür sorgt, dass die im Seilgurt sitzende Person nicht gegen die Wand schlägt. Die andere wird für das Abseilen verwendet.

2

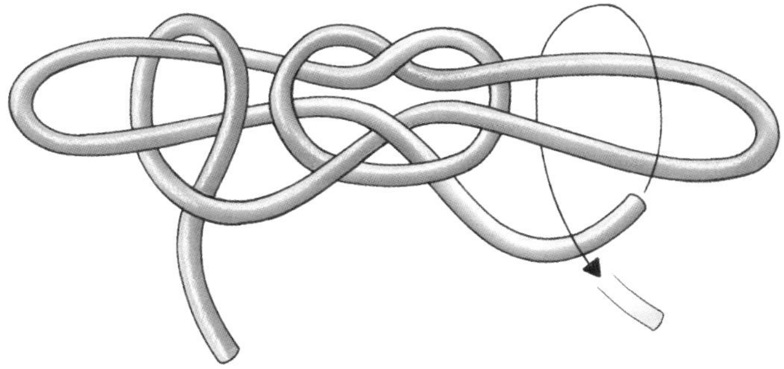

2

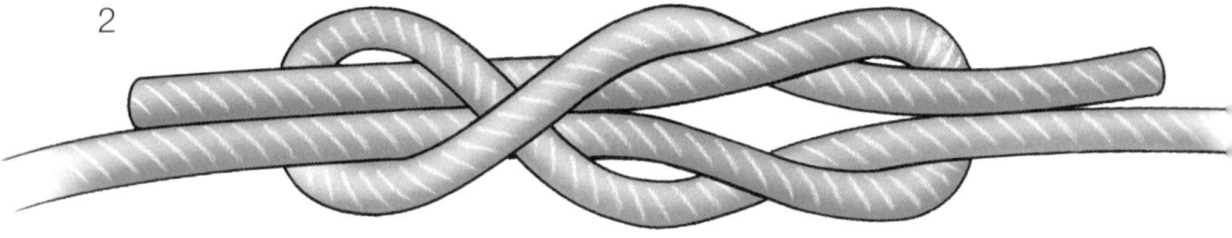

# Einfacher Simon, über

Dieser Knoten sowie die zwei folgenden Knoten wurden von Dr. Harry Asher zur Verbesserung des Schotsteks bei der Verwendung rutschiger Synthetikseile entwickelt.

1

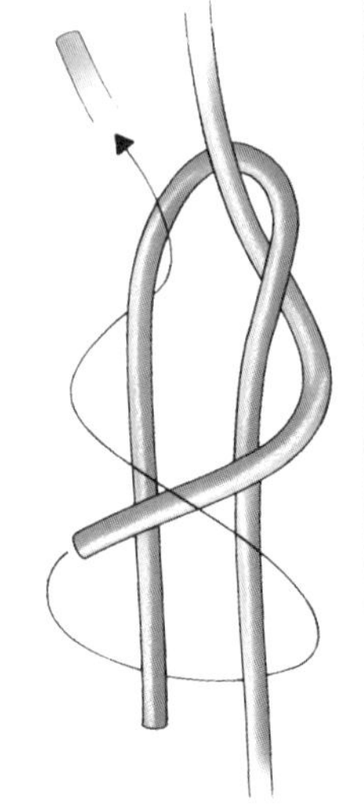

1 Legen Sie eine Bucht in die dickere der zwei zu verknüpfenden Leinen. Legen Sie die andere Leine von oben in die Bucht, führen Sie sie unter die eine Seite und nach oben, so dass sie die Bucht vollständig durchquert. Hier verläuft die Leine unter der Seite der Bucht und taucht neben sich selbst am Ausgangspunkt wieder auf.

2 Ziehen Sie den Knoten sorgfältig fest und drücken Sie ihn vorsichtig in die gezeigte Form.

# Doppelter einfacher Simon

1

Er ist vor allem nützlich, weil er selbst dann hält, wenn die Leinen rutschig sind und unterschiedliche Stärken haben. Man bindet ihn genau wie den Einfachen Simon, legt aber einen zusätzlichen Törn um die Bucht.

# Einfacher Simon, unter

Dieser Knoten ist faktisch genauso wie der Einfache Simon, über, allerdings wird die zurückgeführte Leine unter sich selbst statt über sich hinweggeführt. Es dauert etwas länger, ihn zu binden, aber die zusätzlichen Windungen sorgen für etwas mehr Sicherheit.

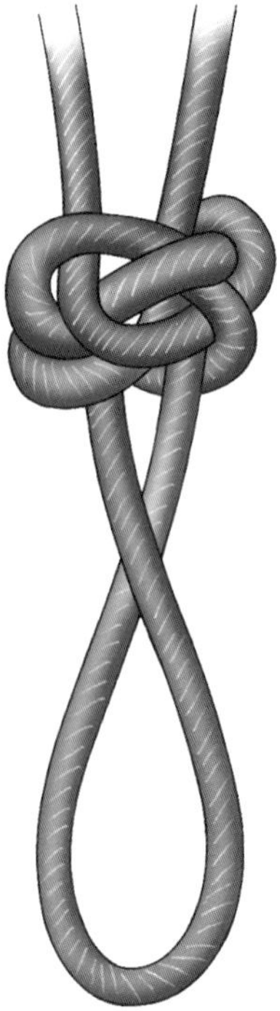

# Einzelstrang-Diamantknoten, Marlspieker-Bändselknoten

Er wirkt zwar sehr kompliziert, ist aber tatsächlich recht leicht zu erlernen. Man lernt hier auch, die Leine zu kontrollieren. Die Grundidee ist die Abfolge Überhand, Unterhand, Überhand. So erhält man einen sehr attraktiven Knoten, an dessen Auge man Schlüssel, Messer, Pfeifen usw. aufhängen kann. Er funktioniert am besten mit festen, aber nicht zu steifen und zu dicken Leinen.

1 Die Leine muss lang genug sein. Suchen Sie deren Mitte. Legen Sie das Seil über die linke Hand und lassen Sie es hängen, so dass sich sein Mittelpunkt quasi hinter Ihren Fingern befindet. Heben Sie das Seil nach vorne und über den Daumen.

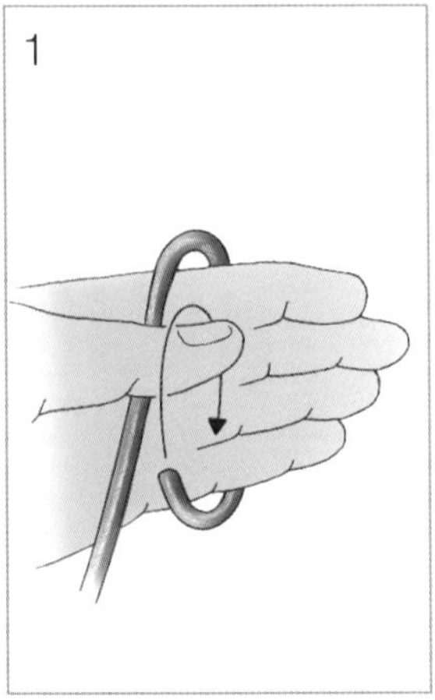


2 Ziehen Sie den Daumen heraus und halten Sie mit ihm das gelegte Auge fest.

3 u. 4 Flechten Sie das vor ihrer Hand hängende Leinenende mit gekreuzten Fingern mit Auf-

2

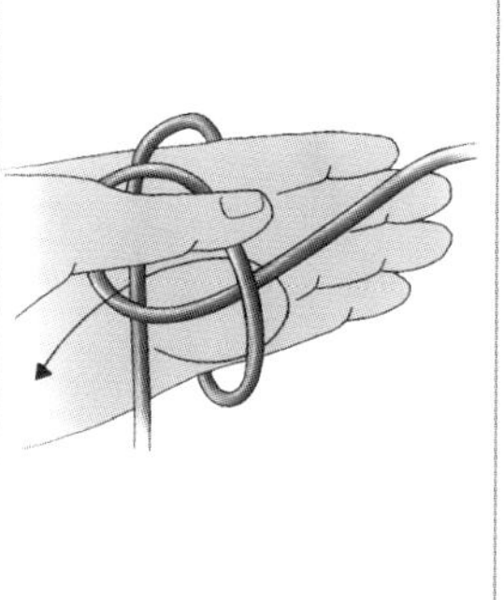

und Abbewegungen durch die Leinen. Es ist eine einfache Folge von Überhand, Unterhand, Überhand, Unterhand, aber Sie müssen mit den Abbildungen vergleichen, um sicher zu sein, dass Sie an den richtigen Stellen beginnen und enden. Nun haben Sie einen schönen, einfachen Trossenstek in der Hand. Nehmen Sie eines der Arbeitsenden (bei diesem Knoten haben Sie davon zwei) und führen Sie es um den Knoten außen herum und unter dem Knotenrand entlang, dann nach oben in das kleine quadratische Zentrum des Trossensteks. Verfahren Sie mit dem anderen Arbeitsende ebenso, achten Sie jedoch darauf, dass Sie es in der richtigen Richtung bewegen.

3

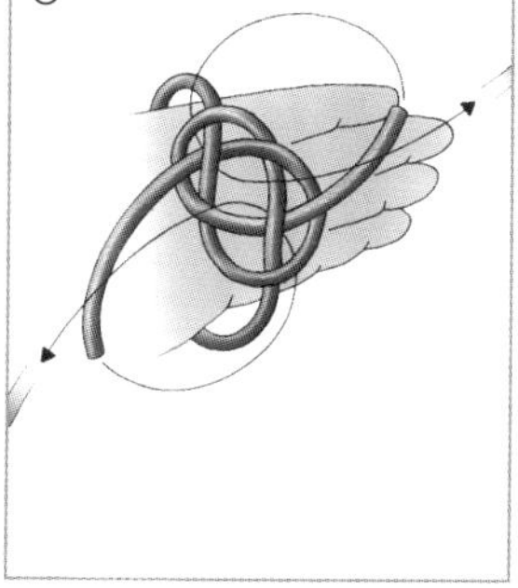

Während Sie die zwei Arbeitsenden halten, ziehen Sie Ihre Hand vorsichtig heraus und drücken Sie den Knoten in seine endgültige Form. Eine Art, dies zu tun, ist es, sanft am Auge und gleichzeitig an den Arbeitsenden zu ziehen. Gleichzeitig halten Sie den Knoten und reiben oder drücken ihn, bis er seine endgültige Form annimmt. Da Sie keine drei Hände haben, hängen Sie das Auge am besten über eine Türklinke, so dass Sie mit der einen Hand ziehen und mit der anderen drücken können. Ziehen Sie zunächst nicht zu stark. Wenn alles gut läuft, werden Sie mit Ihrem Knoten sehr zufrieden sein, wenn nicht, öffnen Sie ihn und beginnen Sie von vorne. Dann wird er vielleicht perfekt!

4

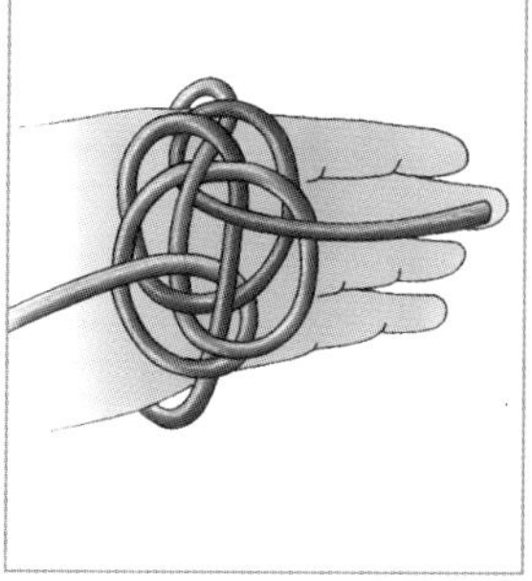

# Campingknoten

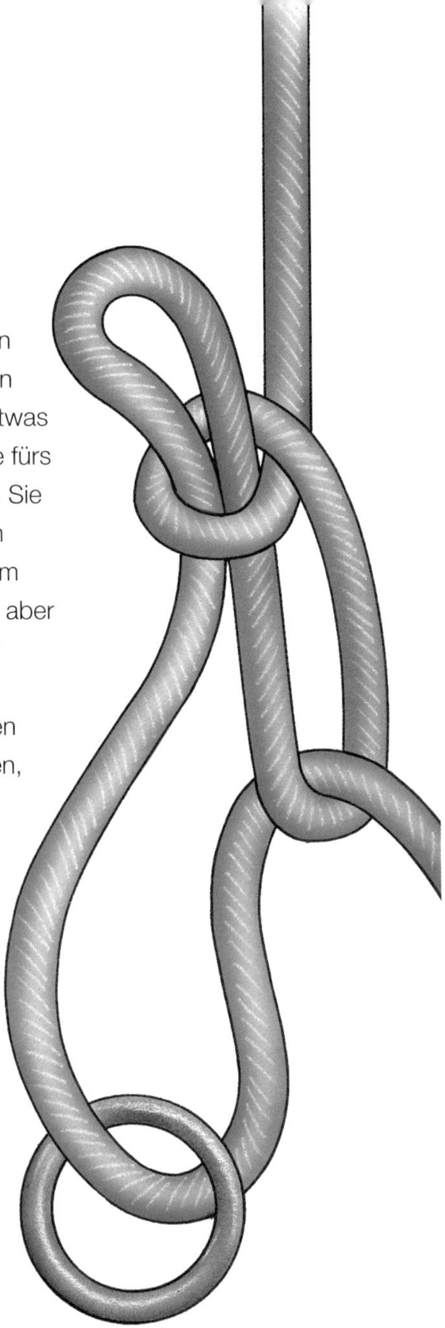

In den letzten 50 Jahren habe ich an vielen Orten gecampt und kann mich nicht an ein einziges Mal erinnern, bei dem ich nicht etwas nach unten binden oder eine Wäscheleine fürs Trocknen der Wäsche aufhängen musste. Sie werden bei einem ruhigen Urlaub auf dem Land in den seltensten Fällen alle in diesem Kapitel beschriebenen Knoten benötigen, aber wenn Sie ein abenteuerlustigerer Camper sind, kommen Sie vielleicht in die Lage, Campingmöbel basteln oder Tiere anleinen zu wollen. In einer Hängematte zu schlafen, macht außerdem mehr Spaß, wenn man sich sicher ist, dass sie nicht mitten in der Nacht herunterfällt!

Wie alle Knoten sind natürlich auch diese Campingknoten universell einsetzbar.

# Inhaltsverzeichnis der Campingknoten

# Gesteckter Achterknoten

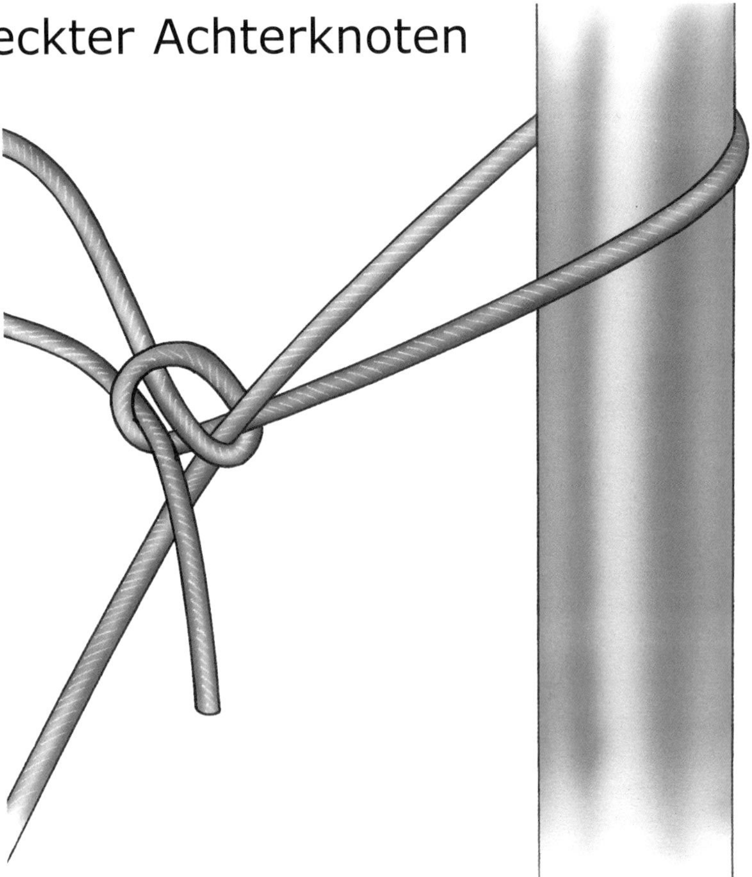

Er sieht nicht aus wie der Achterknoten, den Sie im vorherigen Kapitel gelernt haben, aber wenn Sie das Auge, das um den Baum gelegt ist, als Teil der Form wahrnehmen, dann macht der Name Sinn. Verwenden Sie diesen Knoten an einem Ende Ihrer Hängematte. Er rutscht nach oben und verhakt sich an Ort und Stelle im Baum. Gelöst wird er, indem man am Ende zieht.

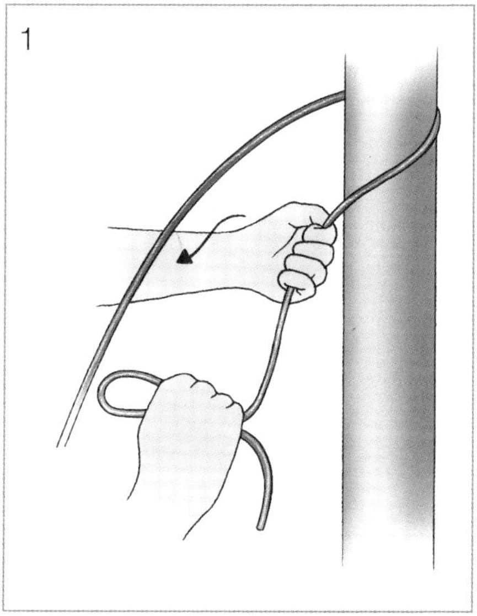

1 Führen Sie die Leine an einer möglichst hohen Stelle, an der Sie gerade noch am Knoten arbeiten können, um einen Baumstamm. Greifen Sie über die belastete Leine und legen Sie mit der rechten Hand eine Bucht an der losen Part, wobei Sie die Handfläche nach unten halten. Greifen Sie dann mit der anderen (linken) Hand unter die belastete Leine und greifen die lose Part mit der Handfläche nach oben.

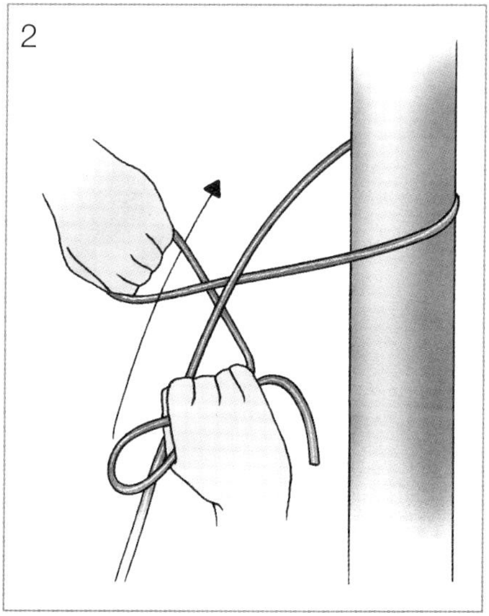

2 Ziehen Sie die linke Hand zurück und drehen Sie sie zu sich und nach unten, so dass ein Auge entsteht. Sie haben nun ein fixiertes Auge wie beim Räuberknoten. Das Gewicht des Zugs wird dafür sorgen, dass der Knoten am Baum nach oben rutscht und sich verhakt. Wenn Sie eine Hängematte daran aufhängen wollen, sollten Sie diese am zweiten Ende mit einem anderen Knoten spannen.

# Geslippter Zickzackstek

Der sehr leicht zu bindende Geslippte Zickzackstek setzt sich aus einer Reihe von Törns zusammen, die dazu verwendet werden können, eine Leine als provisorische Absperrung an eine Reihe von Pflöcken zu binden. Wenn man an den Arbeitsenden zieht, gerät das stehende Ende unter Spannung. Daher ist es sehr nützlich, die Hängemattenleinen von vornherein straff zu ziehen, wobei es am besten ist, einen laufenden Knoten zu binden, den man leichter wieder aufbekommt.

Wenn Sie ihn um einem Baum binden, ist es sinnvoll, einen glatten Stamm zu suchen, an dem sich die Leine verhaken kann. Polstern Sie die Rinde, um sie zu schützen.

1 Legen Sie das Seil so hoch wie möglich um den Baum. Schieben Sie das Ende um die stehende Part und direkt unter der anderen Wicklung nochmals um den Baum. Ziehen Sie am Seil und straffen Sie es, um die gewünschte Spannung zu erhalten.

2 Legen Sie am Arbeitsende eine Bucht, schieben Sie diese unter die stehende Part und zurück über das Seil zwischen loser Part und Baum.

3 Halten Sie die Bucht an Ort und Stelle, legen Sie eine zweite Bucht in die lose Part und führen Sie diese durch die erste Bucht. Auch hier besteht eine Ähnlichkeit zum Räuberknoten. Alles sicher festziehen. Mit dem herunterhängenden Ende kann man den Knoten rasch wieder öffnen.

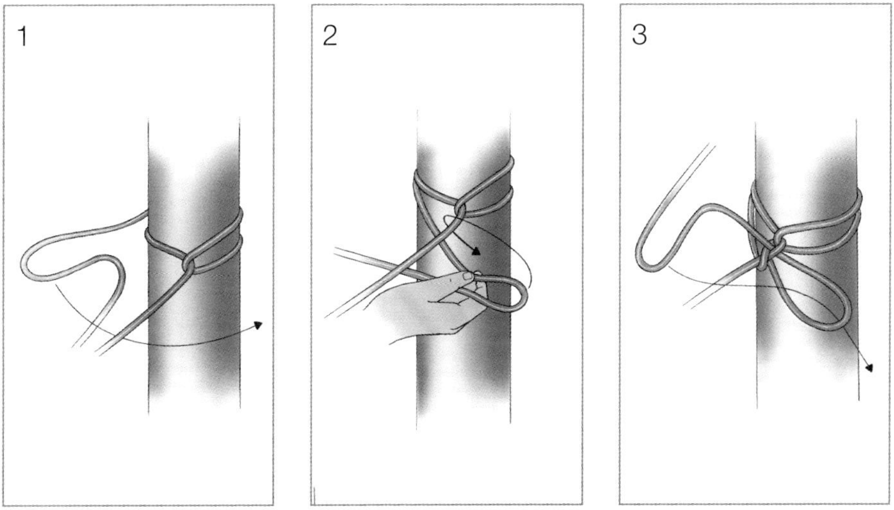

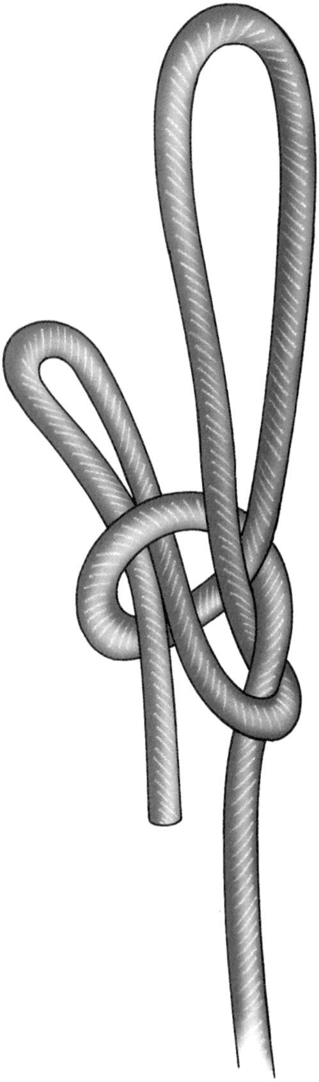

# Speir-Knoten

Diesen in den USA üblichen Knoten findet man anderswo nicht so häufig. Er ist leicht zu lösen, ähnelt auch dem gesteckten Achterknoten auf S. 100, kann aber als eher fester denn als laufender Knoten anders genutzt werden.

1 Zunächst legen Sie das Seil um den hier nicht abgebildeten Mast oder Baum.

1

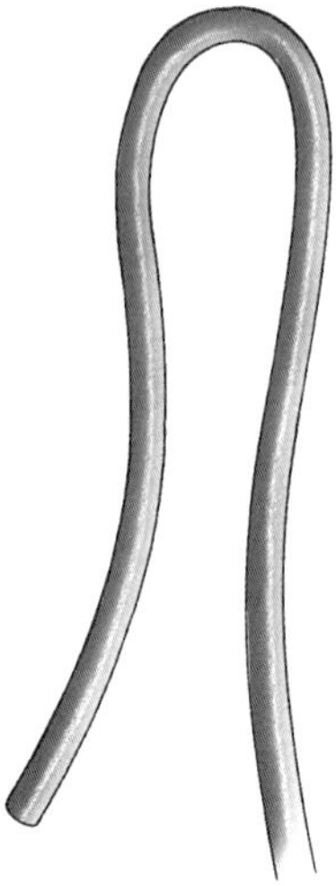

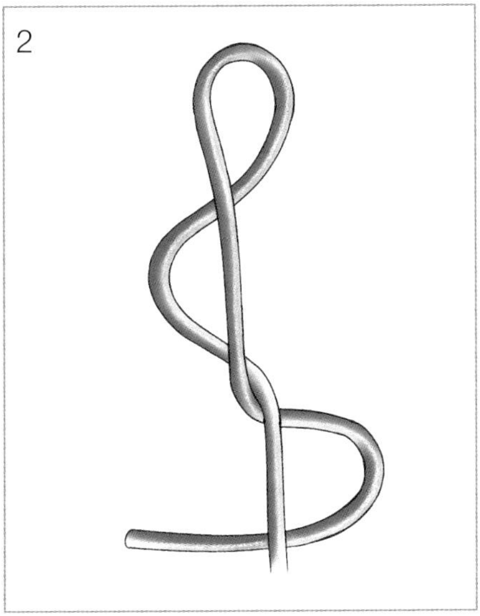


2 Schieben Sie eine Bucht der losen Part über die stehende und ziehen Sie gleichzeitig eine Bucht der stehenden Part unter die lose.

3 Drehen Sie die stehende Bucht zu einem Auge und stecken Sie die lose Bucht hindurch. Ziehen Sie den Knoten zum Abschluss straff.

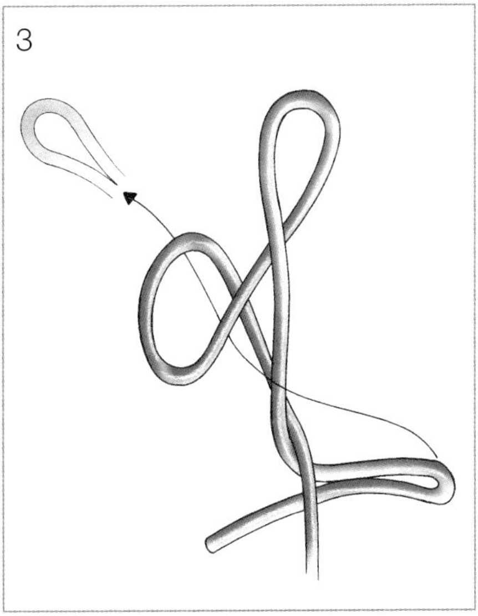

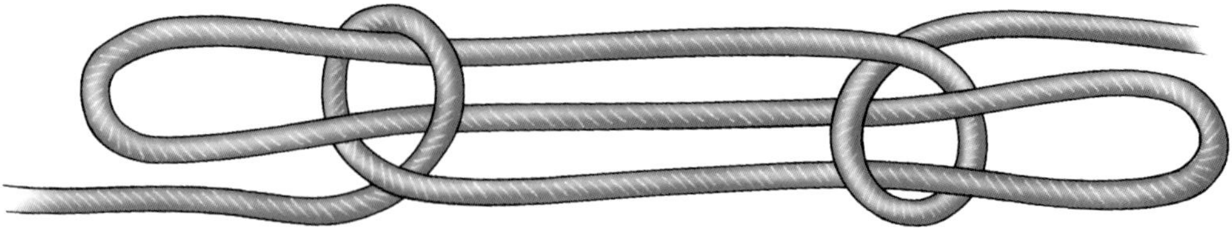

# Lange Trompete

Dieser Knoten wird von jeher gelehrt, um eine Leine von der Mitte aus zu kürzen. Sie werden ihn vermutlich nur selten benutzen. In über 50 Jahren habe ich ihn nur zweimal gebraucht, um die Spannleinen meines Zelts auf einem merkwürdigen Gefälle zu kürzen, aber an jenen sehr regnerischen Tagen rettete mich der Knoten davor, pitschnass zu werden. Abgesehen davon ist er eine gute Fingerübung. Es gibt viele interessante Varianten von ihm.

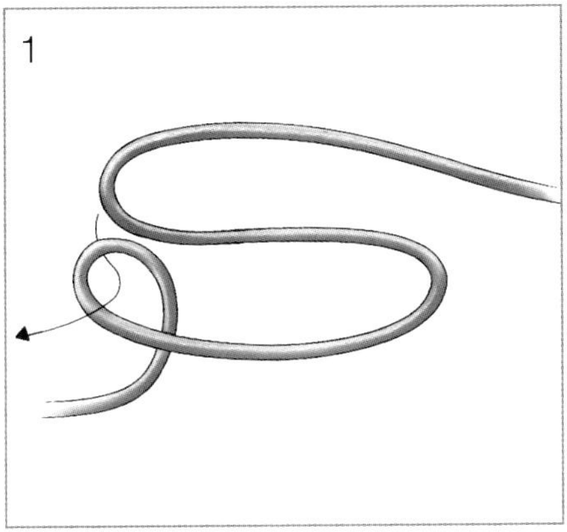


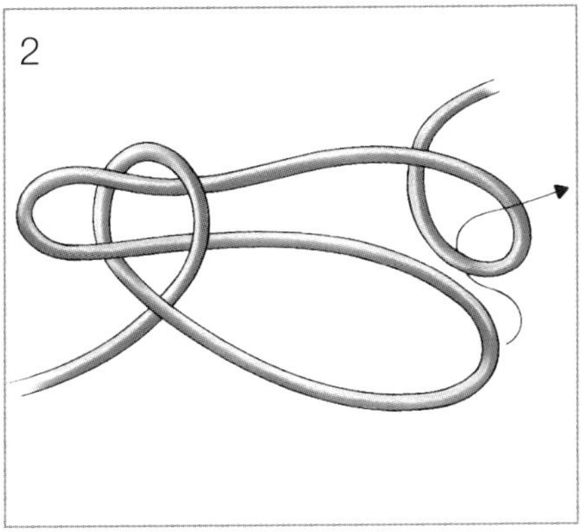


## Erste Legart

1 Legen Sie eine Leine in eine S-Form. Legen Sie direkt unter der einen S-Bucht ein Auge. Stecken Sie die Bucht in der Richtung, in der es festgezurrt wird, durch das Auge. Sie liegt dann unter einem Halben Schlag.

2 Wiederholen Sie den Vorgang an der anderen S-Bucht. Wenn Sie eine der S-Buchten über die Leine legen und die gleiche Drehung wie beim Palstek vollziehen, erhalten Sie den Halben Schlag mit einer einzigen Bewegung, was Sie für den anderen Halben Schlag wiederholen können. Diese Technik wird später auch beim Fuhrmannstek verwendet.

## Zweite Legart

1 Auch hier legen Sie das Seil in eine abgeflachte S-Form.

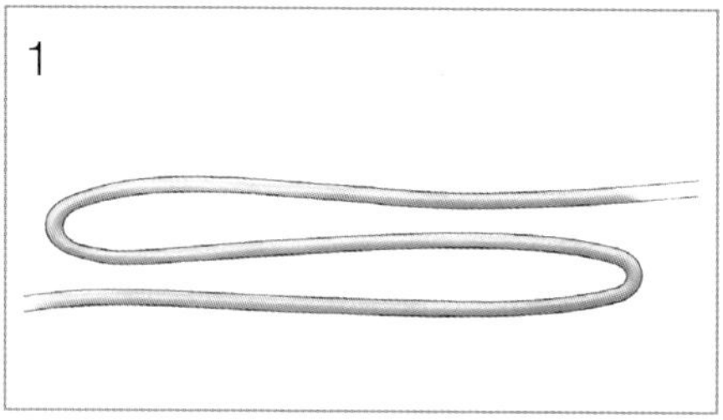


2 Nehmen Sie die Bucht an einem Ende und wickeln Sie sie um die stehende Part durch die andere Bucht. Ziehen Sie fest am Ende der Bucht, so dass die stehende Part zu einem Halben Schlag umkippt.

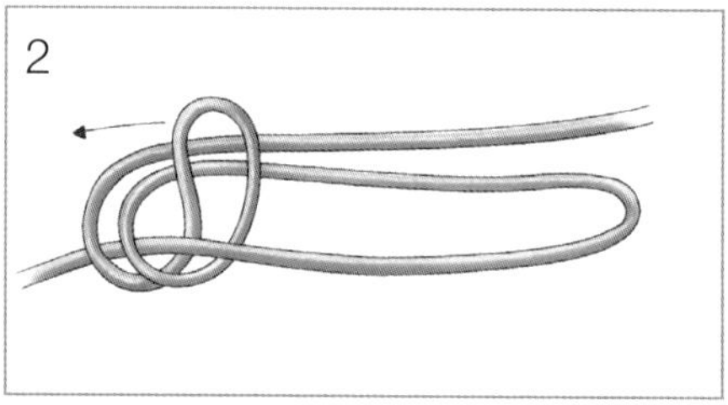


3 Wiederholen Sie dies am anderen Ende und fertig ist der Knoten.

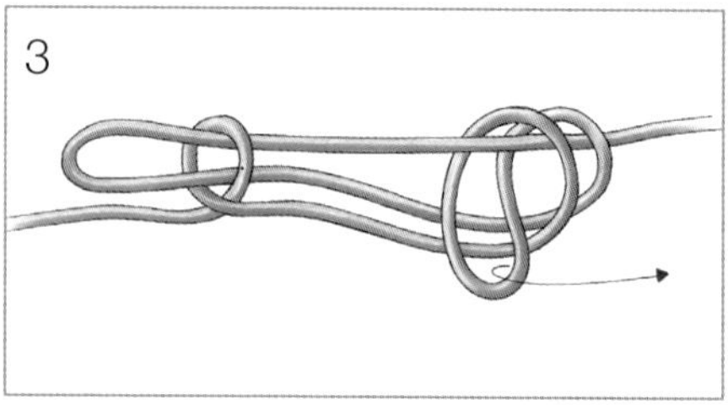


Wenn Sie ein schadhaftes Seil haben, das Sie nicht ersetzen können, bestünde eine Lösung darin, in dem Seilabschnitt mit dem beschädigten Teil eine Lange Trompete zu binden. Die äußeren zwei Abschnitte dienten dann als Schiene zur Festigung der schadhaften Stelle.

Damit der Knoten nicht auseinander fällt, wenn er nicht mehr unter Zug steht, können die Schlussaugen zur stehenden Part hingezogen werden. Man kann dann einen Halben Schlag an jedem Ende der Langen Trompete legen.

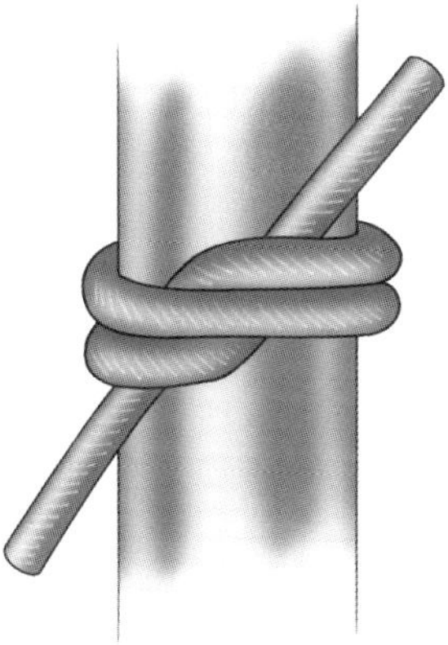

# Würgeknoten

Dieser Knoten und seine Variante, der Querholzknoten, sind gut geeignet, um Bündel zu schnüren. Zeltstäbe oder zusammengerollte Schlafsäcke lassen sich damit zusammenbinden. Im Grunde ist es ein um ein Bündel geschnürter Doppelter Überhandknoten.

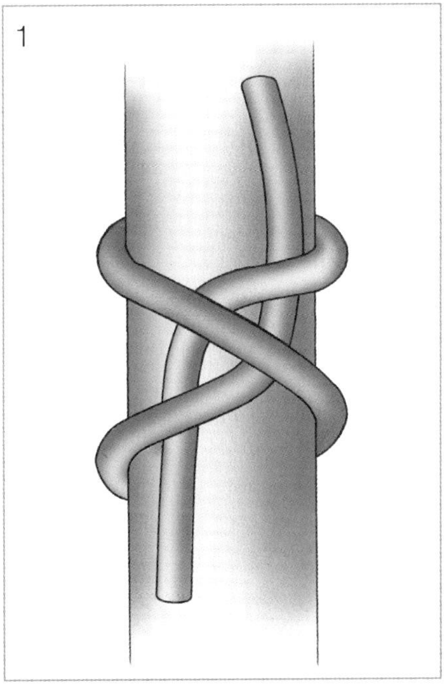


1 Führen Sie die Leine zweimal um das Bündel, damit der zweite Kreuztörn das Leinenende hält. Wenn das Arbeitsende nach oben kommt, führen Sie es unter den zwei Törns hindurch und ziehen es fest.

# Querholzknoten

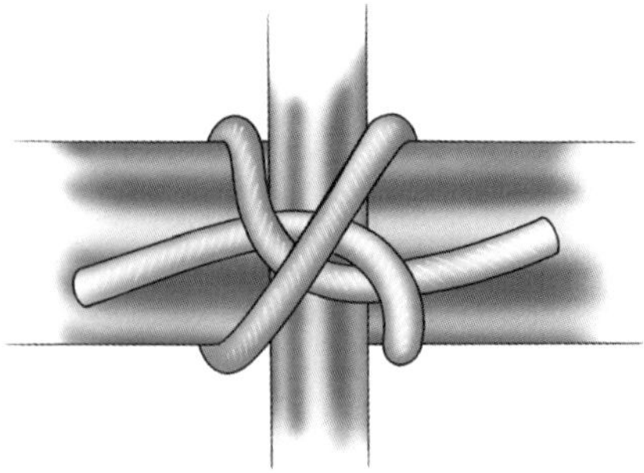

Hier wird der Würgeknoten so gebunden, dass ein Querholz an einem senkrechten Holz befestigt wird. Dies kann beispielsweise beim Bau eines Drachens nützlich sein.

1 Binden Sie den Knoten wie zuvor, aber achten Sie darauf, dass der erste Törn auf der einen Seite des Querholzes liegt, der zweite Törn jedoch auf der anderen Seite. Der arretierende Kreuztörn wird oben auf dem Querholz gemacht.

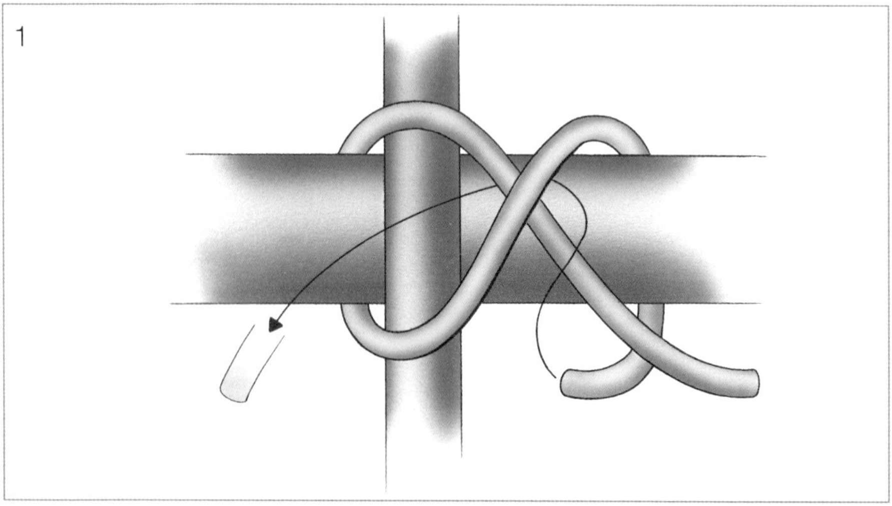

# Pfahlstek

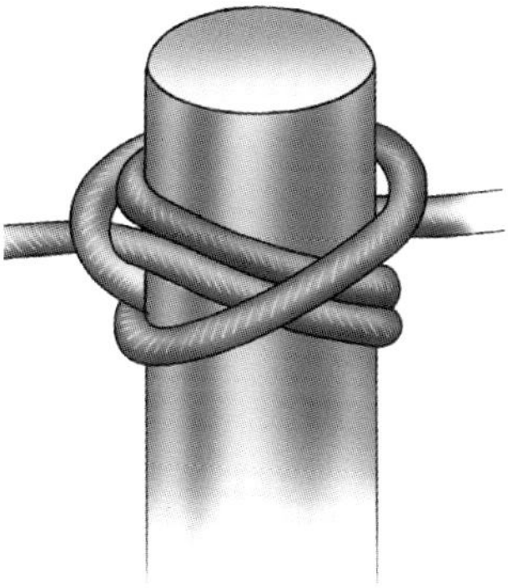

Wie zuvor erwähnt, gibt es verschiedene Knoten, um ein Seil zwischen zwei Pfählen zu befestigen, und der Pfahlstek ist einer der schnellsten und einfachsten. Vorausgesetzt, die Pfähle sind fest, ist es auch möglich, schnell und einfach Tiere daran anzuleinen.

1 Wickeln Sie eine Bucht um den Pfahl und schieben sie sie unter sich selbst.

2 Schlagen Sie die Bucht um und heben Sie sie über den Pfahl. Halten Sie die Schnur straff und fahren Sie mit dem nächsten Pfahl fort.

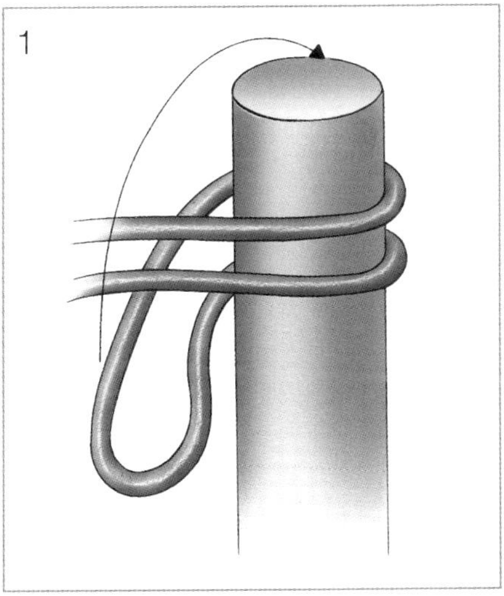


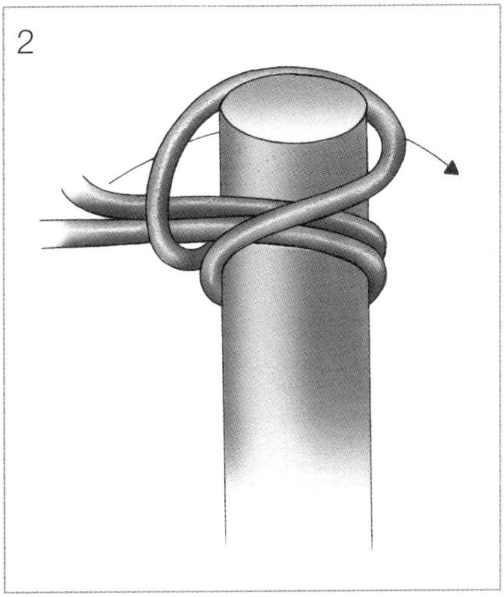

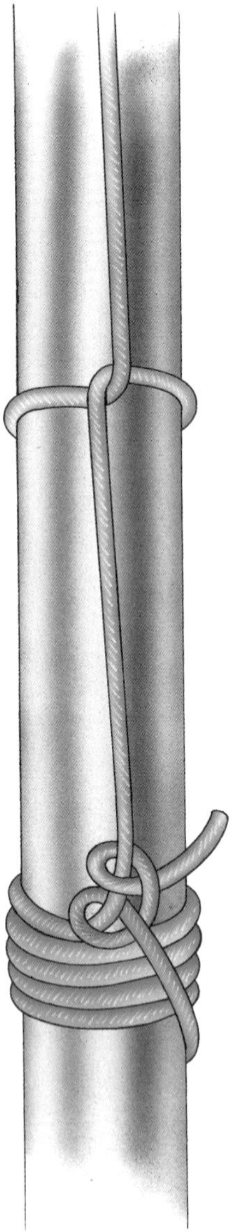

# Rohrstek

Beim Campen müssen Sie vielleicht ein Rohr oder einen Pfahl der Länge nach anheben. Dieser Knoten wird von Arbeitern an Ölquellen schon lange hierfür verwendet, er ist einfach, aber effektiv.

Wenn Sie das anwenden, was Sie zuvor gelernt haben, ist der Knoten sehr leicht zu binden und Sie brauchen keine schrittweise Anleitung. Legen Sie einen Halben Schlag um das Rohr in der Nähe des oberen Endes. Dieser dient beim Anheben als stabile Grundlage.

Ein wenig unterhalb des Halben Schlags wickeln Sie das Seil fest um das Rohr mit einer ausreichenden Zahl Törns, damit sie auch sicher halten. Viel hängt hierbei von der Art des Rohrs und des verwendeten Seils ab. Vermutlich reichen vier bis fünf Törns, Sie sollten aber einen Hebeversuch machen und den Knoten bei Rutschgefahr gegebenenfalls erneut binden.

Führen Sie das Arbeitsende von dem letzten Törn nach oben und sichern Sie es an der vom oberen Halben Schlag kommenden, stehenden Part mit zwei Halben Schlägen.

# Kamelstek

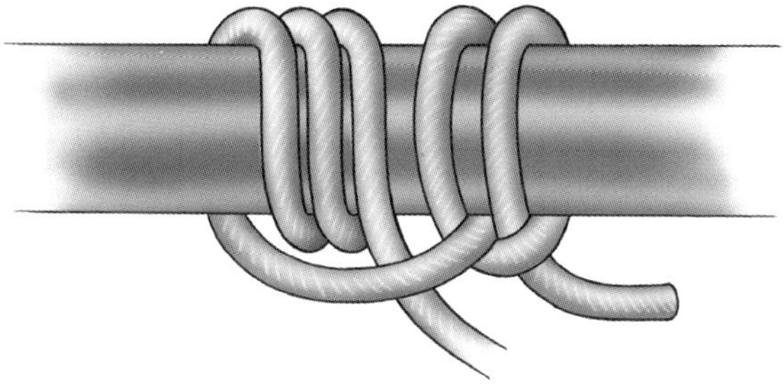

Der Knoten wird so genannt, weil Kamele beim Betrachten der Umgebung gern sabbern, wodurch die Seile, mit denen sie festgebunden sind, schlüpfrig werden und Knoten sich leicht lösen. In unseren Breiten ist er geeignet, ein Seil festzuknüpfen, wenn es rutschig ist.

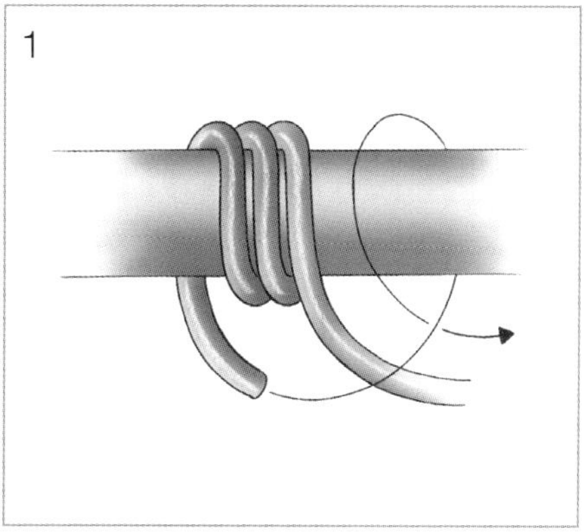

1 Legen Sie drei Törns um das Holz, weg von der stehenden, zu belastenden Part.

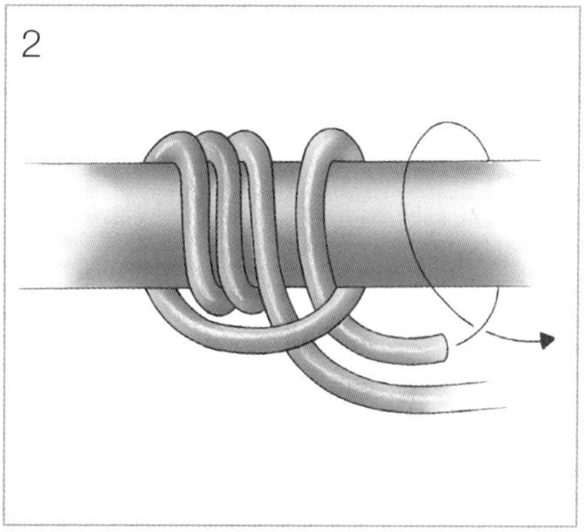

2 Legen Sie die Leine vor der stehenden Part quer und führen Sie sie hinter das Holz, so dass Sie auf der anderen Seite der stehenden Part einen Halben Schlag machen können. Machen Sie neben dem ersten einen zweiten Halben Schlag und ziehen Sie das Ganze fest. Der Knoten sollte auf jeden Fall sicher halten.

# Eiszapfenstek

John Smith von der International Guild of Knot Tyers empfiehlt diesen Knoten, wenn es darum geht, bei stetigem Zug an einem sich verjüngenden, polierten Mast standzuhalten, was bislang als unmöglich galt. Bei der einen Methode der beiden gezeigten steht nur ein Seilende zur Verfügung.

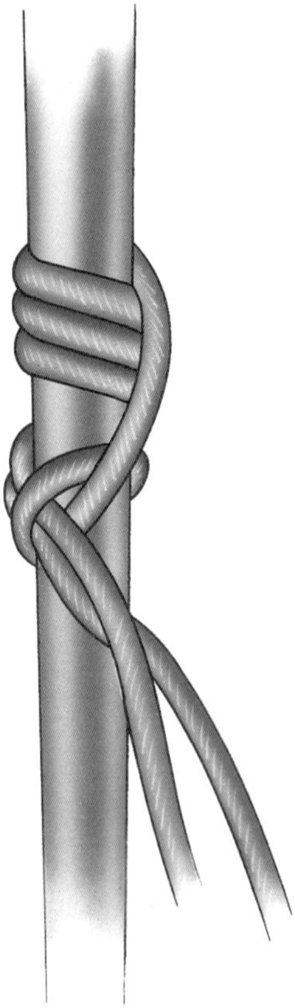

1 Machen Sie mehrere Seiltörns um das Holz. Dadurch bleibt ein Ende näher an der Zugrichtung, die vermutlich Richtung Mastspitze liegt.

2 Führen Sie das weiter entfernte Arbeitsende zurück über die Törns und winden Sie es zu einem Auge. Legen Sie das Auge hinten über den Mast. Führen Sie beide Seilenden von oben durch das Auge. Straffen Sie das Ganze gründlich, dann belasten Sie es langsam und ohne daran zu reißen.

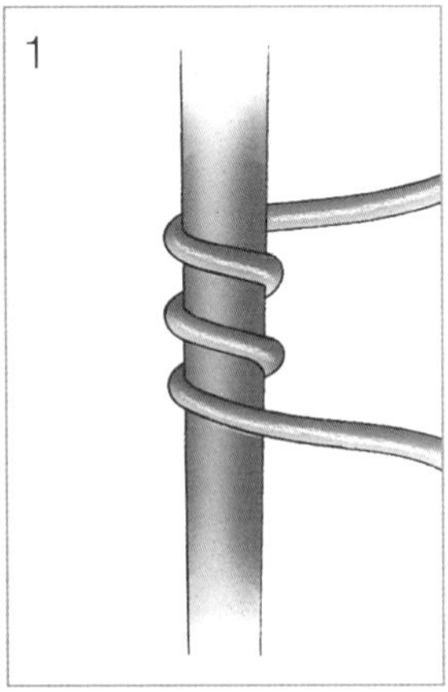


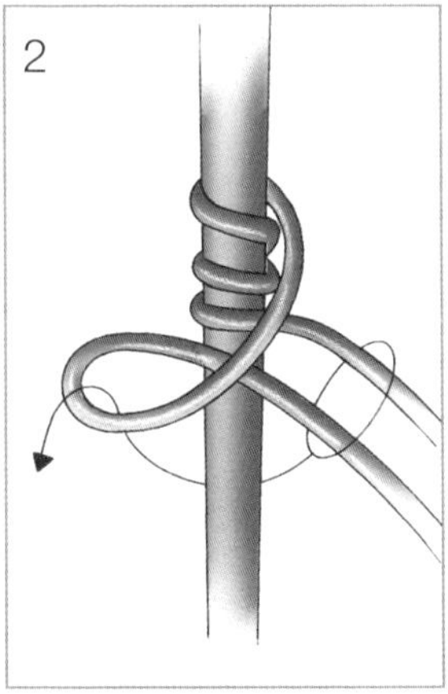

1

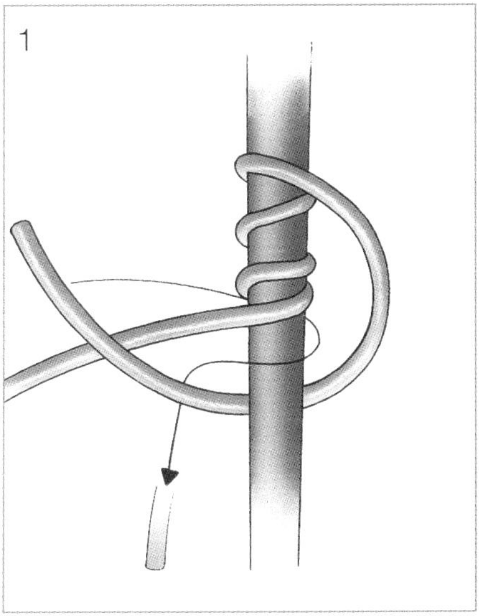

2

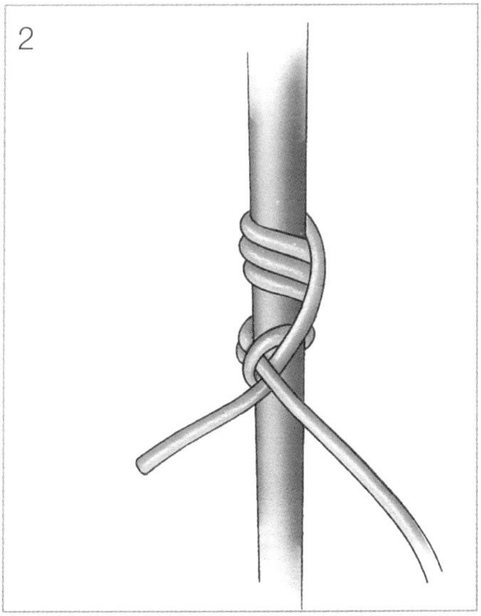

1 Ist nur ein Seilende frei (wenn wir zum Beispiel davon ausgehen, dass das andere Ende bereits irgendwo befestigt ist), führen Sie das Seil mit mehreren Törns weg vom schmalen Ende. Wenn Sie genügend Törns haben, legen Sie das Arbeitsende darüber und führen Sie es hinter dem Mast nach unten und dann wieder nach oben. Nun kreuzt das Arbeitsende vor der stehenden Part und führt vor dem Mast wieder nach unten, wo es zwischen der fixierten und der stehenden Part hindurchgeführt wird. Straffziehen.

2 Ein steter Zug auf dem Arbeitsende zeigt, ob das Seil rutscht. Sollte dies der Fall sein, öffnen Sie den Knoten wieder und knüpfen Sie ihn erneut, allerdings mit mehr Törns als am Anfang.

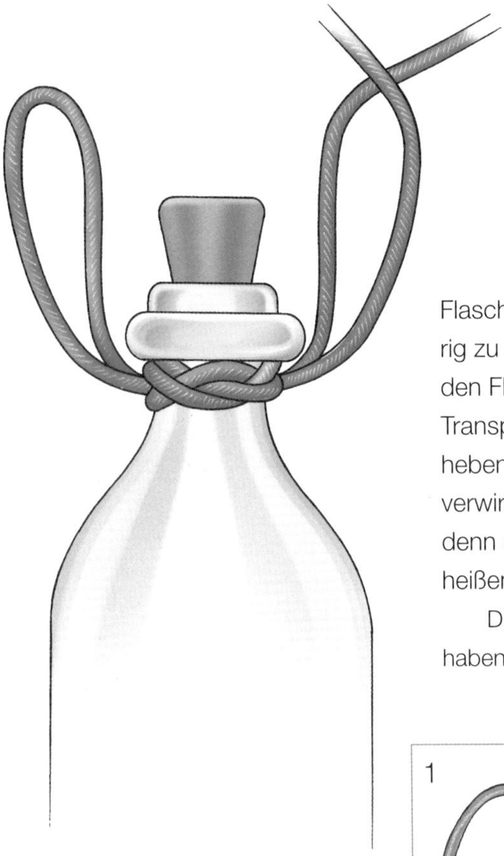

# Krugschlinge

Flaschen, vor allem volle, sind manchmal schwierig zu tragen, aber wenn man diese Schlinge um den Flaschenhals bindet, kann man sie beim Transport mit einer weichen Kordel leicht hochheben. Einige der Bewegungen sind zunächst verwirrend, versuchen Sie es einfach mehrmals, denn so können Sie Ihre Flaschen an einem heißen Sommertag in den Bach hängen.

Die Flasche muss zumindest einen leichten Rand haben, damit der Knoten nicht wegrutscht.

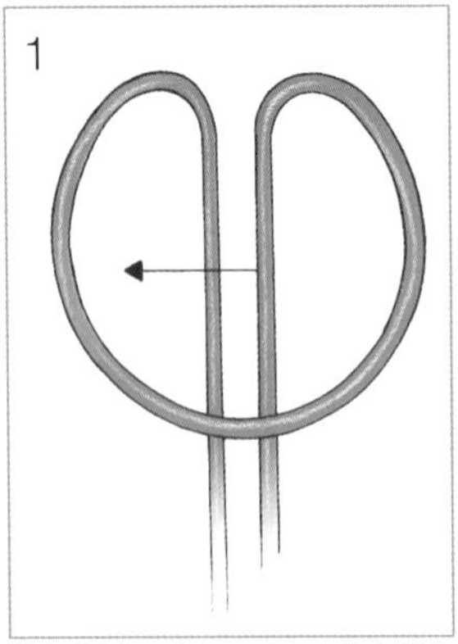

1 Legen Sie eine Bucht und klappen Sie sie nach vorne, so dass sich zwei große Schlaufen bilden. Nehmen Sie die rechte und legen Sie sie vor die andere, so dass zwei sich kreuzende Augen entstehen.

2 u. 3 Nehmen Sie vorsichtig den unteren Teil des vorderen Auges und flechten Sie es durch die Stelle, an der sich die beiden anderen Seitenaugen kreuzen. Gehen Sie erst nach links, dann nach oben und bewegen Sie sich anschließend diagonal quer, bis sie oben rechts wieder auftauchen. Zupfen Sie die Kordeln in die Form, wie in Abbildung 3 zu sehen ist.

4 Nun lässt man das hintere Auge (A) hinter dem Knoten in die Position wie in Abbildung 4 gleiten.

5 Das Auge B wird nach vorne in die Position wie in Abbildung 5 zu sehen gebracht. Der Flaschenhals muss durch den rhombusförmigen Hohlraum in der Mitte des Knotens passen. Nun wird die Kordel festgezogen, bis sie die Flasche richtig festhält. Die losen Enden werden so zusammengebunden, dass die Flasche aufgehängt werden kann.

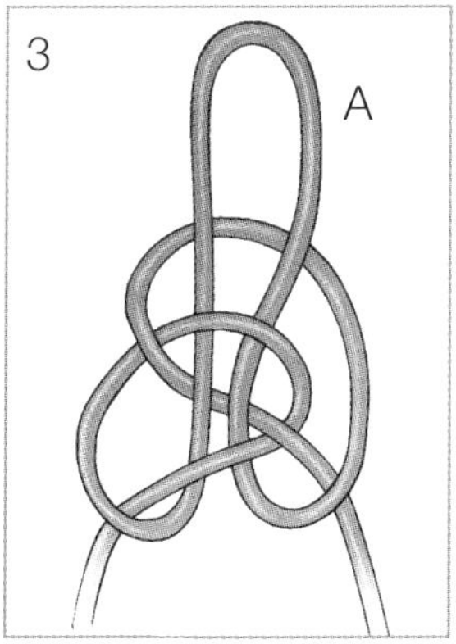


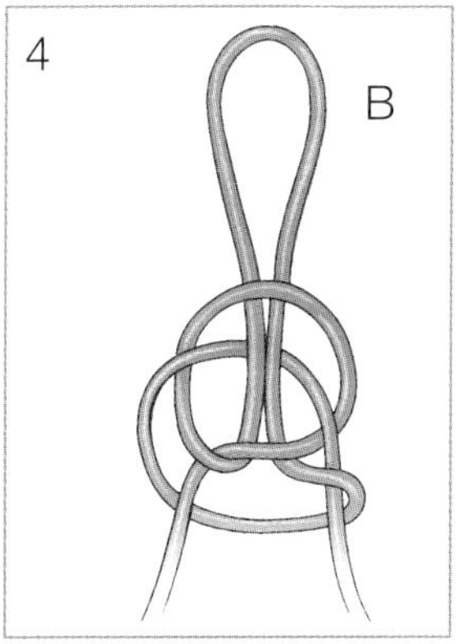


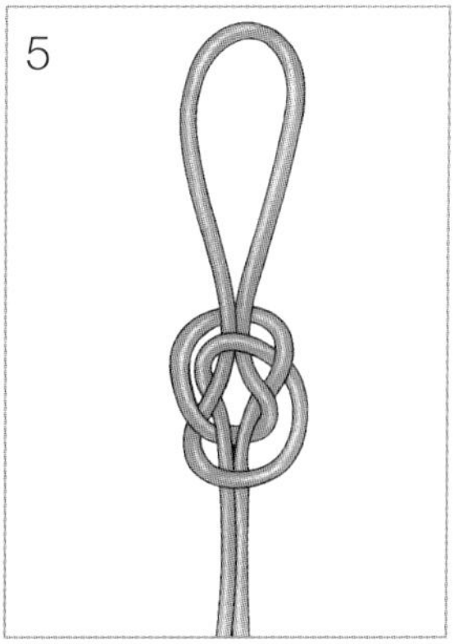

# Ashers Krugschlinge

Vielleicht können Sie sich die normale Krugschlinge nicht merken. Dann versuchen Sie es mit dieser, ebenfalls von Dr. Harry Asher ersonnenen Schlinge.

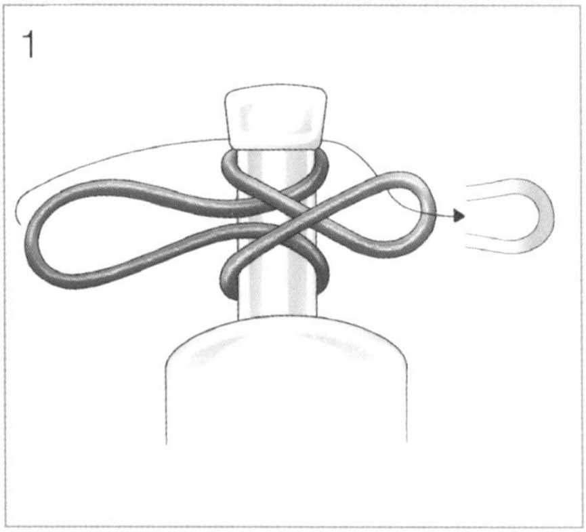


1 Legen Sie mit der Kordel ein geschlossenes Auge oder binden Sie die Enden zusammen. Ziehen Sie die Seitenstränge des Auges um den Flaschenhals, so dass das eine Ende durch das andere läuft. Verleihen Sie dem oberen Auge eine halbe Drehung, so dass ein Überhandauge entsteht.

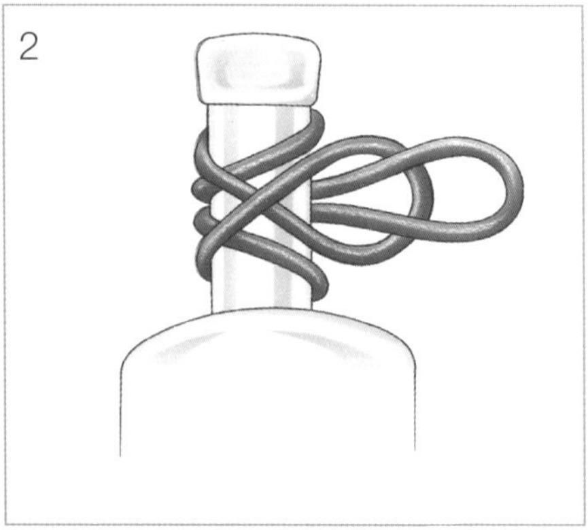


2 Führen Sie das andere Ende um den Flaschenhals und durch das Überhandauge. Ziehen Sie es fest und die Schlinge ist fertig.

# Lappenknoten

Dieser einfache Knoten wird bei Naturvölkern verwendet. Er kann vielfach genutzt werden und ist perfekt dazu geeignet, zwei Schnurenden zusammenzubinden.

1 Legen Sie in ein Ende eine Bucht und legen Sie das andere Ende darüber.

2 Führen Sie das Ende unter der Bucht hindurch und stecken Sie das Ende durch die Buchtschleife.

3 Festziehen.

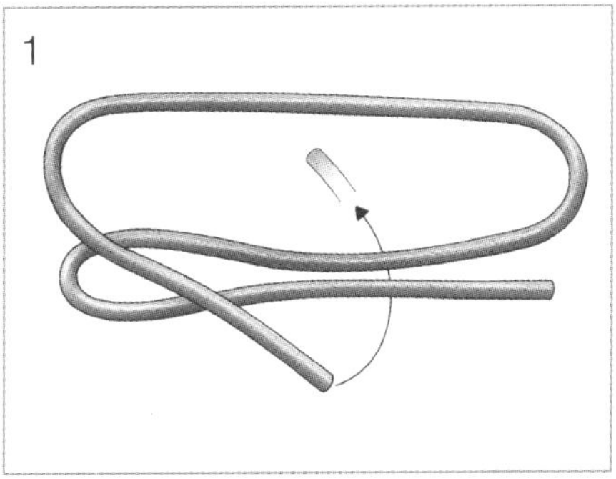


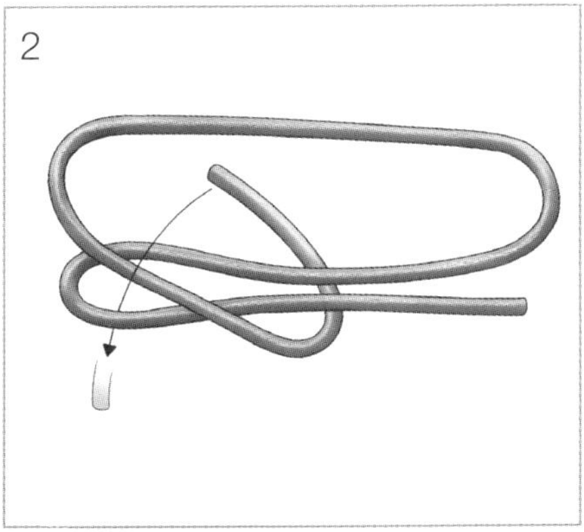


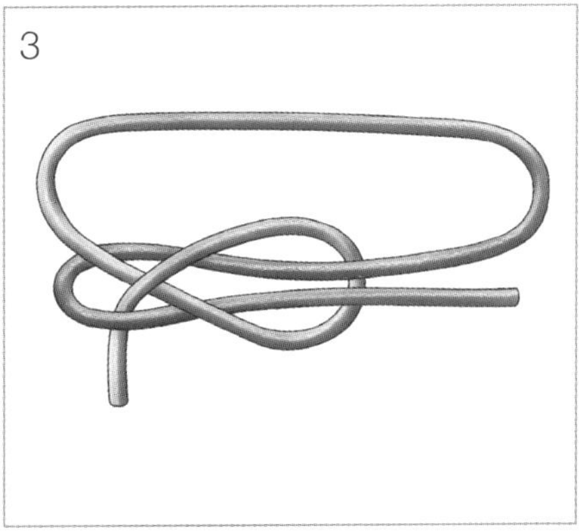

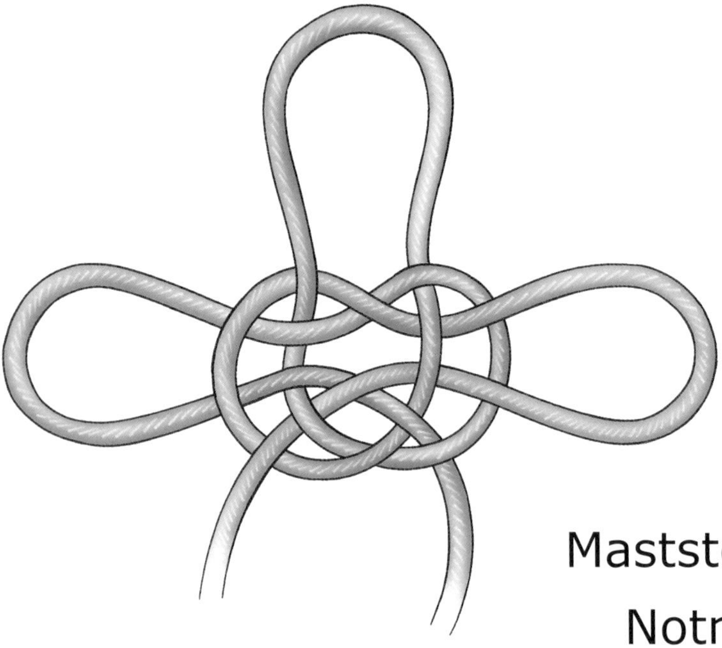

# Maststoppknoten, Notmastknoten

Dies ist ein hübscher Knoten, der gern als Schmuckelement genutzt wird. Die praktische Verwendung war, ihn an der Spitze eines improvisierten Notmasts zu platzieren, wo die Streben und Wanten in die Augen des fertigen Knotens eingebunden wurden.

Es gibt verschiedene Varianten des Maststoppknotens, aber die von mir empfohlene verwendet eine Technik, die Sie bereits bei einigen der voherigen Knoten erlernt haben.

1 Legen Sie drei identische Überhandaugen. Das mittlere darf auch etwas größer sein als die anderen zwei.

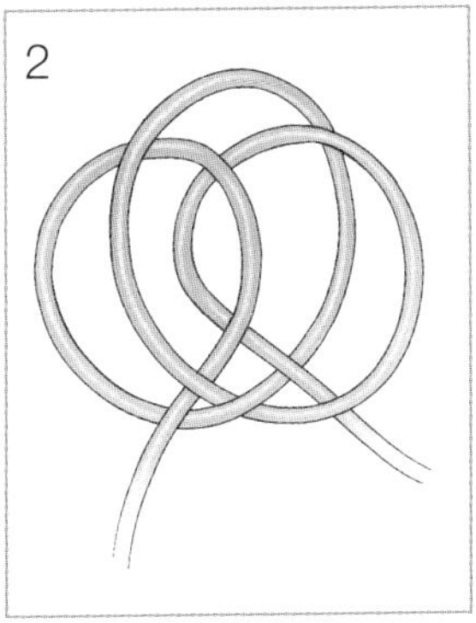


2 Lassen Sie die Augen überlappen, so wie bei der zweiten Version des Mastwurfs. Legen Sie nun wie in der Abbildung das linke Auge etwas weiter über das rechte. Es ist vielleicht einfacher, die Augen für den nächsten Schritt auf einer glatten Oberfläche zu platzieren.

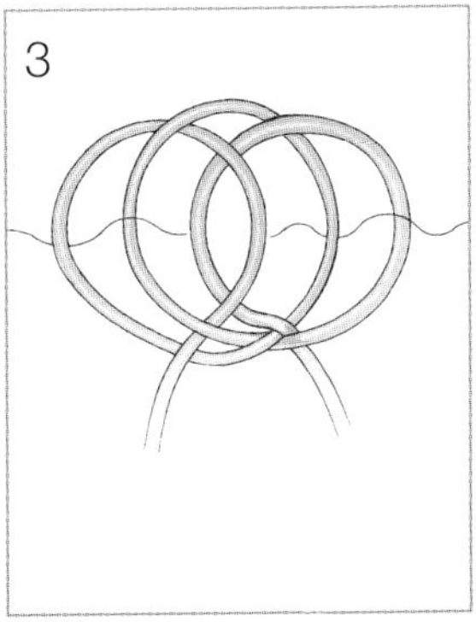


3 Greifen Sie über die linke Seite des mittleren unter das am weitesten links liegende Auge und dann die linke Seite des rechten Auges. Ziehen Sie es durch auf der Strecke, die Sie soeben mit der Hand zurückgelegt haben. Von der rechten Seite greifen Sie über das äußere Auge unter die rechte Seite des mittleren und halten die rechte Seite des linken Auges. Ziehen Sie es nach hinten durch. Die Abbildungen zeigen die von den Augen zurückgelegten Strecken sowie die Position der Hände. Gleichzeitig wird der obere Teil des etwas größeren, mittleren Auges nach außen gezogen. Zupfen Sie den Knoten in die richtige Form. Die Mastspitze passt in die kleine, rhombusförmige Aussparung in der Knotenmitte. Wie bei vielen Knoten ist es viel einfacher, ihn zu binden, als die Beschreibung glauben macht.

# Zeltstangenknoten

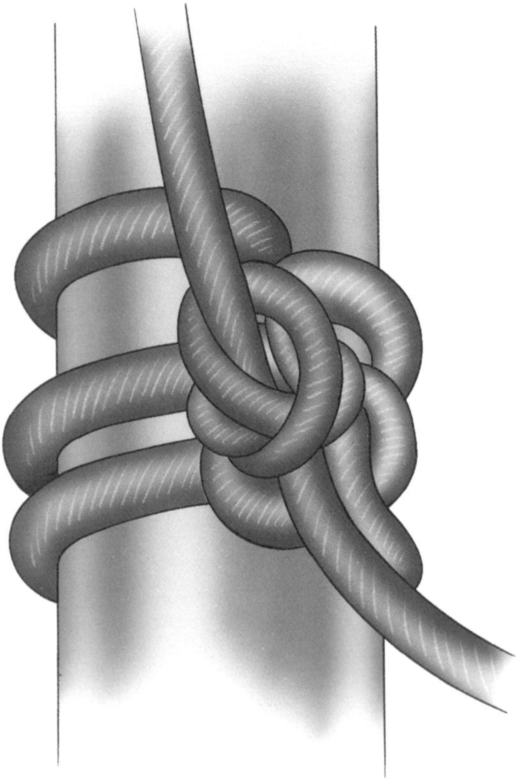

Dieser einfache Knoten wird verwendet, um ein Bündel wie zum Beispiel Zelt- oder Bohnenstangen zusammenzubinden. Man kann mit ihm auch eine Schlinge um ein Brett legen.

1 Geben Sie dem Seil eine S-Form und legen Sie das Stockbündel darauf.

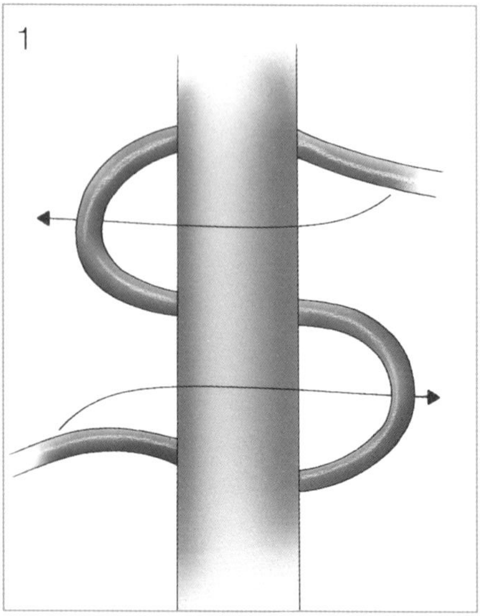

2

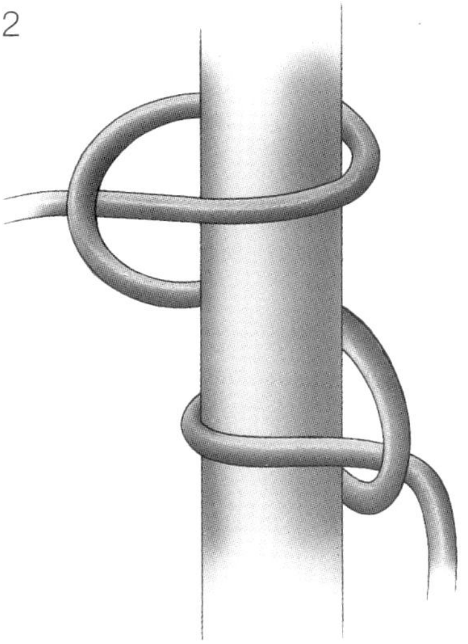

3

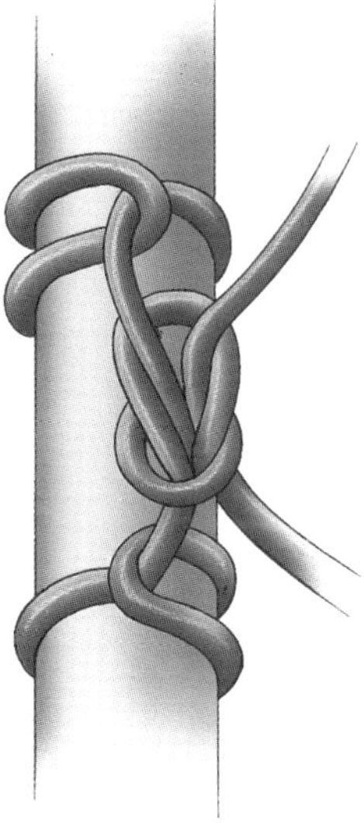

2 Nehmen Sie ein Ende, heben Sie es über das Bündel und schieben Sie es auf die andere Seite durch die S-Bucht. Wiederholen Sie den Vorgang mit dem anderen Ende, aber in entgegengesetzter Richtung, und schieben Sie es in die andere S-Bucht.

3 Festziehen und die Enden zusammenbinden. Hierfür können Sie beispielsweise einen Kreuzknoten verwenden. Verfahren Sie auf der anderen Seite des Bündels genauso, weil sonst die Stöcke auseinander rutschen und schlecht zu tragen sind.

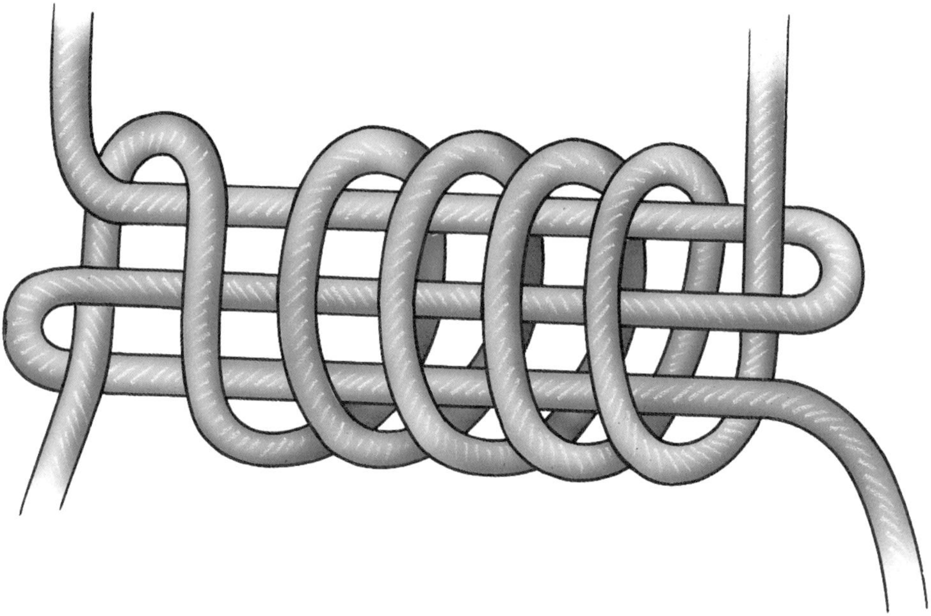

# Strickleiter

Für diesen Knoten ist viel Seil nötig, aber er hat ein beeindruckendes Aussehen. Er ist auch praktisch, zudem lassen sich hier die bei anderen Knoten erlernten Techniken anwenden. Wenn Sie genügend Seil (und Zeit) zur Verfügung haben, können Sie daraus eine ganze Leiter knüpfen oder einfach einen Steigbügel. Es ist sinnvoll, recht steifes Tauwerk zu verwenden.

1

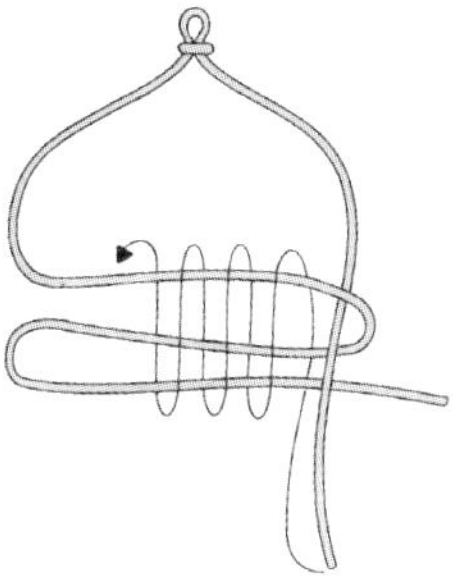

2

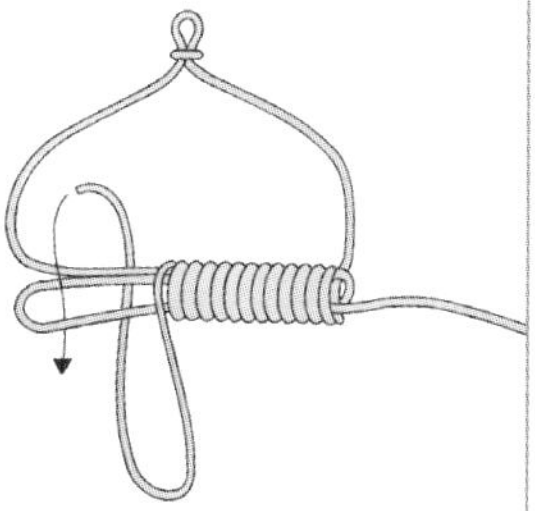

3

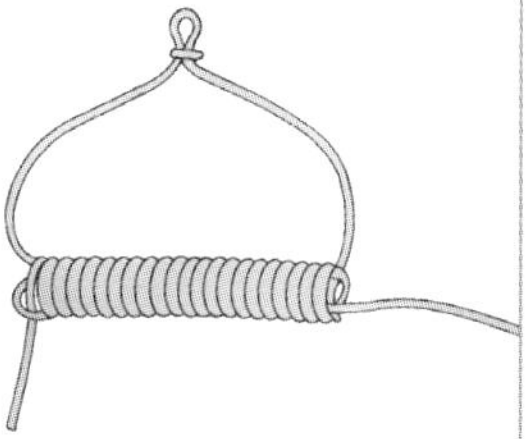

1 Falten Sie das Seil mittig (Sie können in der Mitte das Seil zu einem Auge verzurren, an dem Sie die Leiter oder den Bügel später aufhängen können). Legen Sie den linken Abschnitt Z-förmig kurz hinter dem oberen Ende, und zwar so, dass der rechte Seilabschnitt durch die oberste Bucht geführt wird.

2 u. 3 Wickeln Sie diesen dann mehrmals um die drei das Z bildenden Seilabschnitte. Schließen Sie das Ganze ab, indem Sie das Seil nach unten durch die linke Bucht des ersten Z-förmigen Bereichs führen und die Wicklungen festziehen. Vielleicht müssen Sie das umwickelte Z hin- und herschieben, damit die Arme des Bügels gleich lang sind.

Für eine Leiter wiederholen Sie den Vorgang so lange, bis sie die gewünschte Länge hat. Bei jeder Stufe ziehen Sie die Wicklungen fest. Achten Sie darauf, dass der Abstand zwischen den Wicklungen regelmäßig ist und sie immer eben abschließen. Dies ist für diejenigen, die sich zum ersten Mal versuchen, eine nicht ganz einfache Aufgabe, aber Geduld und Übung machen sich bezahlt.

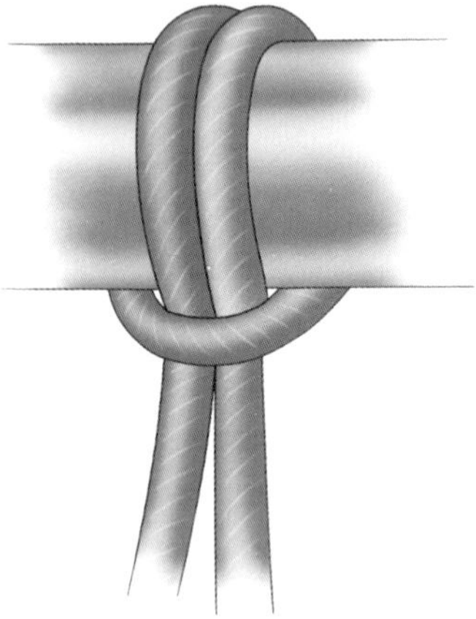

# Lerchenkopf, Ankerknoten

Wir haben ihn bereits als umgekippten Kreuzknoten kennen gelernt, diesmal jedoch wollen wir ihn binden. Man kann damit Dinge an einer Leine oder an Ringen befestigen, sofern der Knoten nicht wieder rasch gelöst werden muss.

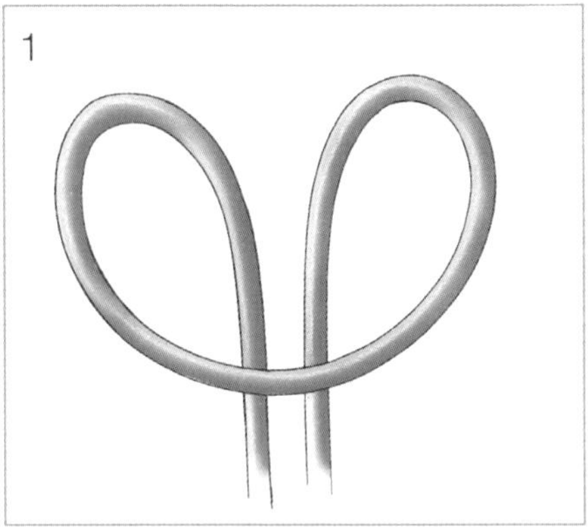


1 Legen Sie eine Bucht und klappen Sie diese nach vorne, so dass sich zwei Flügel bilden.

2 Stecken Sie das Holz durch die Flügel und ziehen Sie das Ganze fest. Alternativ dazu können Sie eine Bucht hinter dem Holz durchführen und nach vorne kippen lassen. Stecken Sie beide Enden durch die Bucht und ziehen Sie sie fest.

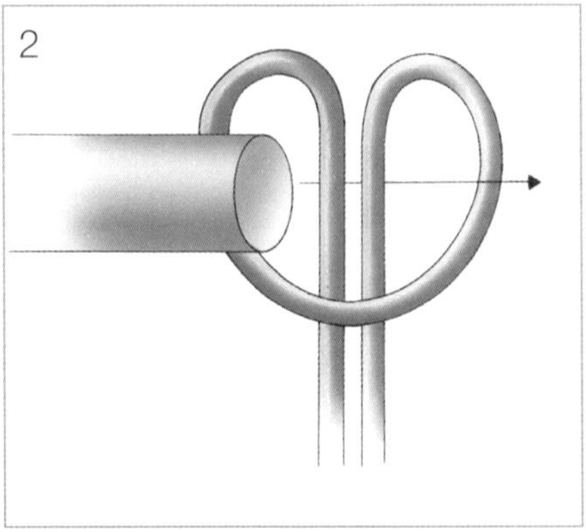

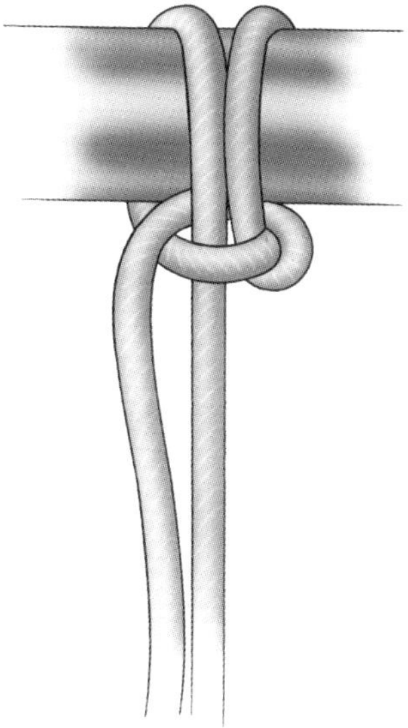

# Lerchenkopf (Variante)

Wenn Sie nach Legen des Lerchenkopfs ein Ende nehmen und durch den Schlitz zwischen Holz und Seilen hindurchführen, erhalten Sie diesen Knoten. Er ist bei Belastung am anderen Seilende etwas sicherer, dafür lässt er sich nicht so leicht lösen. Die Abbildungen unten erübrigen eine Erklärung.

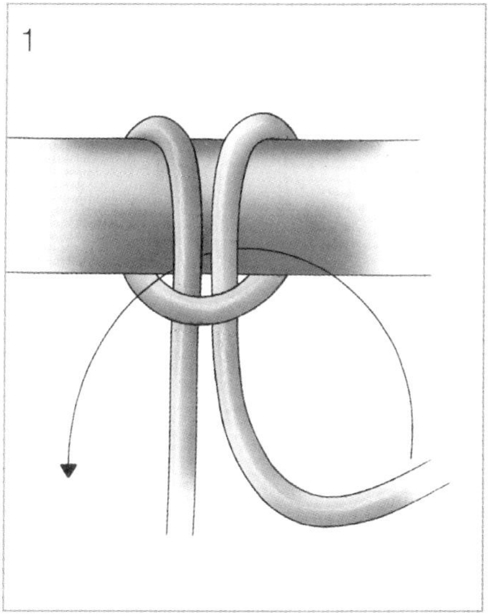


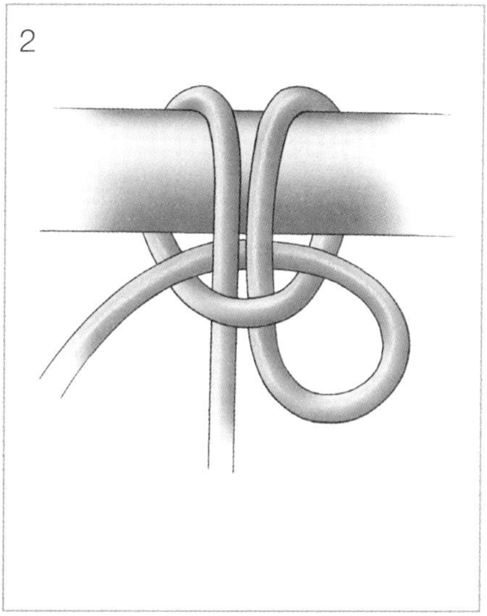

# Seekadettenstek

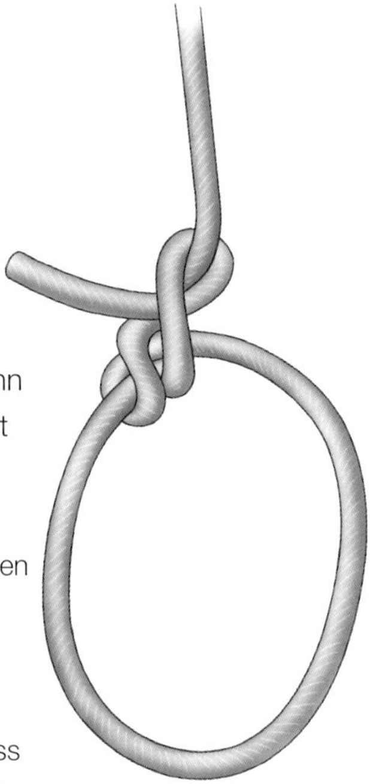

Dieser Knoten ist nützlich für Halteleinen, da man ihn an die richtige Stelle schieben kann und er blockiert wird, sobald er unter Spannung gerät.

1 Legen Sie einen Überhand-Kreuztörn und stecken Sie das Ende nach oben in das Auge.

2 u. 3 Wickeln Sie das Ende um das Seil und stecken Sie es dann wieder nach oben ins Auge, so dass der erste Törn fixiert wird. Nehmen Sie das Ende aus dem Auge und machen Sie einen Halben Schlag oberhalb der Schlinge. Festziehen.

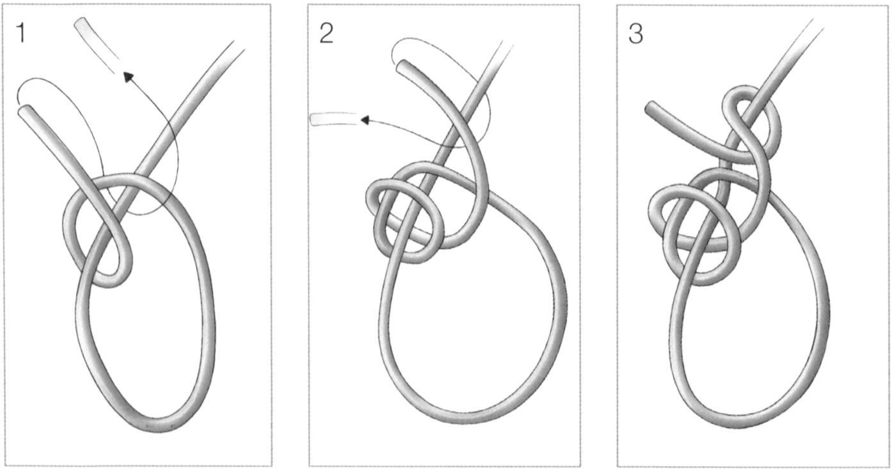

# Müllerknoten

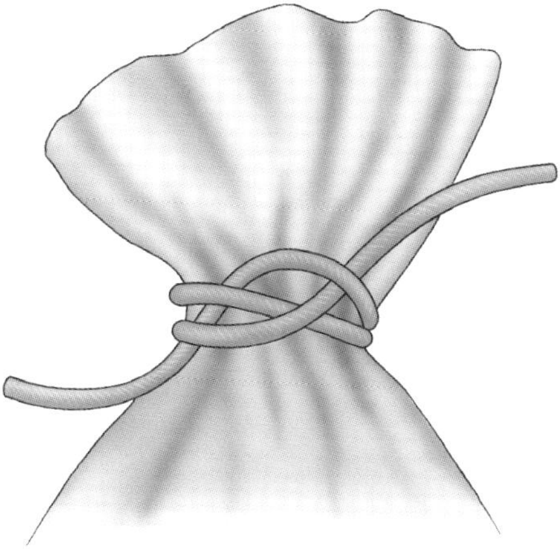

Wie der Name schon sagt, verwendeten Müller diesen Knoten, um Mehlsäcke zuzubinden. Er ist ein schneller Verschluss, dafür aber nicht so stabil wie etwa der Boa-Knoten. Sie können all diese Knoten ausprobieren, um zu sehen, welcher für Ihre Zwecke am besten geeignet ist. Der Müllerknoten ähnelt dem Querholzknoten.

1 Legen Sie um die Beutelöffnung einen Rundtörn, den Sie aber nicht festziehen.

2 Legen Sie einen weiteren Törn unter dem ersten. Stecken Sie den Zeigefinger unter den ersten Törn, greifen Sie das Ende und ziehen Sie es nach oben. Festziehen.

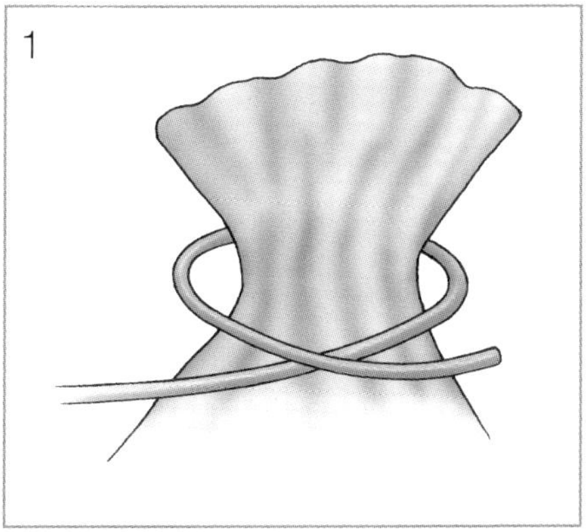


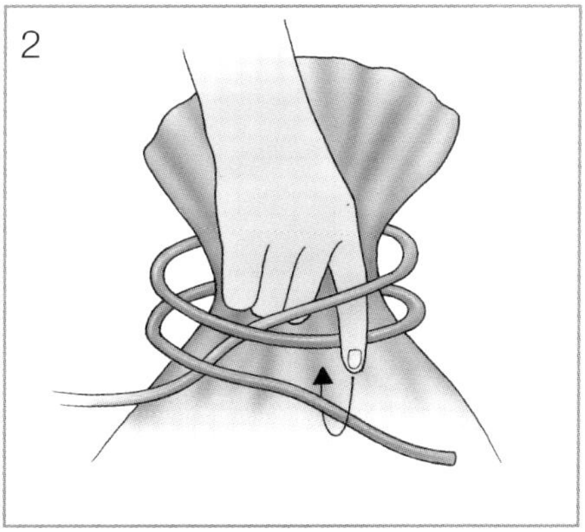

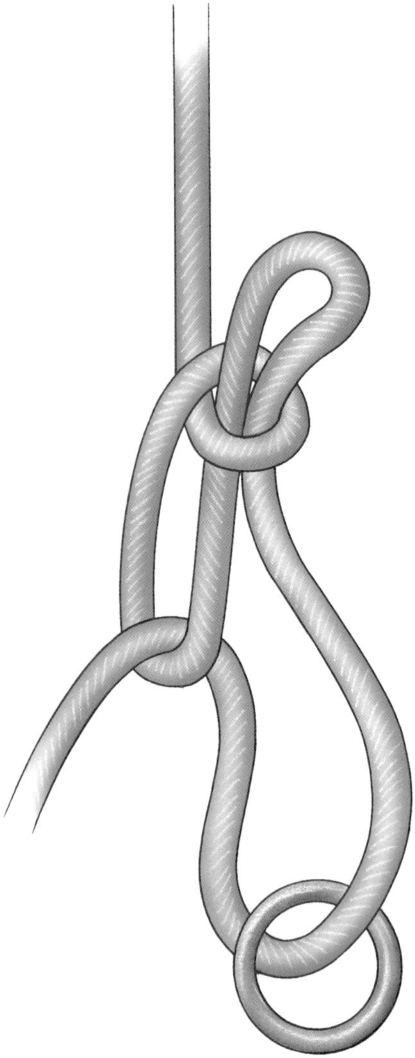

# Fuhrmannstek

Durch Jahrhunderte wurden Lasten mit Knoten auf Eisenbahnwaggons sicher vertäut. Der Fuhrmannstek wurde gerne verwendet, weil er sicher ist. Er sorgt zudem für eine mechanische Kraftverstärkung von 2 : 1, und wenn er geöffnet wird, kann das Seil ohne Zeitverlust aufgerollt werden, weil es sich nicht verheddert.

Mit diesem Knoten können Sie ein Kanu fest auf dem Dachgepäckträger Ihres Wagens verzurren. Er ist nicht ganz leicht zu lernen und man muss ihn regelmäßig üben. Beherrscht man ihn aber, dann ist er in wenigen Sekunden gebunden und hat unzählige Verwendungsmöglichkeiten. Es gibt auch einige Varianten dieses Knotens, auf die wir hier aber verzichten.

Sichern Sie ein Ende des Seils am vorderen Rand des Anhängers oder Dachgepäckträgers (zum Beispiel mit einer Reihe Halber Schläge oder indem Sie ein Spleißauge über den Haken ziehen). Werfen Sie den Rest der Leine über die Last und folgen Sie ihr. Dann binden Sie den ersten Fuhrmannstek auf der Seite, die dem Ausgangspunkt der Leine gegenüberliegt. Greifen Sie die Leine und ziehen Sie sie straff, auch um sicherzustellen, dass das Ende gut hält.

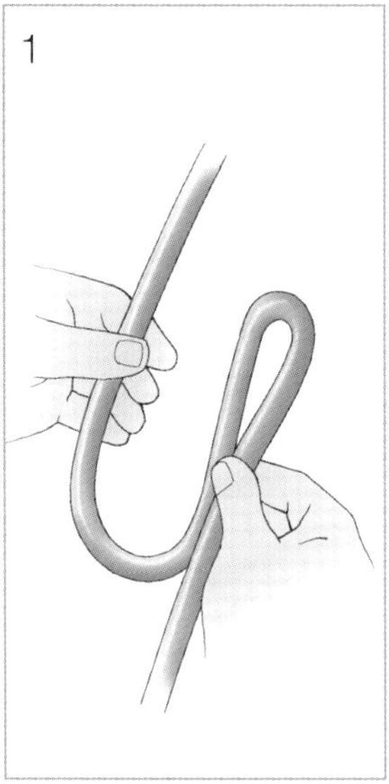


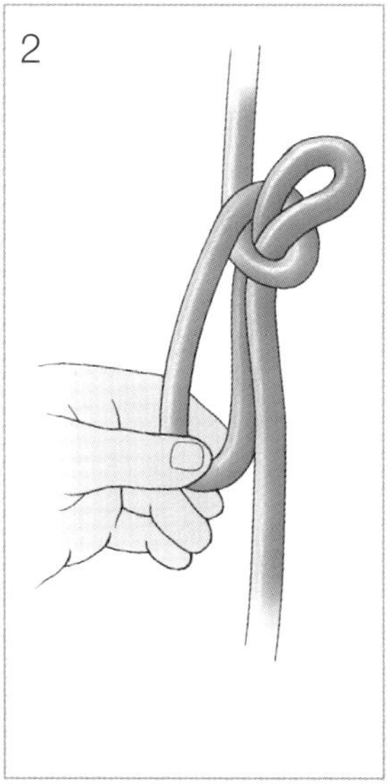


1 Halten Sie die Leine mit der linken Hand. Nehmen Sie in die rechte eine Bucht, legen Sie diese über die Leine in der linken und drehen Sie sie wie beim Palstek. Dieses Mal verwenden Sie nicht die Finger, sondern die ganze Hand, und eine Bucht statt des Tampens. Sie sind nun bei Abbildung 2 angelangt, wobei eine Bucht nach oben ragt und ein Auge nach unten hängt.

2 Achten Sie darauf, dass Bucht und Auge lang genug sind, und stützen Sie das Auge mit der linken Hand. Fassen Sie mit der rechten durch das Auge, greifen Sie das Arbeitsende der Leine und ziehen Sie eine Bucht hindurch. Es wird am Rand der Laderampe über den Haken gezogen, und durch das Ziehen an der holenden Part wird das Ganze gestrafft. Das überschüssige Seil wird um die Haken und die Basis des Auges genauso gezogen wie bei einem Flaschenzug. Achten Sie aber darauf, dass der Palstek nicht umkippt. Drehen Sie einen Teil des Knotens.
Wenn statt der Haken nur Ringe da sind, müssen Sie die Leine über die gesamte Länge durchziehen, bevor Sie das Ganze festzurren. Sobald die Leine festgezogen ist, kann sie von einem oder zwei Halben Schlägen um den Haken gehalten werden, bevor sie zum nächsten auf dieser Seite befindlichen Haken geführt wird.

# Kronenknoten

Man sieht ihn fast nie allein, dennoch wollen wir ihn hier zeigen, um ein Prinzip zu demonstrieren, bevor wir zum Verspleißen kommen.

Wenn Sie mehr als drei Schnüre am Ende zusammenknüpfen, erhalten Sie einen Zopf, indem Sie diesen Knoten mehrfach wiederholen. Bei der gezeigten Anwendung wird so gearbeitet, als wolle man das geschlagene Seil verspleißen.

1

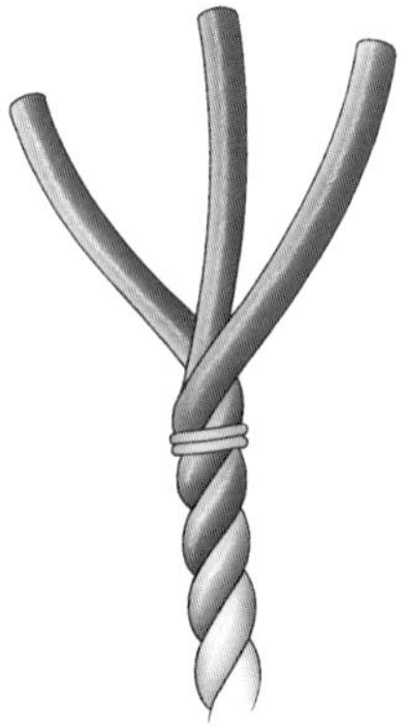

1 Legen Sie zehn bis fünfzehn Zentimeter vom Seilende entfernt einen Gekreuzten Weberknoten (s. S. 76). Dröseln Sie die drei Kardeele bis zum Knoten auf und legen Sie Taklings an ihre Enden oder wickeln Sie einfach ein wenig Kreppband darum. So verhindert man, dass die Kardeele ausfransen.

2 Die Enden zeigen nach oben. Nehmen Sie ein Kardeel und biegen Sie es zwischen den beiden anderen nach unten. Bilden Sie so eine Art Auge.

3 Nehmen Sie das nächste Kardeel und biegen Sie es über eine Seite des Auges, so dass das Kardeelende zwischen den zwei anderen Kardeelen hindurchführt. Ein Kardeel kann auch nach oben stehen und, wenn man es seitlich sieht, gleicht dies vage dem Umriss einer Krone.

4 Nun wird das dritte Kardeel über das zweite und durch das nach oben ragende Auge des ersten Kardeels gebogen. Ziehen Sie die Kardeele vorsichtig bis zum Gekreuzten Weberknoten hin straff. Jedes Kardeel sollte durch ein anderes nach unten gedrückt werden, wobei die Enden einen Winkel von 120 Grad bilden.

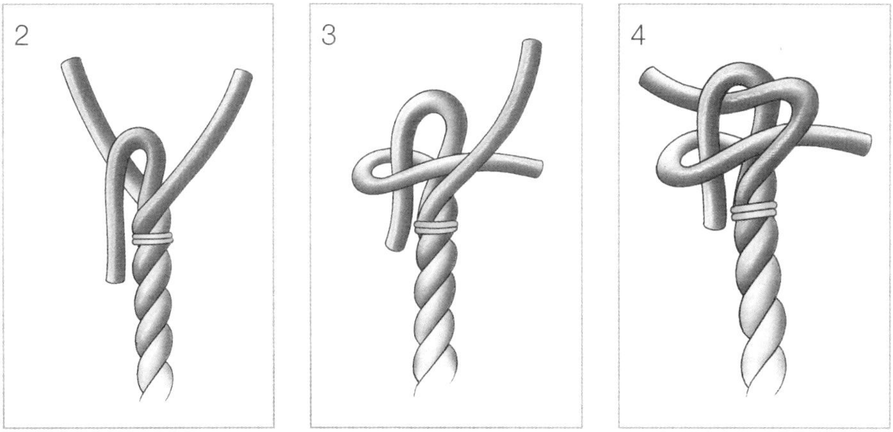

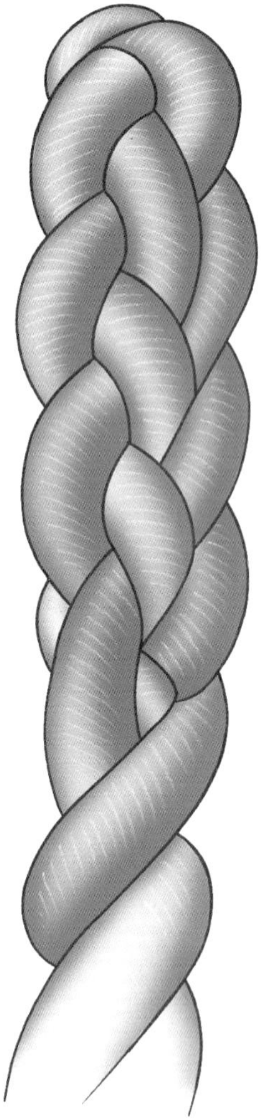

# Rückspleiß

Er wird verwendet, um das Seilende am Ausfransen zu hindern. Das Seil bekommt hierdurch ein dickeres Ende, was nicht immer von Vorteil sein muss, denn es kann nun nicht mehr so leicht durch schmale Löcher geführt werden.

1 Legen Sie dort einen Gekreuzten Weberknoten (s. S. 76), wo Sie mit dem Spleißen beginnen wollen. Dröseln Sie das Seil bis zu dieser Stelle auf und knüpfen Sie einen Kronenknoten. Vergessen Sie nicht, das Ende der Kardeele entweder mit Taklings oder mit einem Kreppband zu belegen. Die Kardeele A, B und C ragen aus den Hauptkardeelen des Seils heraus. Nehmen Sie ein Kardeel und lockern Sie das Hauptkardeel, auf dem es liegt. Ein Marlspieker ist hierbei nützlich.

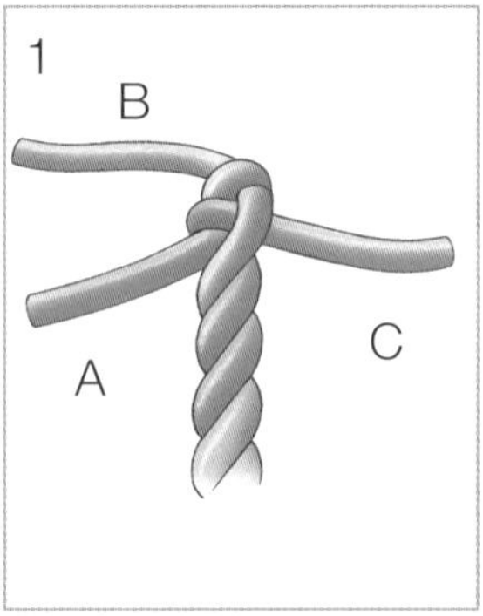


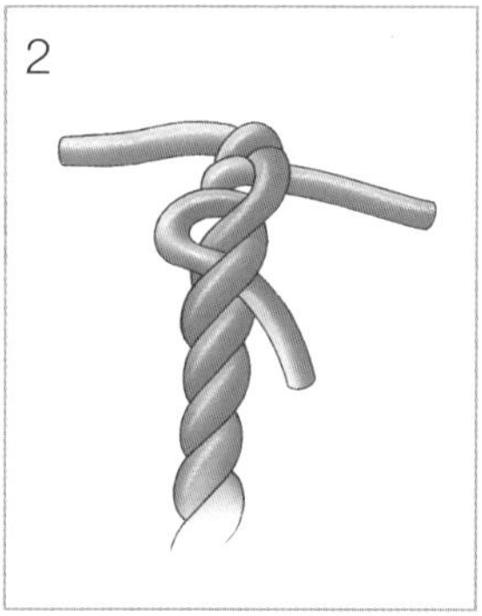

2 Stecken Sie das Kardeel A durch den Spalt und unter dem Hauptkardeel hindurch.

3 Drehen Sie das Seil um 120 Grad und wiederholen Sie den Vorgang mit dem nächsten Rückspleiß an Kardeel B. Wiederholen Sie das Ganze beim dritten Kardeel.

4 Heben Sie ein weiteres Kardeel an und stecken Sie die Enden durch den Schlitz. Gehen Sie der Reihenfolge nach Kardeel für Kardeel vor. Versuchen Sie nicht, ein Kardeel vollständig durchzuziehen, bevor Sie das nächste dazu stecken, da sonst das Verspleißen misslingt. Jedes Mal, wenn Sie ein Kardeel verstauen, straffen Sie es.

5 Wenn Sie jedes Kardeel etwa fünfmal verstaut haben, ist der Spleiß komplett. Schneiden Sie die Enden ab, aber nicht ganz bündig. Legen Sie den Spleiß auf den Boden und rollen Sie ihn mit dem Fuß hin und her. Diese grobe Technik ist die einfachste und effizienteste Art, den Spleiß ordentlich abzuschließen.

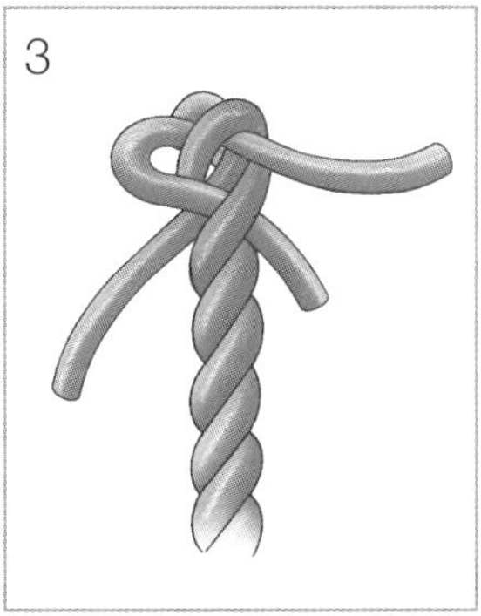

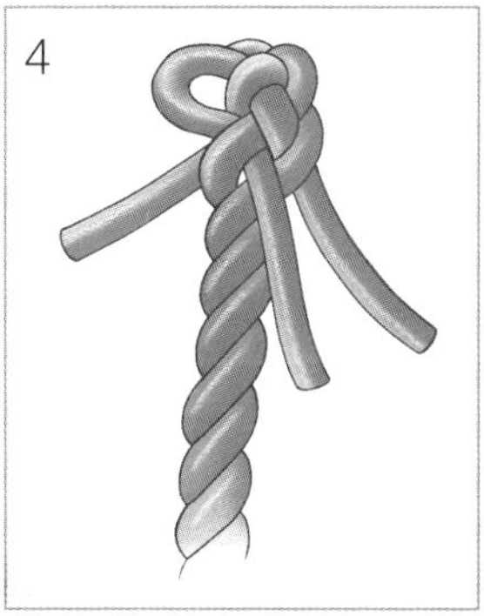

# Festes Auge, Augspleiß

Es handelt sich um eine Methode, am Ende von Tauwerk ein festes, kräftiges Auge zu spleißen. Hier abgebildet ist ein »weiches Auge«. Wird ein Schutzring (Kausch) eingearbeitet, wäre es ein »hartes Auge«.

1 Bereiten Sie das Tau vor. Schlingen Sie in einiger Entfernung vom Tauende einen Gekreuzten Weberknoten (s. S. 76). Trennen Sie die Kardeele voneinander und belegen Sie sie mit einem Takling. Entscheiden Sie, wie groß das Auge sein soll, und legen Sie einen zweiten Gekreuzten Weberknoten dort, wo das Auge ansetzt. Drehen Sie die getrennten Tampen zum Ansatzpunkt hin. Legen Sie A und B auf das Seil, C dahinter.

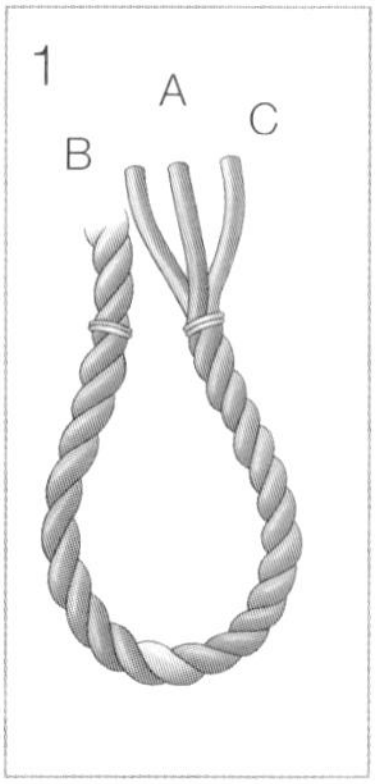


2 Heben Sie das nächste Kardeel an und stecken Sie A durch den Spalt.

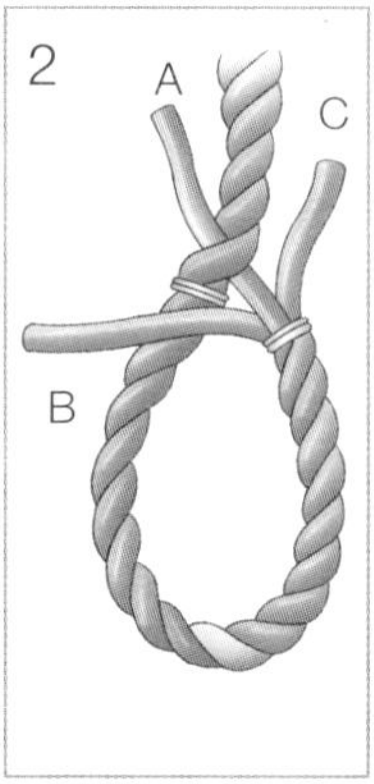

3 Stecken Sie B durch den durch Anheben des nächsten Kardeels entstehenden Spalt. Nun haben wir noch ein freies Kardeel.

4 Drehen Sie nun das Auge um 180 Grad. Stecken Sie einen Marlspieker – Sie haben ihn womöglich schon in Schritt 2 verwendet – an dem Punkt, an dem B aus dem Tau herausgekommen ist, hinein und ziehen Sie das Kardeel links davon nach oben. C wird nun unter diesem Kardeel scheinbar in die falsche Richtung geführt. Wir haben nun je ein Kardeel vom Seilende (A, B, C), das unter jedem Spalt zwischen den Kardeelen am Hauptseilkörper durchgeführt wurde und wieder daraus auftaucht. Nun fahren Sie fort wie beim Rückspleiß. Bringen Sie die Kardeele über und danach unter die Hauptkardeele, bis alle (bei synthetischen Tauen) fünfmal komplett durchgesteckt sind. Beim Verspleißen von Naturfasern geht man davon aus, dass ein dreimaliges Durchstecken der Tampen genügt.

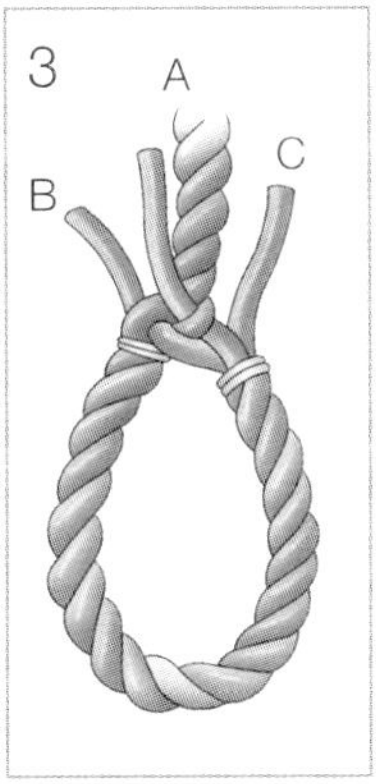


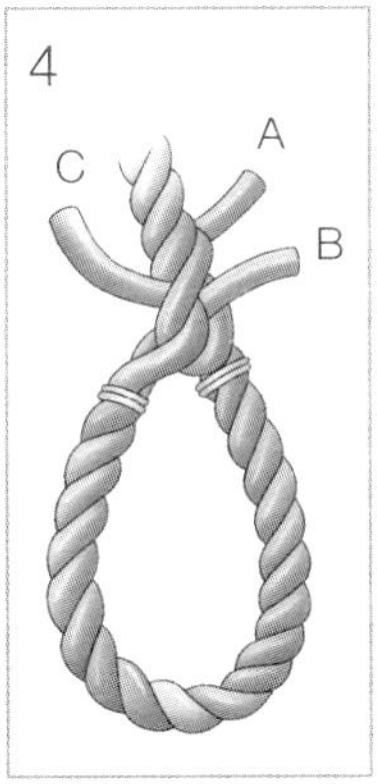


Machen Sie den Abschluss wie beim Rückspleiß. Vielleicht wollen Sie den Spleiß auch sich verjüngen lassen. Hierfür schneiden Sie etwa ein Drittel der Fasern in jedem Kardeel heraus und stecken diese dann wieder durchs Seil. Mit dem, was vom Kardeel übrig bleibt, verfahren Sie genauso. Schneiden Sie die Hälfte von dem Verbleibenden weg, stecken Sie den Rest wieder durchs Seil. Nach dem nächsten Durchstecken schneiden Sie alles Überstehende ab und rollen das Seil mit dem Fuß hin und her. Ihr Augspleiß könnte sich durch den Gebrauch im Laufe der Zeit verdrehen und kleiner werden. Um dies zu vermeiden, verleihen Sie dem Seil vor dem Durchstecken zwischen den Gekreuzten Weberknoten eine halbe Drehung, als wollten Sie es aufdrehen. Nun erhalten Sie ein perfekt flaches Auge.

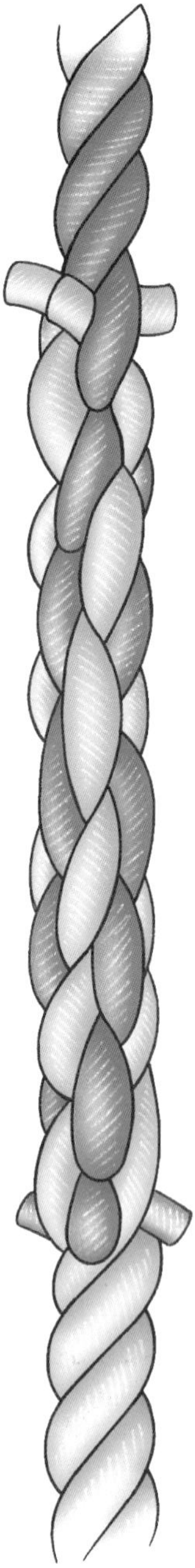

# Kurzspleiß

Wenn Sie die vorigen Spleiße beherrschen, wird die Technik zur Verbindung zweier Tampen für Sie kein Problem darstellen. Ein Teil des Taus wird hierdurch verdickt, kann also nicht besonders leicht durch Blocks rutschen.

1 Wie schon zuvor bereiten Sie die beiden Enden mit einem Gekreuzten Weberknoten (s. S. 76) in jedem Tau vor. Drehen Sie die zu verspleißenden Tampen auf und sichern Sie sie durch Taklings. Die Kardeele beider Tauenden nun ineinanderstecken. Binden Sie die Kardeele des einen Taus mit einem Gekreuzten Weberknoten an das andere, damit sie nicht im Weg sind.

1

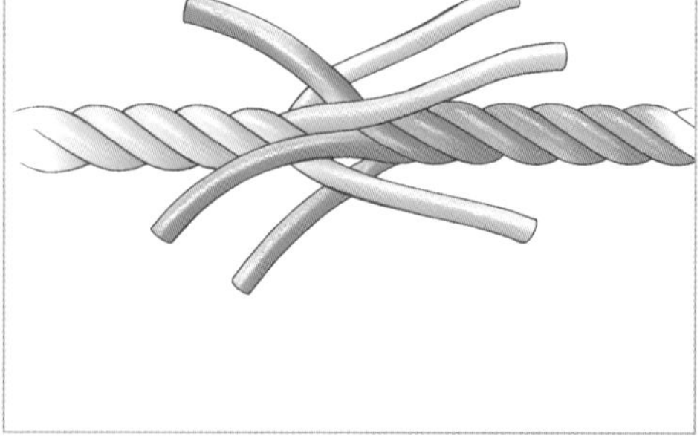

2 u. 3 Heben Sie zunächst ein Kardeel des Seils, das gekreuzt wird, und stecken Sie das darüber liegende in den Spalt. Verfahren Sie mit dem nächsten und dem dritten Kardeel genauso. Stecken Sie die Kardeele fünfmal nacheinander durch das Tau.

Zum Abschluss drehen Sie die Verbindungsstelle auf die andere Seite des Taus. Entfernen Sie den Gekreuzten Weberknoten – gegebenenfalls durch einen vorsichtigen Schnitt. Dann verstauen Sie die Kardeele des zweiten Tampens genauso wie die des ersten. Schließen Sie wie schon zuvor ab, indem Sie den Spleiß rollen, um ihn zu festigen.

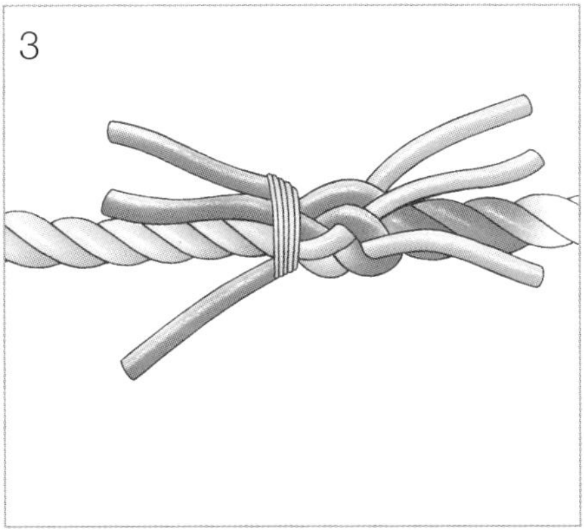

# Viereck- oder Querbalkenzurring

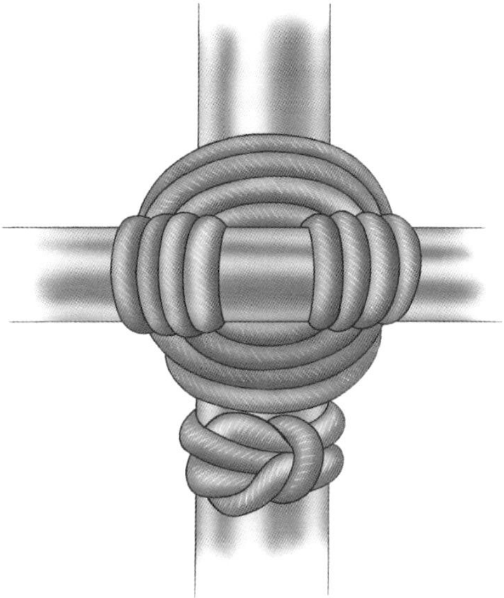

Mit diesem Knoten werden Sie in die Lage versetzt, jedes Campingobjekt zu konstruieren, das Sie wünschen.

Laschings sind gar nicht so schwierig, wie man denkt. Wenn man mit Vernunft vorgeht, stellen sie eigentlich kein Problem dar.

Viereckzurrings werden verwendet, wenn es darum geht, zwei Hölzer im rechten Winkel miteinander zu verbinden. Wie bei allen Laschings muss die verwendete Leine viel dünner sein als die Hölzer und bei jedem Törn sollte möglichst viel Druck aufgebracht werden. Ein einziges Viereckzurring bewirkt nicht viel, vielmehr brauchen Sie immer eine ganze Reihe davon. Von Leitern über Gerüsten bis hin zu Brücken kann alles gefertigt werden.

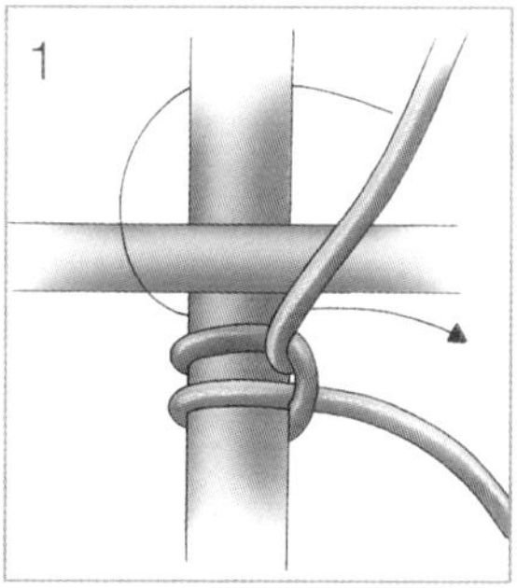

1 u. 2 Legen Sie einen Mastwurf (s. S. 66) um das senkrechte Holz. Festziehen. Platzieren Sie das Querholz direkt oberhalb des Mastwurfs und führen Sie das Seil nach oben über das Quer- und das Längsholz und zurück hinter dem Querholz vorbei. Wieder festziehen.

3 Wiederholen Sie dies mehrfach, bis Sie mindestens drei Rundtörns um beide Hölzer gelegt haben, die Sie jedes Mal einzeln festziehen.

4 Beginnen Sie nun mit Zurrtörns. Diese dienen dazu, alles fester miteinander zu verbinden. Schlagen Sie das Seil um die gerade aufgebrachten Törns zwischen den beiden Hölzern. Hierdurch werden die ersten Törns zusammengedrückt und alles wird fest verschnürt. Ziehen Sie bei jedem Törn das Seil fest an. Legen Sie drei Zurrtörns. Sie dürfen nicht locker sein. Nach dem letzten Zurrtörn sichern Sie das Ende mit einem Mastwurf um das Querholz. Binden Sie ihn mit zwei Halben Schlägen fest, die Sie einzeln festziehen.

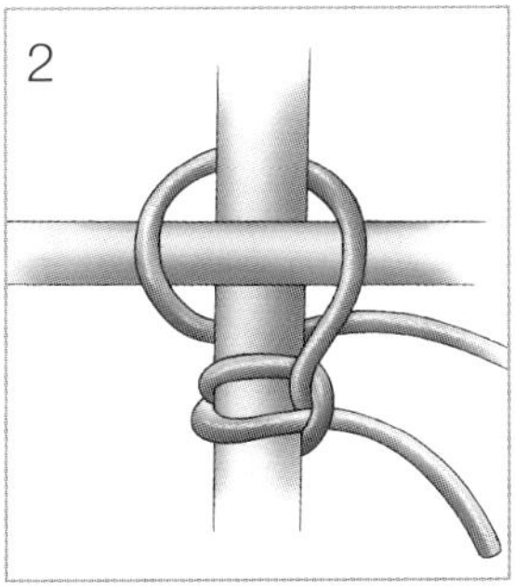


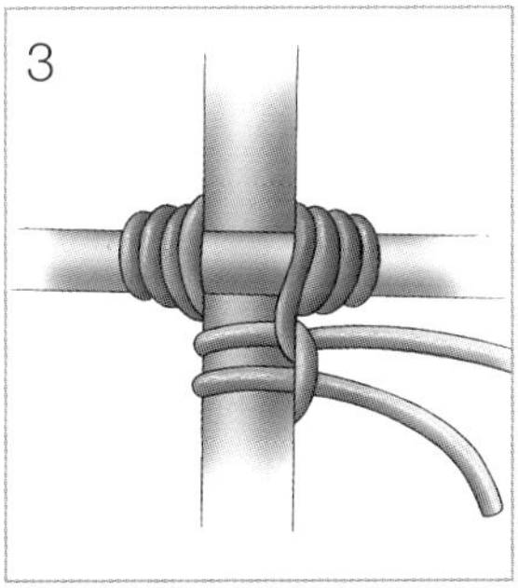


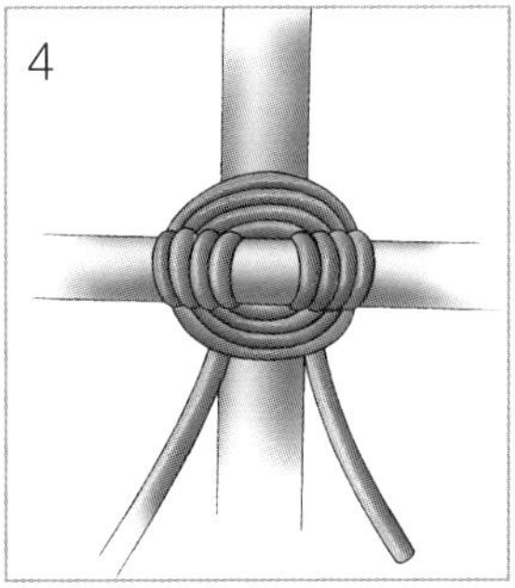

# Diagonales Lasching, Kreuzzurring

Wie der Name bereits sagt, sichert dieses Lasching sich diagonal kreuzende Rundhölzer oder Spieren. Diese würden normalerweise auseinander driften, aber dieser Knoten hält sie sicher an Ort und Stelle. Ziehen Sie ihn jedes Mal fest und achten Sie darauf, dass er tatsächlich hält, bevor Sie das verknotete Objekt benutzen.

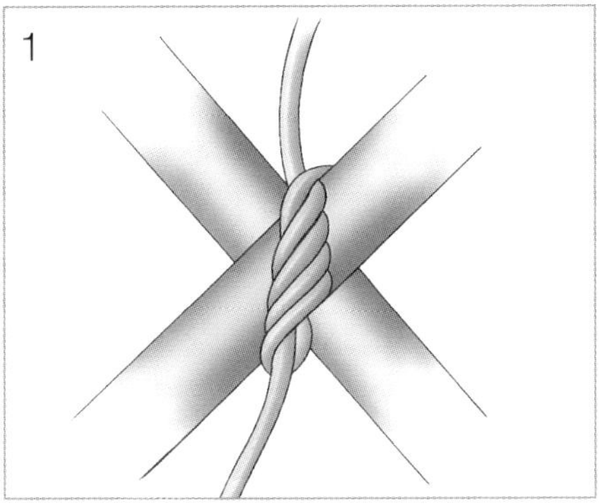


1 Wenn Sie diesen Knoten beginnen, sind die Hölzer meist schon an Ort und Stelle, da man eine Konstruktion im Allgemeinen nicht mit einer Diagonalen beginnt. Legen Sie um beide Hölzer einen Zimmermannsschlag (s. S. 67) und ziehen Sie ihn fest.

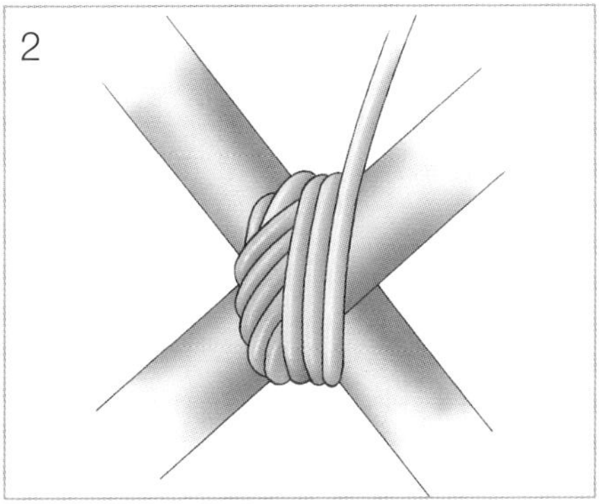


2 Legen Sie drei oder vier Törns in senkrechter Richtung um beide Hölzer und ziehen Sie sie jedes Mal fest.

3 Nun legen Sie Horizontaltörns: Drei bis vier sollten genügen. Wieder festziehen. Als Nächstes kommen die Zurrtörns, also drei oder vier Törns über alle vorigen Törns hinweg, die zwischen die Hölzer gelegt werden. Schließen Sie den Knoten wie zuvor mit einem Mastwurf aus zwei Halben Schlägen ab.

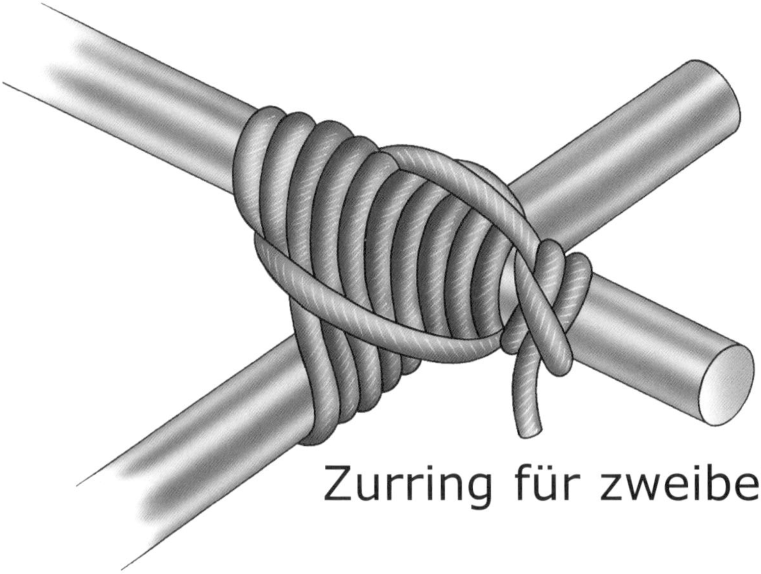

# Zurring für zweibeinigen Bock

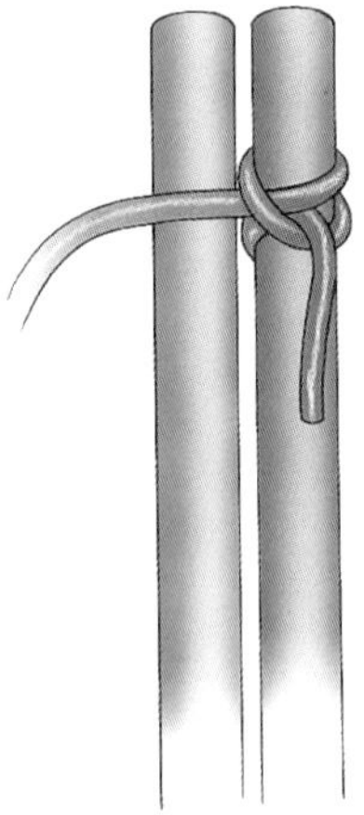


Dieser Knoten heißt im Englischen »Shear Lashing«, was auf die Ladekräne (Englisch »shear-legs«) verweist, die in der ganzen Welt schwere Lasten heben.

1 Legen Sie zwei Rundhölzer nebeneinander und lassen Sie dazwischen einen kleinen Spalt. Die Enden sollten auf einem Ziegel oder Stein liegen, das macht das Legen der Törns einfacher. Beginnen Sie mit einem Mastwurf um die Rundhölzer.

2 Legen Sie mehrere, vielleicht zehn bis zwölf Törns um beide Hölzer, aber anders als bei den übrigen Laschings ziehen Sie sie nicht fest.

3 Legen Sie den letzten Törn, dann folgen zwei oder drei Zurrtörns; auch diese werden zwar fest, aber nicht zu straff gelegt. Die Füße der Schere werden dann auseinander gezogen, wodurch sich das Lasching festzieht. Im Allgemeinen wird mit Zurrings ein leichtes Rundholz quer über die Beinbasis gebunden, damit sie sich weder zu weit öffnet noch schließt.

4 Dieses Zurring kann auch verwendet werden, um ein Holz durch ein anderes zu verlängern. Es gibt verschiedene Standpunkte dazu, wie das Lasching oder Zurring zu erfolgen hat. Die einen legen die Hölzer sehr nahe zusammen und arbeiten ohne Zurrtörns. Jeder Törn wird so fest wie möglich gezogen und begonnen und geendet wird mit einem Mastwurf. Die anderen ziehen ebenfalls die Törns fest, sehen aber Zurrtörns vor, die ebenfalls festgezogen werden. In beiden Fällen sind zwei Laschings mit geringem Abstand notwendig.

2

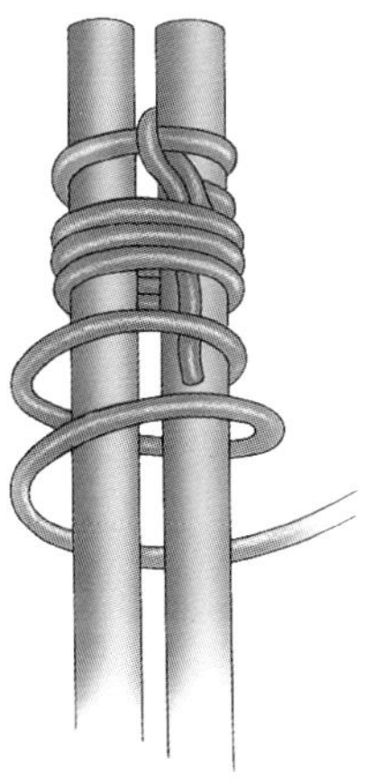

3

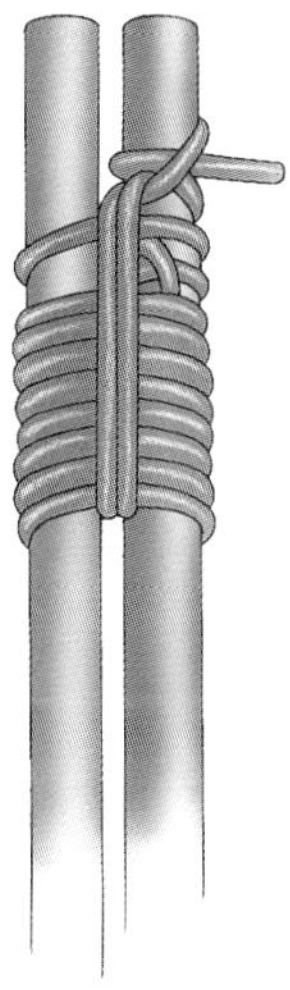

4

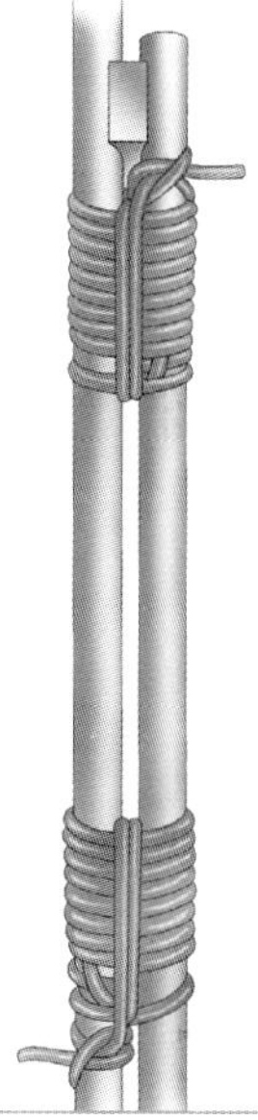

# Kletterknoten

Die nachfolgenden Knoten können nicht nur fürs traditionelle Klettern, sondern auch fürs Abseilen und für industrielle Zugriffstechniken genutzt werden. Die meisten Menschen benutzen mechanische Hilfsmittel, um sich das Leben zu erleichtern, aber selbst technisch höchst entwickelte Ausrüstungen greifen immer noch auf Seile und Knoten zurück.

Bei den Knoten dieses Kapitels ist, mehr als bei allen anderen, viel Übung und eine sorgfältige Einweisung in die Legart wesentlich, bevor Sie die Theorie in die Praxis umsetzen,da von ihrem richtigen Binden und Einsatz oft das Leben abhängt. Egal, wie meisterlich Sie sie beherrschen, achten Sie stets ganz genau darauf, was Sie tun. Die Knoten sollten sich tief in Ihr Gedächtnis eingegraben haben zusammen mit den Situationen, in denen sie am besten geeignet sind, so dass Sie nicht in die Bredouille geraten, wenn Sie in der Wand hängen.

Wie die anderen Knoten in diesem Buch haben auch diese viele andere Anwendungsbereiche, denen lediglich durch Ihre Fantasie Grenzen gesetzt sind. Ich habe schon einmal den Wasserknoten im silbernen Band eines Monokels gesehen und selbst schon viele Bilder mit dem Alpinen Schmetterlingsknoten aufgehängt.

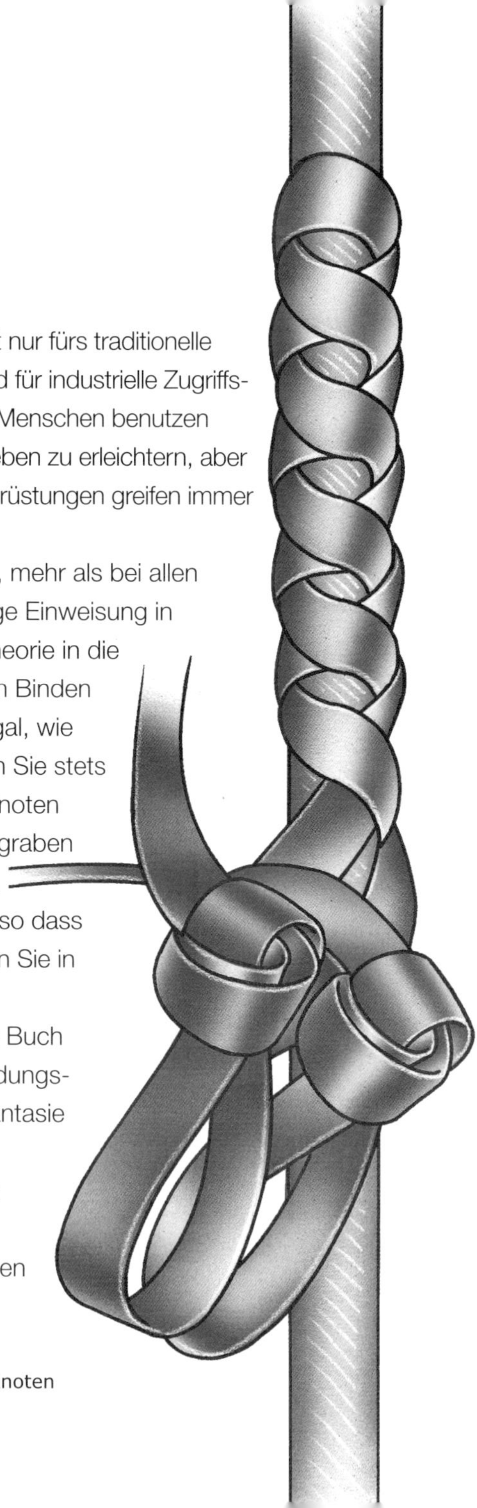

# Inhaltsverzeichnis der Kletterknoten

# Achterknoten mit zwei Augen

Beim Aufhängen eines Seils ist es vernünftig, mehr als einen Ankerpunkt zu wählen, weil Sie unter Umständen zwei Anker separat an einem Tau befestigen wollen. Mit diesem Knoten haben Sie für jeden Anker ein eigenes Auge. Er ist sehr sicher und kann trotzdem leicht gelöst werden, was ihn vor allem für das Klettern nützlich macht, auch wenn er unendlich viele Anwendungsmöglichkeiten hat.

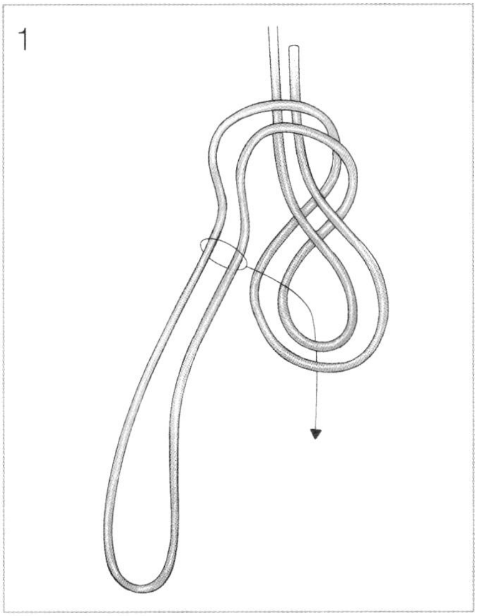


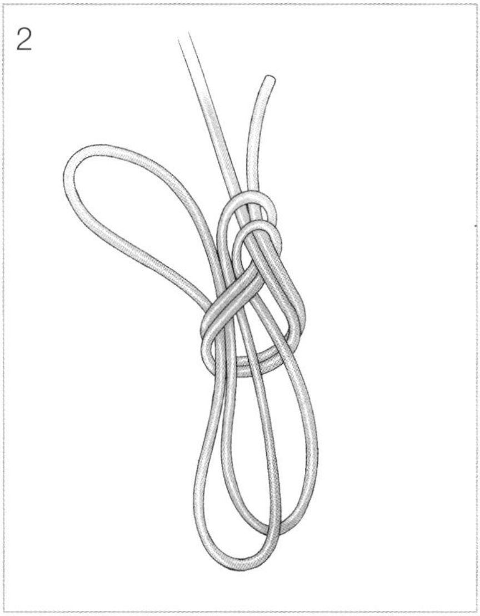


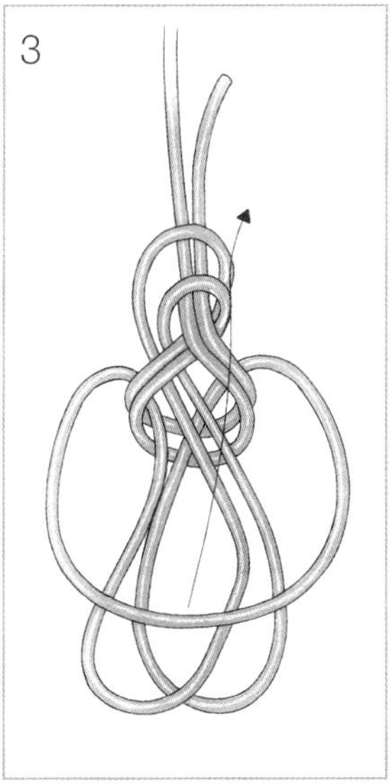


1 u. 2 Legen Sie eine nicht zu kurze Taulänge doppelt und beginnen Sie, mit der Bucht einen Achterknoten zu legen, aber statt das gesamte doppelte Tau durch das letzte Auge zu ziehen, ziehen Sie nur eine Bucht davon hindurch. Der Knoten sieht dann aus wie in Abbildung 2, wobei ein Auge aus dem Knoten oben herausschaut und zwei nach unten hängen.

3 Lassen Sie das obere Auge herunterfallen und ziehen Sie es um die hängenden Augen herum nach oben. Heben Sie die Bucht über den Knoten und ziehen Sie die hängenden Augen fest.

# Achterknoten mit drei Augen

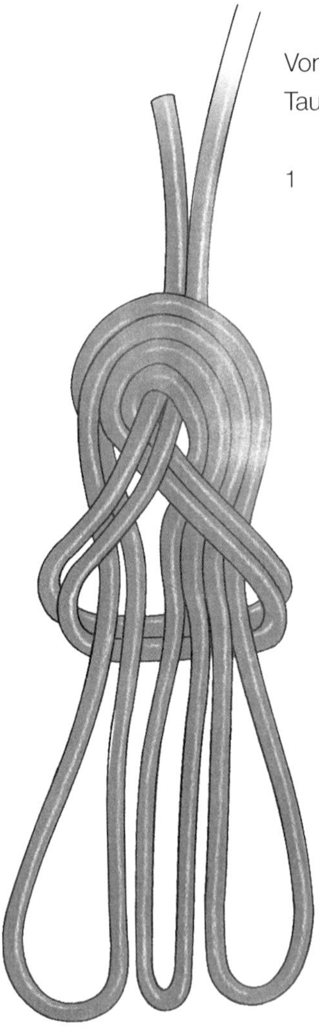

Von Zeit zu Zeit brauchen Sie auch drei Augen am Tauende. Sie binden diesen Knoten folgendermaßen:

1 Gehen Sie vor wie beim vorigen Knoten, aber halten Sie inne, wenn die zwei Buchten durch das Endauge gesteckt werden. Binden Sie mit dem einzelnen Auge einen konventionellen Achterknoten, indem Sie die Bucht vor die stehende Part bringen und hinter dem Knoten nach oben durch das Loch führen. Klopfen Sie den Knoten in die richtige Form und ziehen Sie ihn fest.

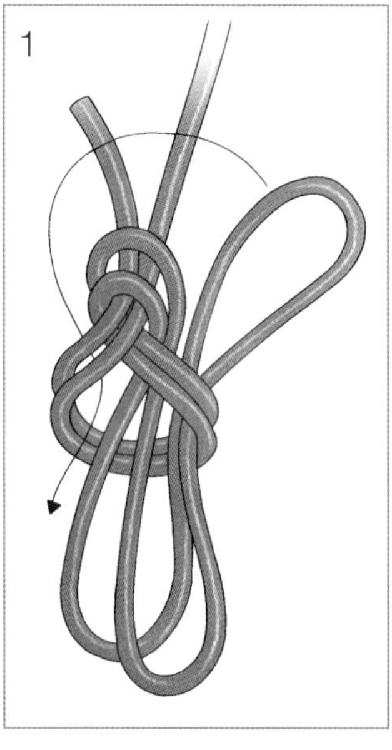

# Kreuzknoten mit Fischerknoten

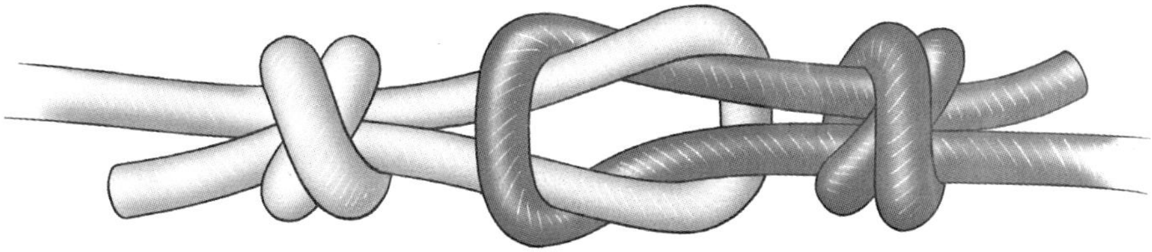

In einem anderen Zusammenhang sagte ich, dass Sie niemals zwei Tampen mit einem Kreuzknoten verbinden sollten, wenn Ihr Leben davon abhängt. Ich empfahl Ihnen stattdessen den Fischerknoten. Wenn dieser jedoch sehr stark belastet wird, kann es schwierig sein, die Windungen wieder zu lösen. Ist dies jedoch beabsichtigt, kann die nachfolgende Spielart von Nutzen sein.

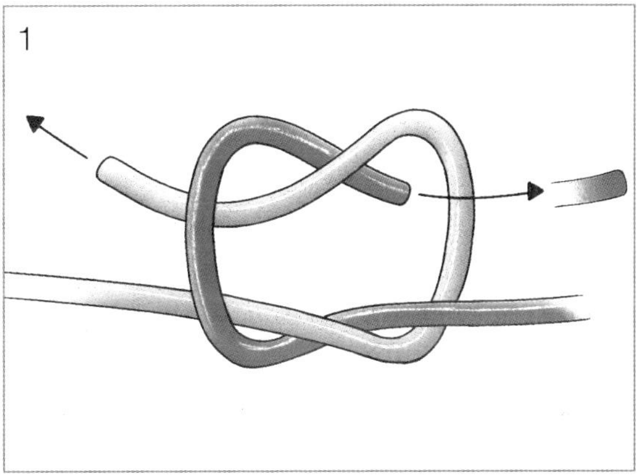


1 Binden Sie zunächst wie üblich einen Kreuzknoten. Dann wickeln Sie zu beiden Seiten den Tampen wie für den Fischerknoten. Wickeln Sie Richtung Seilbefestigung und benutzen Sie den Knoten wie üblich.

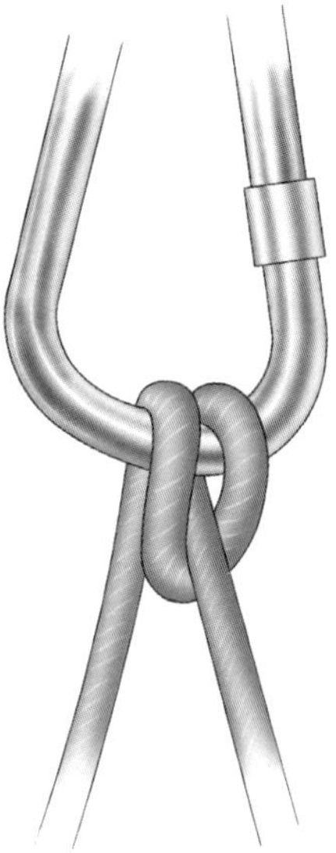

# Halbmastwurf

Dieser Sicherungsschlag wird zur Partnersicherung benutzt, also um einen Sturz aufzufangen. Unter Zug klemmt er fest. Er legt sich selbst um, so dass bei Bedarf Seil nachgeholt werden kann. Es muss immer ein Helfer vorhanden sein, denn wenn das Durchrutschen des Seils nicht kontrolliert werden kann, ist der Knoten nutzlos. Hier werden zwei Legarten gezeigt. Wählen Sie die, die Ihnen am besten gefällt.

## Erste Legart

1 Stecken Sie das Seil durch den Verschluss des Karabiners, der am Ankerpunkt befestigt werden soll.

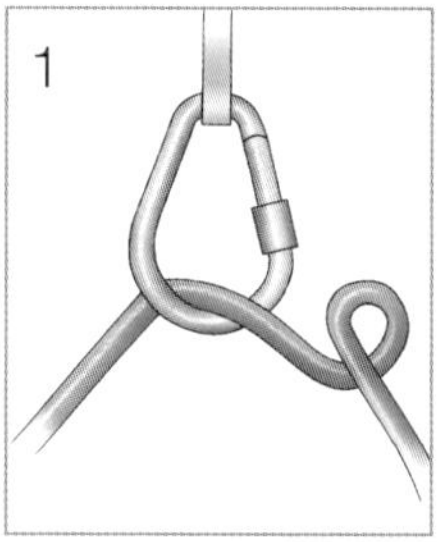


2 u. 3 Legen Sie einen Überhandknoten ins Seil und stecken Sie den Karabiner hindurch. Schließen Sie den Verschluss des Karabiners und schrauben Sie ihn zu.

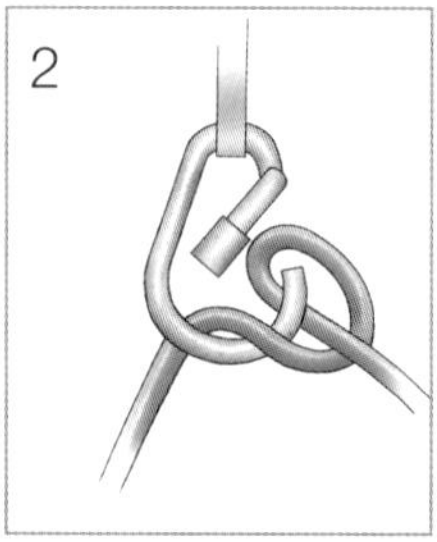


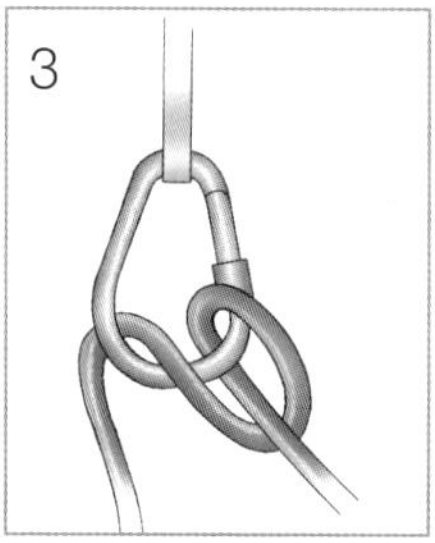

## Zweite Legart

1 u. 2 Legen Sie zwei Überhandknoten und drehen Sie das zweite Auge im Uhrzeigersinn. Stecken Sie den Karabiner durch die zwei Augen, so dass der Knoten entsteht.

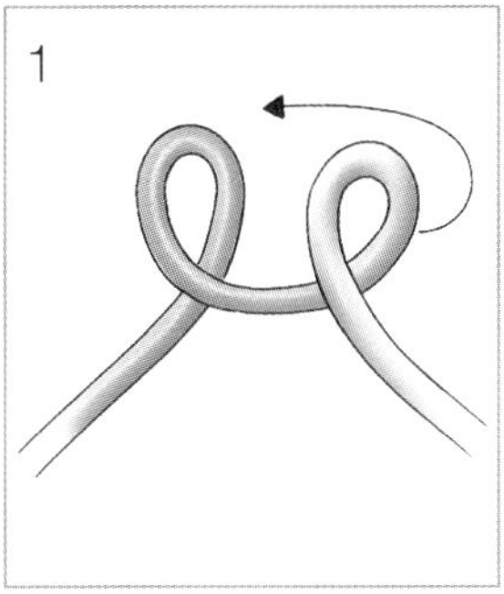


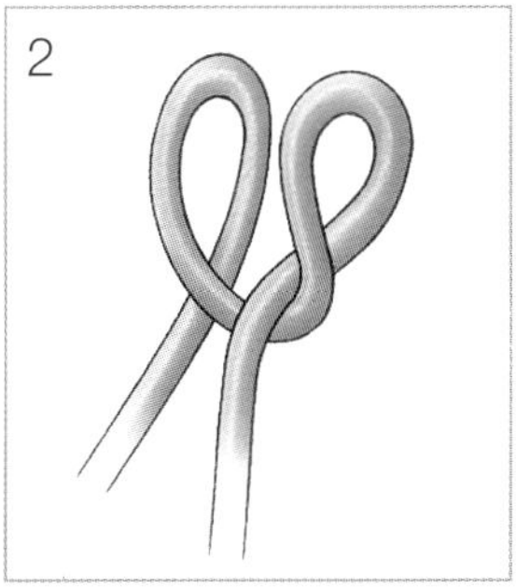


Manchmal bleibt der Halbmastwurf gespannt, etwa bei Rettungsaktionen. Die Endversion ist unten abgebildet.

1 u. 2 Legen Sie den Tampen lose um die belastete Part zu einem Auge. Legen Sie um das stehende Ende des Tampens eine Bucht und stecken Sie diese zu einem laufenden Daumenknoten durch. Drücken Sie Richtung Karabiner, um den Halbmastwurf zu verriegeln; ist die Bucht lang genug, legen Sie damit noch einen Halben Schlag.

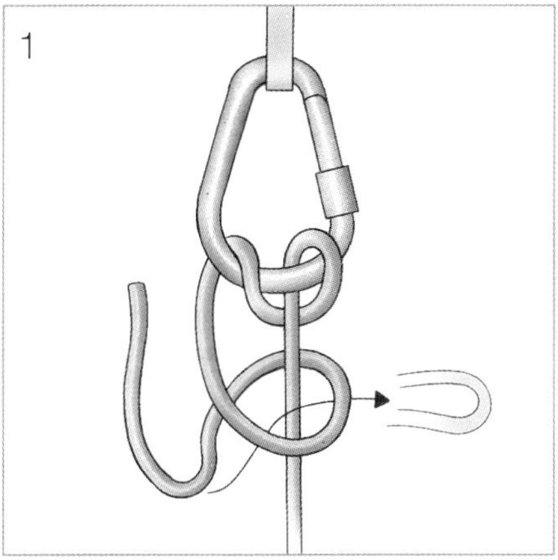


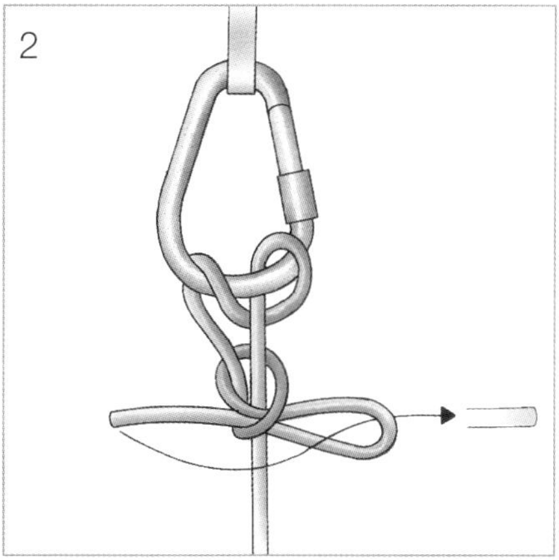

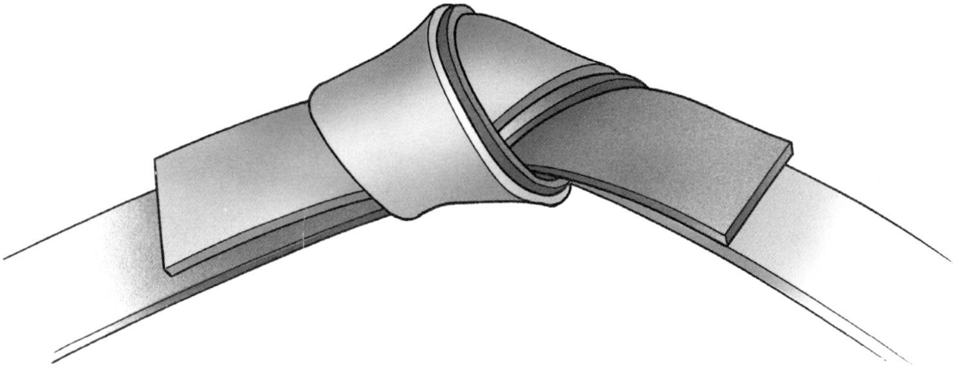

# Wasserknoten

Diesen Knoten nennt man auch Bandschlingenknoten, weil man mit ihm auch flach gewebte Bänder zu Schlingen binden kann, wie das Bergsteiger machen. Er ist sehr stark, vielseitig und flexibel und fürs Abseilen essenziell. Im Handel erhältliche genähte Schlingen sind ausgezeichnet, die geknüpften sind aber genauso effizient, dafür preiswerter, und Sie können sie genau in der Größe binden, die Sie benötigen.

Mit diesem Knoten kann man auch Bänder zusammenfügen oder Gurte reparieren.

1

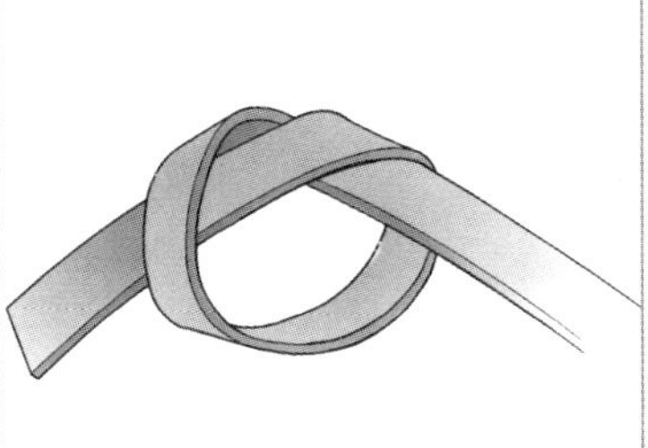

2

1 Achten Sie darauf, dass das flach gewebte Band für die Schlinge lang genug ist, so dass man den Knoten knüpfen kann und dennoch zwei lose Enden hängen bleiben. Legen Sie an einem Ende des Bands einen Daumenknoten, wobei Sie mindestens fünfzehn Zentimeter stehen lassen. Achten Sie darauf, dass das Band während des Knotens stets flach liegt.

2 Stecken Sie das Ende des anderen Bands von außen nach innen in den Knoten, so dass ein zweiter Daumenknoten entsteht, der direkt auf dem ersten zu liegen kommt, aber in entgegengesetzter Richtung verläuft. Achten Sie darauf, dass fünfzehn Zentimeter stehen bleiben. Schließen Sie den Knoten so, dass Sie die benötigte Schlingengröße haben, und ziehen Sie das Ganze fest.

Sichern Sie die Bandenden mit einem reißfesten Klebeband. Hierdurch werden die Enden fixiert, und sobald sich der Knoten gefährlich dehnt oder er rutscht, ist das sofort zu erkennen. Wenn ein langes Ende stehen bleibt, kann man dieses von der »linken« Seite zurückstecken, so dass ein Auge entsteht und ein Stück Band übersteht, das dann wieder mit einem Klebeband fixiert werden kann.

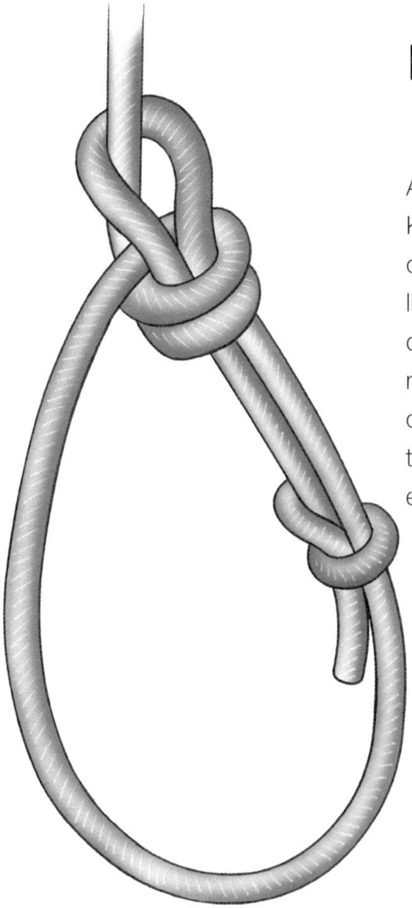

# Rundtörnpalstek

Auch als Doppelter Palstek bekannt, ist dieser Knoten sicherer als der einfache Palstek, so dass seine Vorteile beim Klettern auf der Hand liegen. Auf den ersten Blick kann man ihn mit dem Wasserpalstek verwechseln, aber bei näherer Betrachtung wird der Unterschied deutlich, auch wenn beide die gleiche Funktion haben. Verwenden Sie den, der für Sie einfacher ist.

1 Nach der ersten Drehung für den Palstek wird um das Arbeitsende ein zweiter Törn gelegt, der dann genauso geführt wird wie beim normalen Palstek.

1

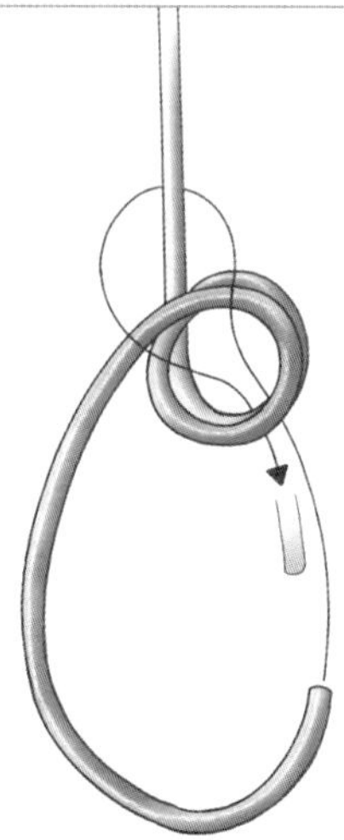

# Palstek mit Yosemite-Schlussknoten

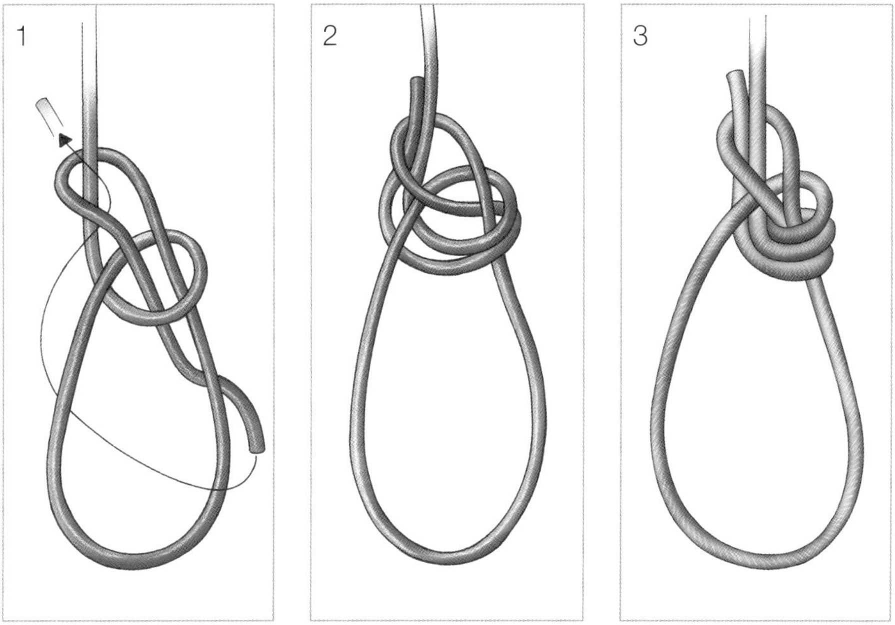


In der großen Abbildung auf S. 156 sieht man ein Seilende, das mit einem Daumenknoten gesichert ist, aber vielleicht eignet sich für Sie eher der Yosemite-Schlussknoten als Abschluss.

1, 2 u. 3 Hierfür führen Sie das Seilende außen um den Knoten, wieder zurück ins Auge und dann nach oben, so dass es parallel zur stehenden Part erscheint. Die ersten beiden Abbildungen zeigen dies an einem einfachen Palstek, während die dritte am Rundtörnpalstek exemplifiziert ist.

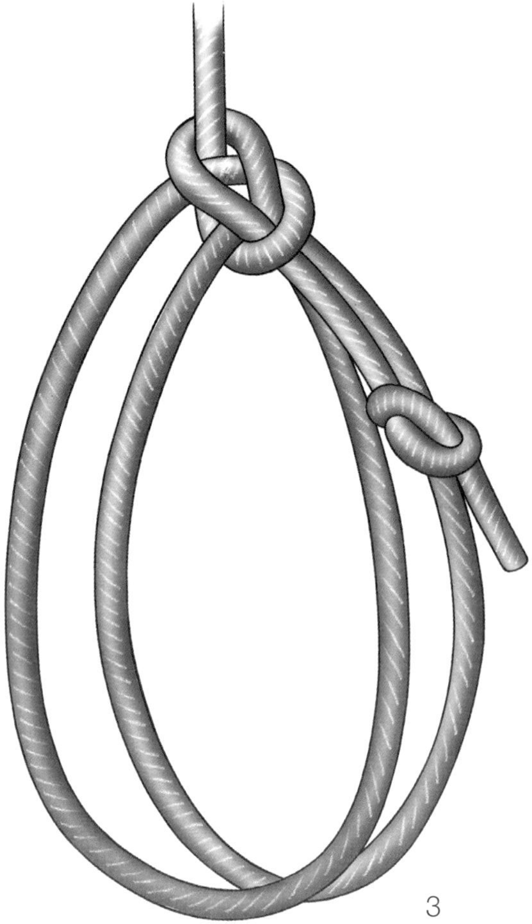

3

# Portugiesischer Palstek

Hier können die Augen nach dem Binden in ihrer Größe angepasst werden. Man kann den Knoten bei Rettungsaktionen verwenden: Der zu Bergende sitzt in einer Schlaufe, während die andere um den ganzen Körper gezogen wird. Allerdings ist das nicht bequem und daher eher für Bergungen geeignet, bei denen sich der Verletzte noch festhalten kann.

Der Knoten ist ein selbstausgleichender Anker und macht es möglich, wenn Sie beispielsweise einen Felsen hinunterklettern und den Ausgangspunkt verändern möchten, um ein unerwartetes Hindernis zu umgehen.

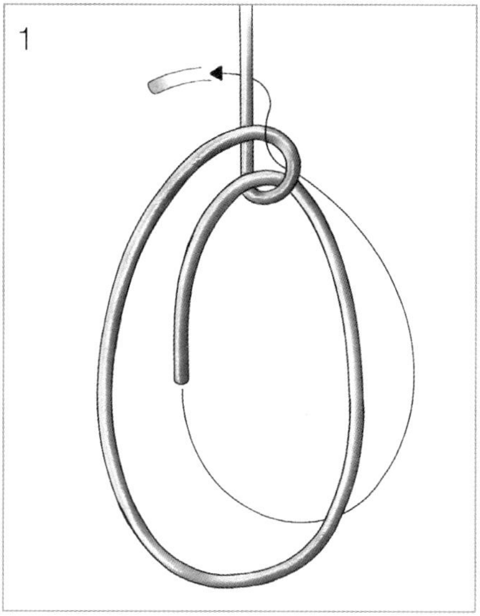


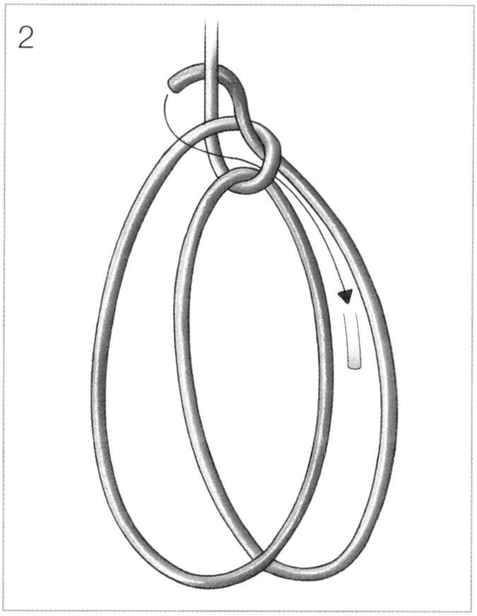


1 Vollziehen Sie mit der losen Part die gleiche Drehung wie beim normalen Palstek. Statt den Tampen hinter die stehende Part zu bewegen, bringen Sie die lose Part nach unten, so dass sich ein zweites Auge bildet.

2 Nun wird das Ende nach oben in das von der Drehung gebildete Auge geführt und wie bei einem normalen Palstek herumgeführt.

3 Die dritte und letzte Abbildung (links) zeigt das Abbinden des Seilendes mit einem Daumenknoten.

# Alpiner Schmetterlingsknoten

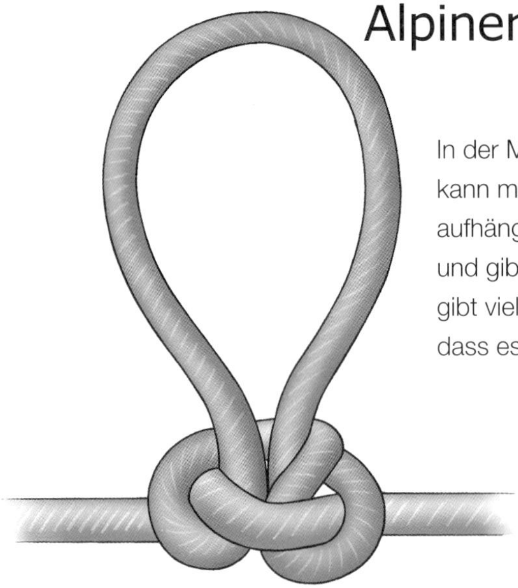

In der Mitte einer Leine oder eines Seils gebunden, kann man ihn an einem Haken oder einem Karabiner aufhängen. Er kann in jede Richtung belastet werden und gibt bei einem Förderseil einen guten Griff ab. Es gibt viele weitere Verwendungsmöglichkeiten, so dass es keine Zeitverschwendung ist, ihn zu erlernen.

1

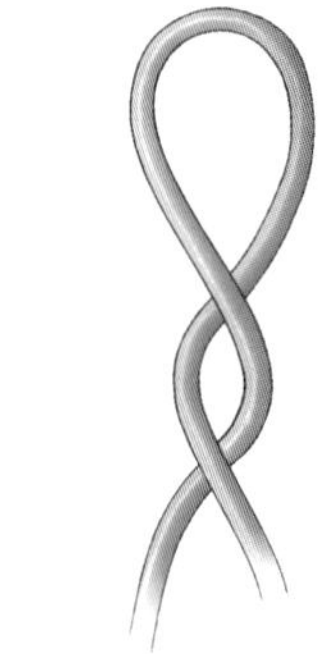

## Erste Legart

1 Legen Sie mit einem Seil eine Bucht. Drehen Sie die Hand zweimal im Uhrzeigersinn, so dass im Seil zwei Kreuztörns entstehen.

2

2 Halten Sie das Seil an der oberen Kreuzung, und zwar so, dass das Auge dahinter nach unten klappt. Ziehen Sie es vor der unteren Kreuzung nach oben durch den zwischen den Kreuzungen liegenden Spalt. Ziehen Sie zur Straffung an den drei Enden, wobei auch das Auge als Ende gilt.

## Zweite Legart

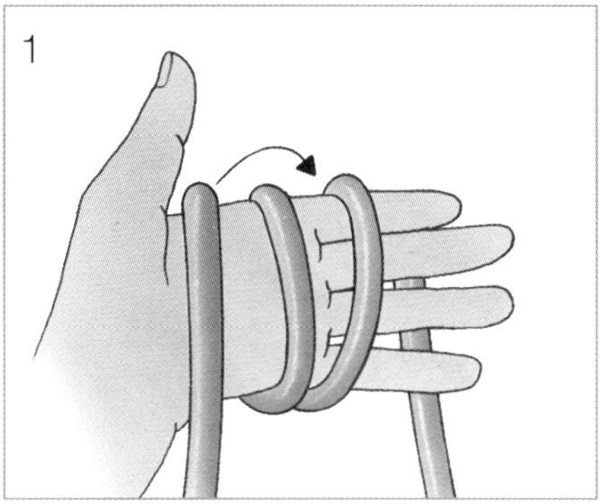

1 Legen Sie das Seil über die gespreizten Finger der linken Hand und umwickeln Sie diese zweimal. Heben Sie mit Ihrem Daumen den nächstliegenden Törn über die mittlere Wicklung, so dass er in die Mitte rutscht.

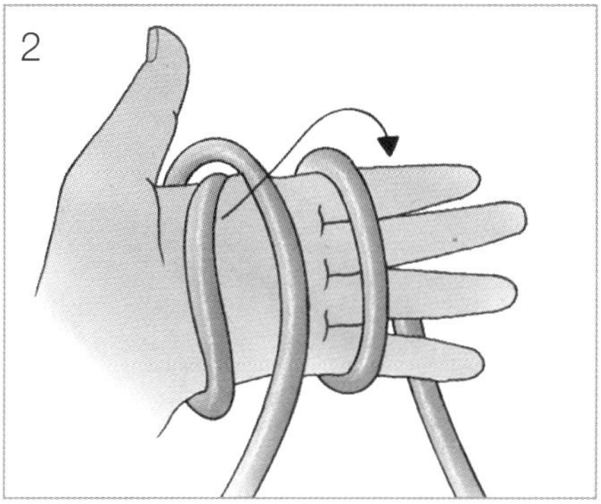

2 Heben Sie nun den auf der Daumenseite liegenden Törn über die zwei anderen Wicklungen. Er wird zum Auge, also können Sie so viel von der Leine dafür nehmen, wie Sie für das fertige Auge benötigen.

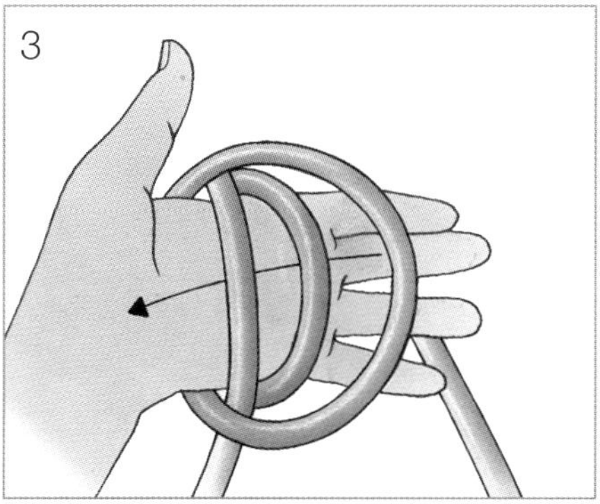

3 Stecken Sie das Auge unter den zwei über ihrer Hand befindlichen Wicklungen hindurch. Ziehen Sie die Hand heraus und zupfen Sie den Knoten in die richtige Form. Festziehen.

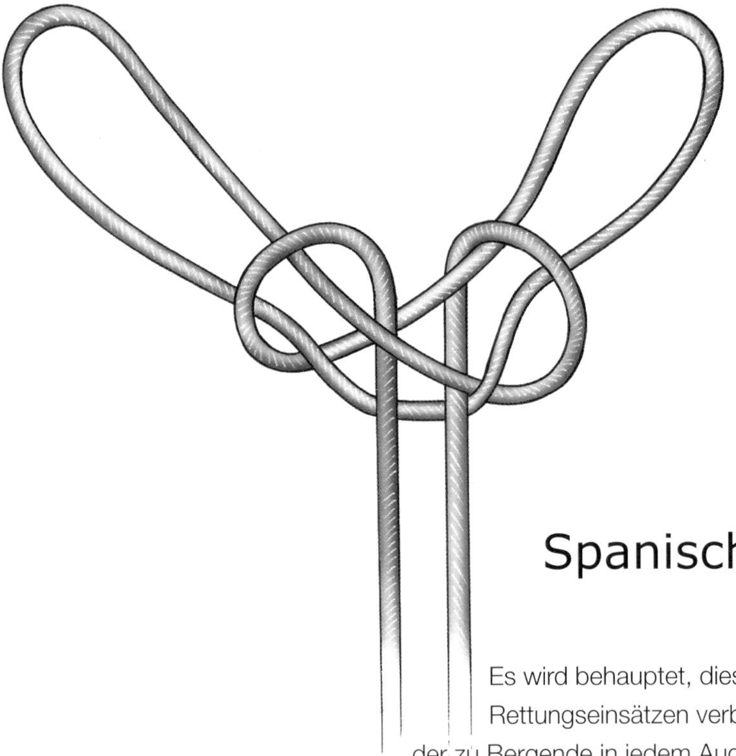

# Spanischer Palstek

Es wird behauptet, dieser Knoten sei einst bei Rettungseinsätzen verbreitet gewesen, wobei der zu Bergende in jedem Auge ein Bein gehabt habe und einen weiteren Schlag um die Brust. Allerdings wäre das nicht sehr bequem.

Eine nützlichere Anwendung heutzutage ist, zwei Hölzer oder eine Leiter durch Schlingen miteinander zu verbinden, um ein Gerüst zu bauen. Durch jede Schleife kann man einen Stab schieben und dessen Position durch die Bewegung der Augen anpassen. Natürlich bräuchte man, wenn die Leiter ganz aufgehängt werden soll, an jedem Ende einen Spanischen Palstek.

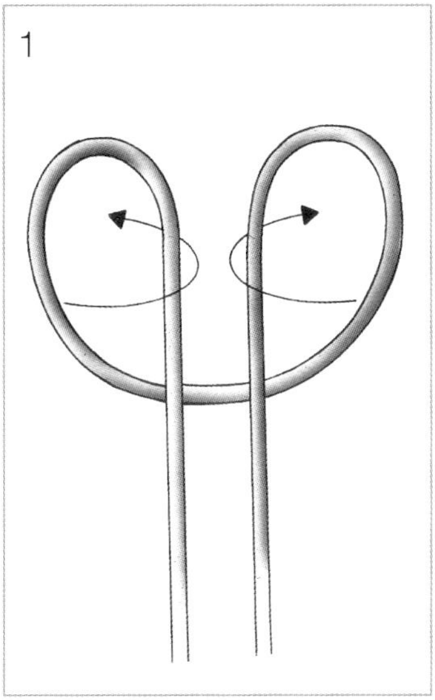


1 Legen Sie in der Taumitte eine große Bucht, die Sie hinten nach unten kippen lassen. Halten Sie die oberen Enden der so gebildeten Flügel und drehen Sie beide Richtung Mitte.

2 Stecken Sie das linke Auge durch das rechte.

3 Sollten sich die Taue kreuzen, lassen Sie sie hängen. So nehmen sie die richtige Position wieder ein. Führen Sie die Seiten des großen Auges nach oben durch die oberen Augen. In Form bringen und festziehen.

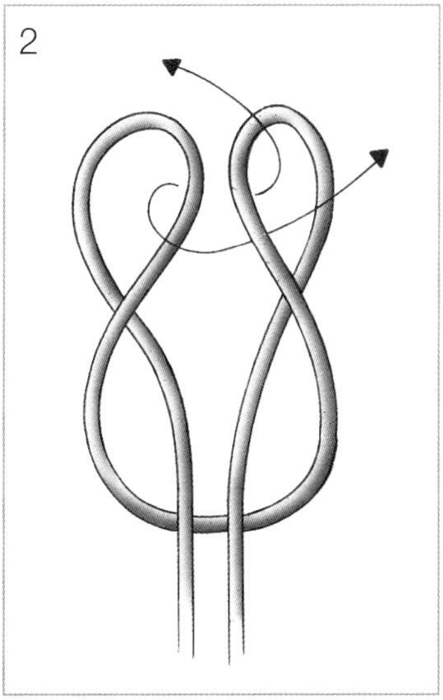


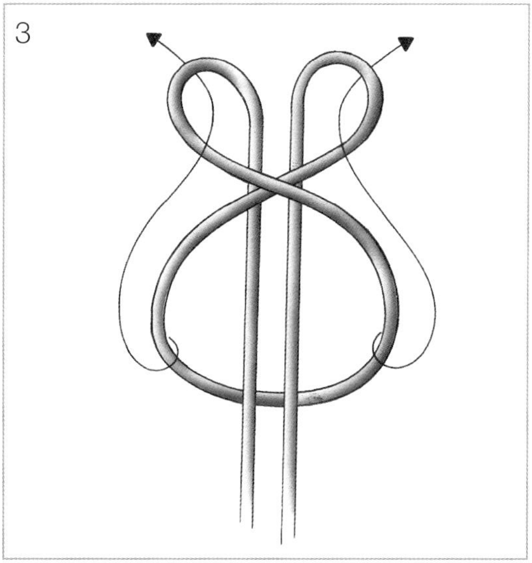

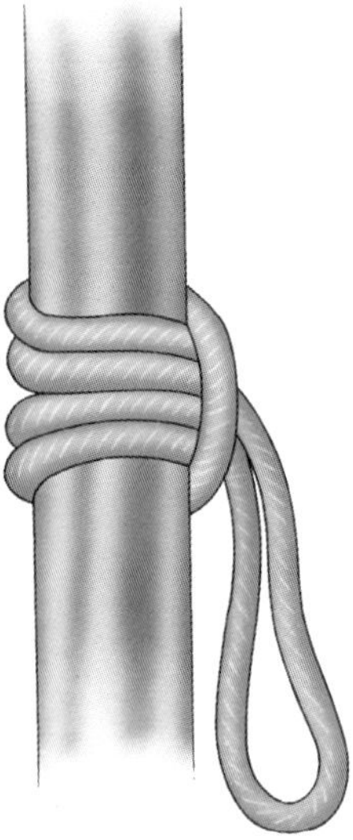

# Prusikknoten (1)

Ursprünglich war er für die Reparatur gerissener Geigensaiten gedacht; inzwischen wird er als laufender und bei Bedarf blockierender Knoten für das Hochziehen und Abseilen ohne mechanische Hilfsmittel eingesetzt. James Bond band ihn mit seinen Schnürsenkeln, um sich in einem Film an einem Seil entlangzuhangeln. Er muss aus einer Leine gebunden werden, die wesentlich dünner ist als das Seil, um das er geknüpft wird, aber kräftig genug, um die Sicherheit des Bergsteigers zu gewährleisten. Im Allgemeinen wird mit dem Auge eine Zusatzleine gebunden. In den Abbildungen sieht man eine Endlosschleife.

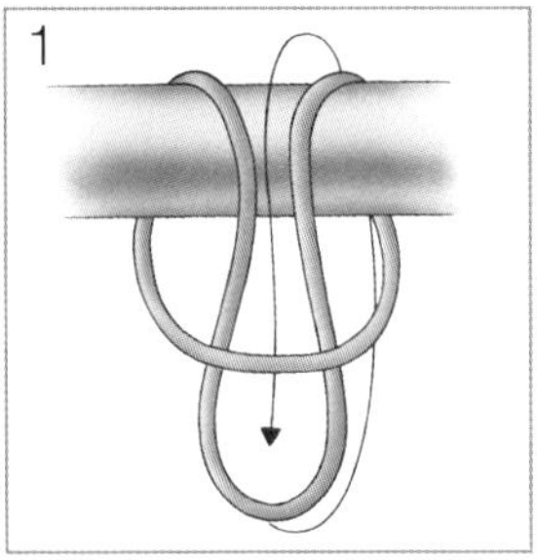


1 u. 2 Legen Sie die Schleife über das Hauptseil. Stecken Sie das vordere Auge durch das hintere und führen Sie Ersteres hinter das Seil und wieder darüber. Führen Sie es wieder nach unten in das hintere Auge und über das Hauptseil.

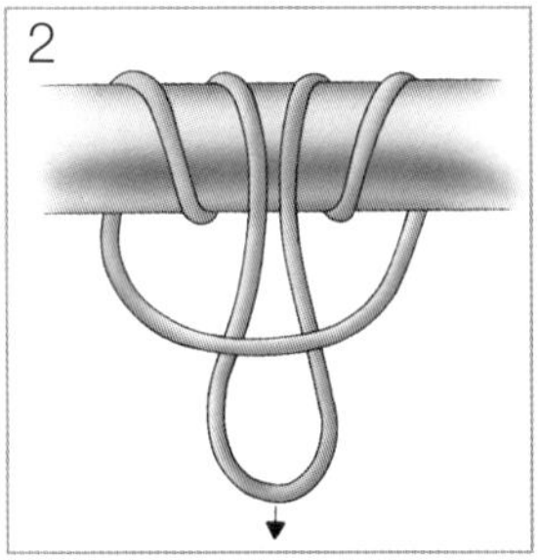


Bei einigem Tauwerk ist das wohl ausreichend, aber meist sind mindestens drei Durchgänge nötig. Unbelastet gleitet der Knoten ohne Schwierigkeiten das Seil entlang, aber unter Last blockiert er an Ort und Stelle. Man kann die o.g. Bewegungen mit einer Hand ausführen, wichtig ist es aber, mit Sorgfalt zu arbeiten.

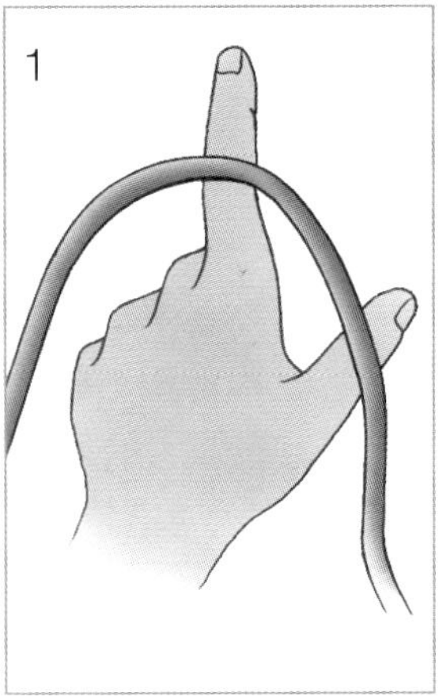


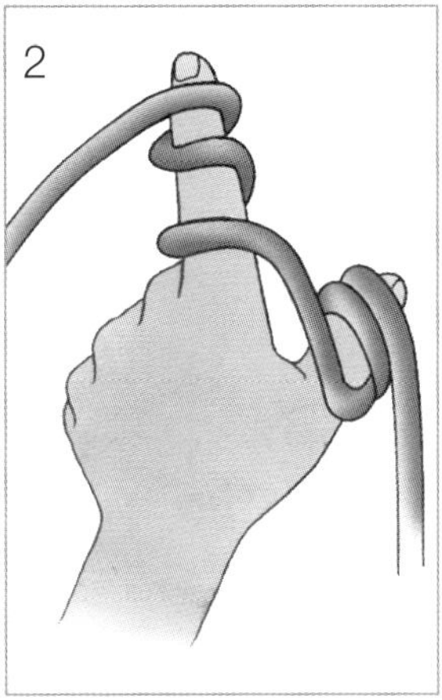


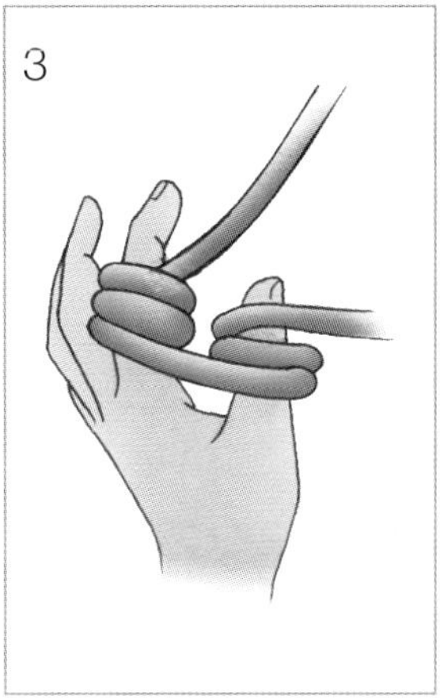


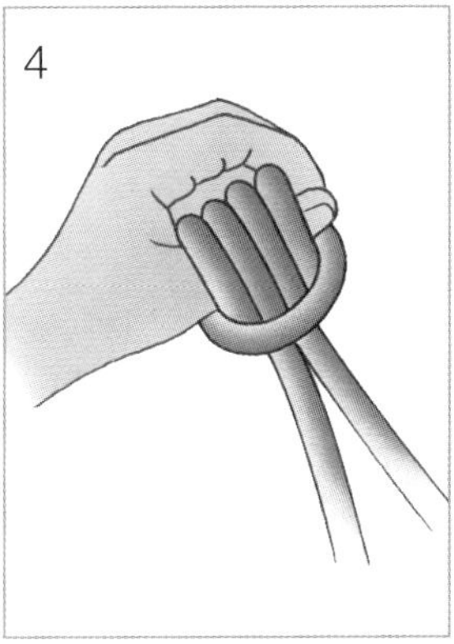


# Prusikknoten (2)

1 Legen Sie die Leine über Daumen und Zeigefinger.

2 Legen Sie drei Törns um den Zeigefinger und ebenso viele um den Daumen.

3 u. 4 Legen Sie Daumen und Zeigefinger zusammen und schieben Sie alle Wicklungen auf den Daumen.

Der Knoten ist nun fertig und kann vor der Verwendung an das Ende des Hauptseils in die richtige Position geschoben werden.

# Prusik-Handschellen

Dieser Knoten, der mit den beiden vorherigen eng verwandt ist, kann mit einem dünnen, kräftigen Stück Schnur gebunden werden und man kann sogar mit einem Schnürsenkel auf diese Weise Handschellen improvisieren. Es darf sich hierbei nur um eine vorübergehende Maßnahme handeln und sollten Sie bei irgendwelchen Spielen oder Übungen Gefangene machen, sollten diese ständig bewacht werden.

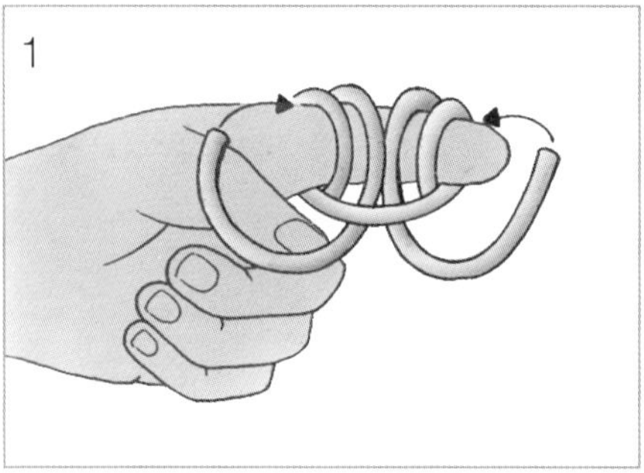


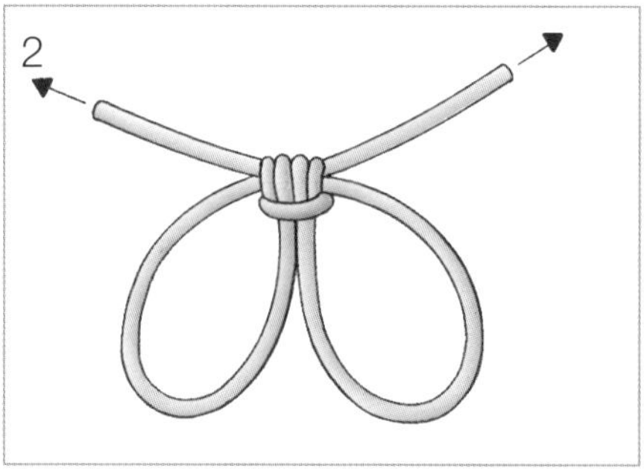


1 Binden Sie den Knoten auf den Fingern nach der gleichen Legart wie beim ersten Prusikknoten, aber statt des Auges stehen die beiden Enden der Schnur vorne.

2 Die Enden der Schnürsenkel werden von entgegengesetzten Seiten den Finger entlang unter sämtliche Windungen gelegt. Straffen Sie die Windungen vor ihrer Verwendung, also bevor die Enden so verknotet werden, dass der Gefangene gefesselt ist.

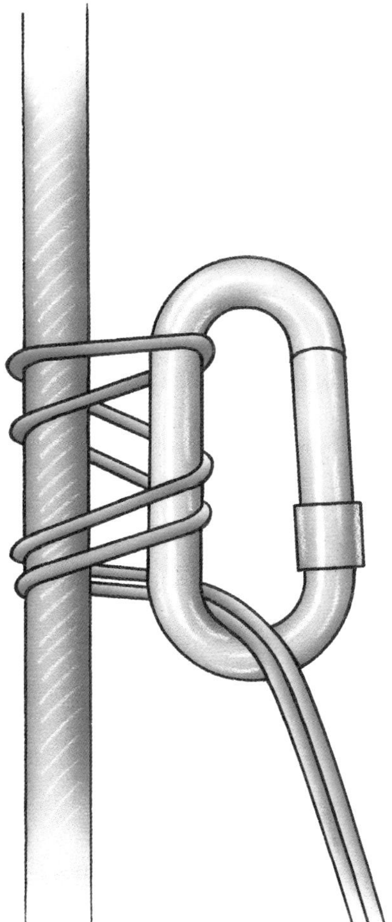

# Bachmann-Knoten

Manchmal ist der Prusikknoten steif und zu hart, um noch richtig am Seil entlangzugleiten. Um dieses Problem zu lösen, wurden einige andere Knoten entwickelt, und oft enthalten sie das Wort Prusik als generischen Ausdruck für unter Last blockierende Laufknoten.

Die erste Variante bestand darin, den Prusikknoten um einen Karabiner zu binden, der beim Gleiten als Griff diente und beim Kontakt mit dem Hauptseil eine glattere Oberfläche lieferte.

Wie in der Abbildung zu sehen ist, wird der Bachmann-Knoten gebunden, indem der Prusikknoten durch einen Karabiner gezogen wird. Dann wird er um das Seil und mehrmals durch den Karabiner gezogen und wieder um das Seil, bevor es diesen am Schluss verlässt.

# Kreuzklem-, Heddon-Knoten

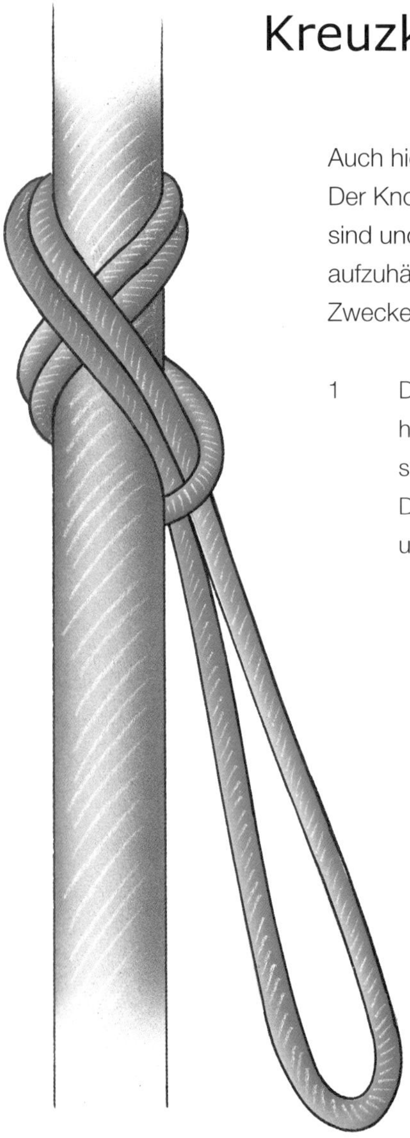

Auch hier wird ein Auge an einem anderen Seil befestigt. Der Knoten ist einfach und passend, wenn Sie in Eile sind und eine Schlaufe brauchen, um etwas daran aufzuhängen. Natürlich kann er auch vielen anderen Zwecken angepasst werden.

1 Das Auge wird einmal um das Hauptseil nach oben herumgelegt und das Ende zurück hinuntergezogen, so dass es den nach oben gehenden Törn festhält. Das obere Ende wird dann durch die Bucht am unteren Ende gesteckt und der Knoten festgezogen.

1

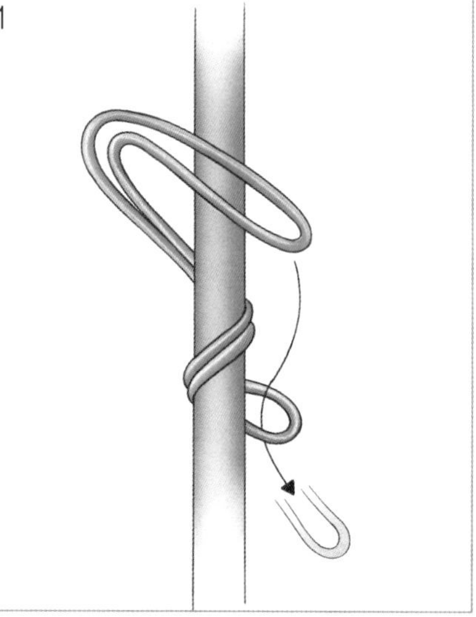

# Klemheist-Knoten

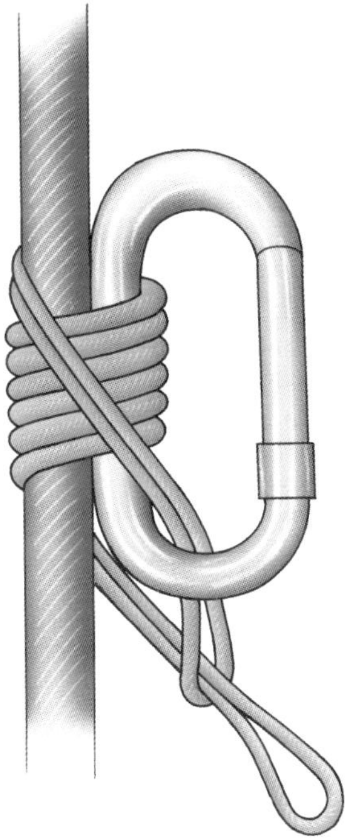

Eine weitere Variante desselben Themas ist der Klemheist-Knoten. Dieser funktioniert auch ohne Karabiner.

1 Wickeln Sie das Prusikauge mehrmals in einer nach unten gerichteten Spirale um das Seil. Achten Sie darauf, dass die Törns flach liegen und sich nicht kreuzen.

2 Führen Sie das untere Ende nach oben und durch die am oberen Ende befindliche Bucht. Ziehen Sie es über den Windungen straff. Auch hier kann ein Karabiner mit einbezogen werden.

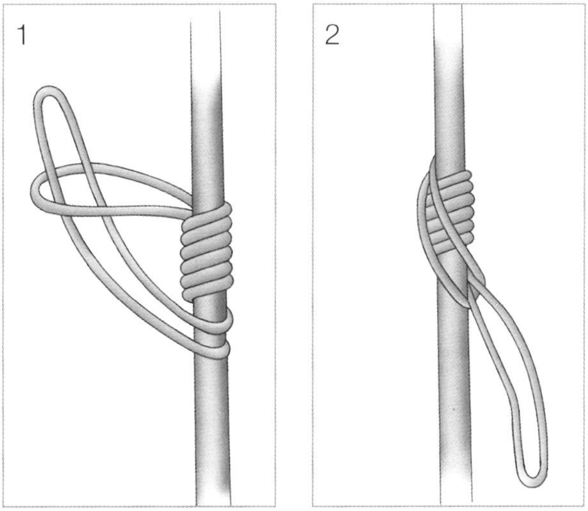

# Mariner-Knoten

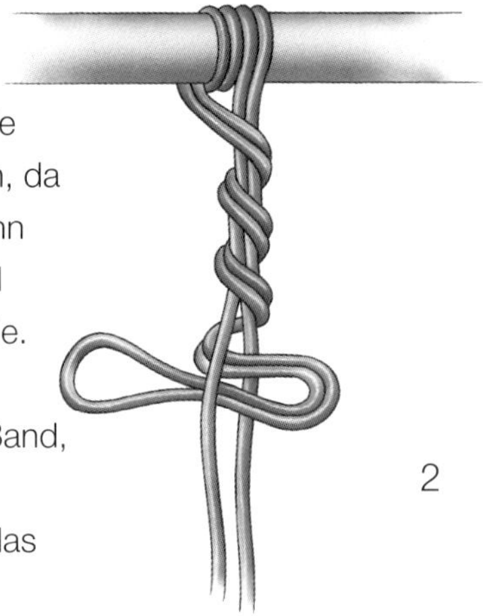
2

Sein Name ist ein Rätsel – von Seglern wird er nie verwendet. Er ist besonders als Schlinge nützlich, da er leicht unter Last gelöst werden kann, also wenn zum Beispiel ein abgestürzter Bergsteiger im Seil hängt. Dennoch erlaubt er stets die volle Kontrolle.

Am besten bindet man ihn mit einem flach gewebten, bis zu eineinhalb Zentimeter breiten Band, man kann aber auch, wie hier gezeigt, ein Seil verwenden. Das abgebildete Holz könnte auch das untere Ende eines verankerten Karabiners sein.

1 Das untere Ende der Schlinge wird an der gestürzten Person befestigt und das Auge wird zweimal um den Karabiner oder, wie hier, um die Stange geschlungen.

2 Dann wird das offene Ende der Schlinge vier- bis fünfmal um die stehende Part der Schlinge gelegt. Eine Bucht wird zwischen den zwei Tampen der stehenden Part hindurchgeführt und durch die Spannung und die Reibung wird alles an Ort und Stelle gehalten.

1

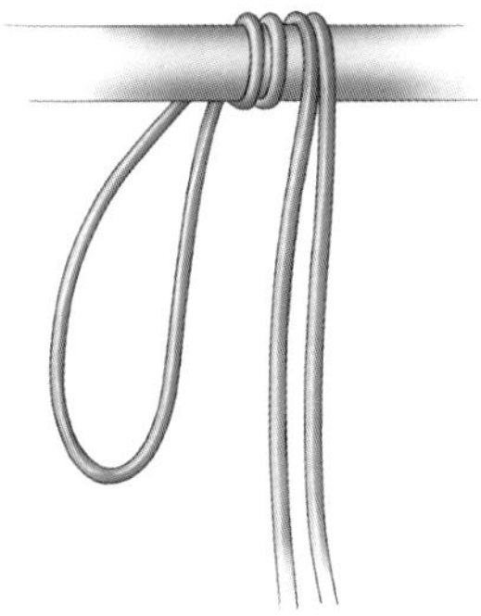

Zum Öffnen ziehen Sie das Ende zwischen den Tampen heraus und lösen die Törns nach Wunsch nach und nach. Sollte das Seil rutschen, legen Sie die Törns neu.

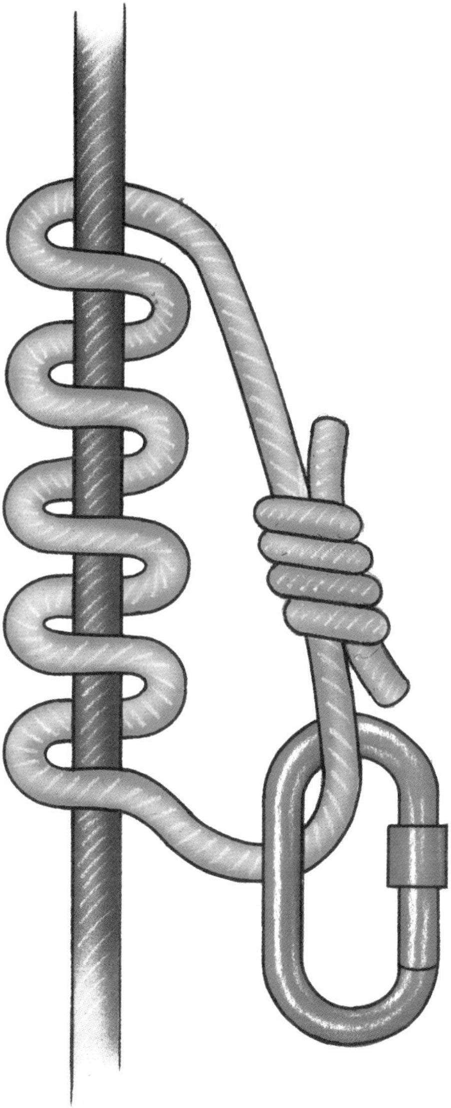

# Französischer Prusik

Diese Variation des Prusikknotens ist sehr einfach und bedarf keiner schrittweisen Anleitung. Er wird gebunden, indem eine Leine mehrere Male um ein Tau gewunden wird. Die genaue Anzahl der Törns hängt von den verwendeten Materialien ab. Finden Sie die optimale Lösung am besten vorher heraus, wenn Sie den Knoten nutzen wollen. Binden Sie die Enden des Seils mit einem doppelten Fischerstek (s. S. 48) zusammen. Sobald der Karabiner eingehängt ist, können Sie loslegen.

# Gestreckter französischer Prusik

Dieser Prusik wird mit einem flach gewebten Band geknüpft. Die zwei linken Augen sorgen für mehr Sicherheit – wenn eines versagt, sollte zumindest das zweite lang genug halten.

4

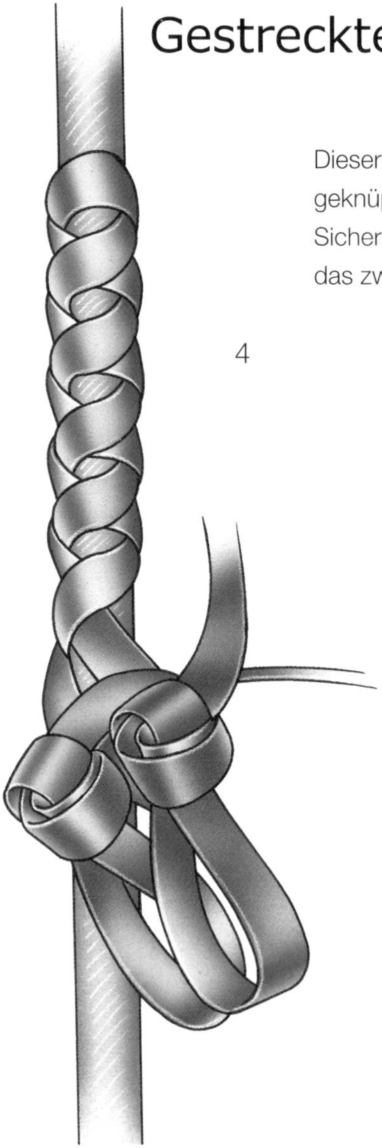

1

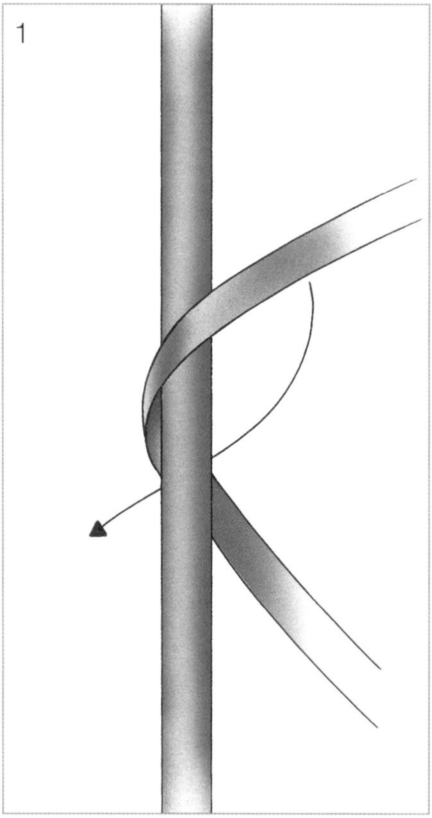

1 Das Band wird zentriert über das Hauptseil gelegt.

2, 3 u. 4 Die Seiten werden gleichzeitig in entgegengesetzte Richtungen nach unten gewickelt, wobei das Band flach und glatt liegen sollte und die Wicklungen so nah wie möglich beieinander liegen sollten. An jedes Bandende kommt ein Wasserknoten. Der Karabiner wird von den beiden Augen aufgenommen.

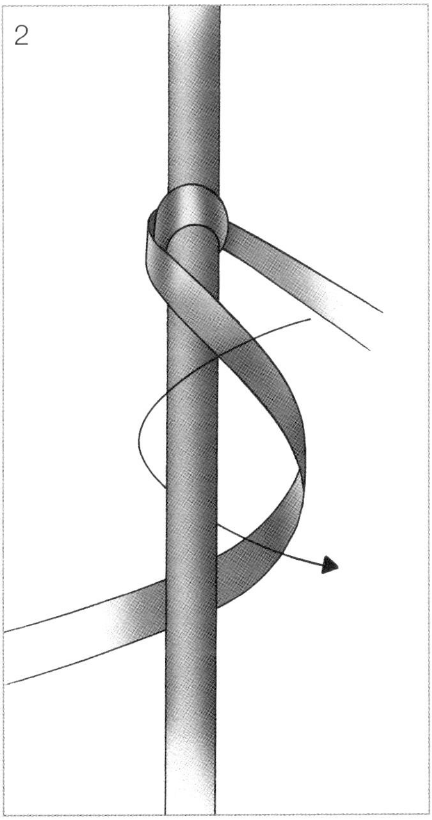


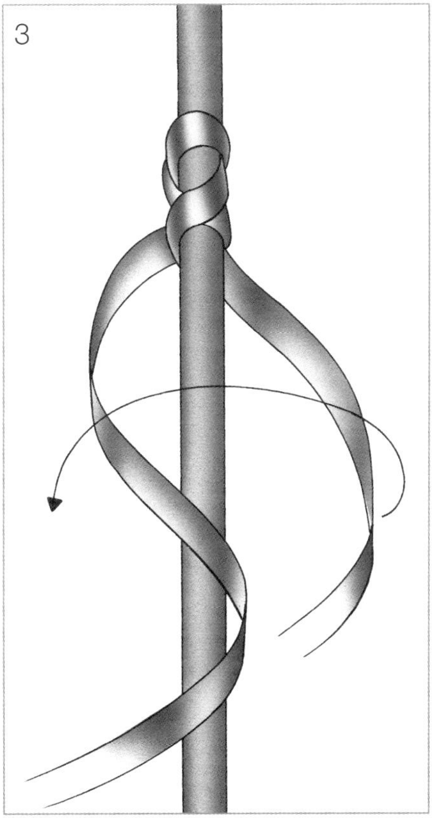

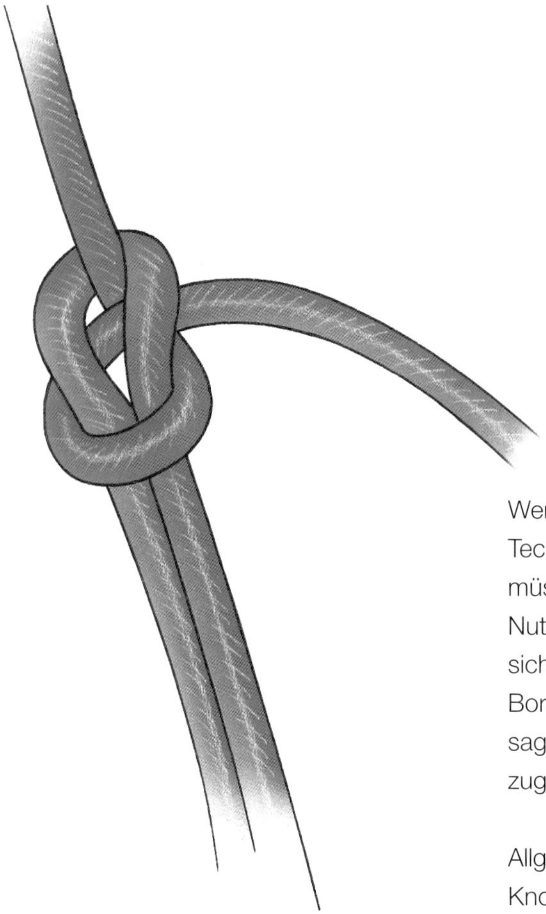

# Eskimo-Palstek

Wenn alles gut geht, werden Sie diese Technik nie in einer Notlage verwenden müssen, dennoch kann dieser Knoten von Nutzen sein. Er wird verwendet, wenn Sie sich an einem Fels festhalten oder über Bord gegangen sind und Ihnen ein Passagier ein Seil ohne Schleife am Ende zugeworfen hat.

Die Hand, die das Seil hält, sorgt im Allgemeinen für etwas Spiel, damit Sie den Knoten mit der anderen binden können, was in der Not auch klappen muss.

Man kann ihn mit einer Bucht oder einem Tampen binden. Ich ziehe die Bucht aus Gründen, die ich noch erläutern werde, vor, aber solange es klappt, spielt die Wahl keine Rolle.

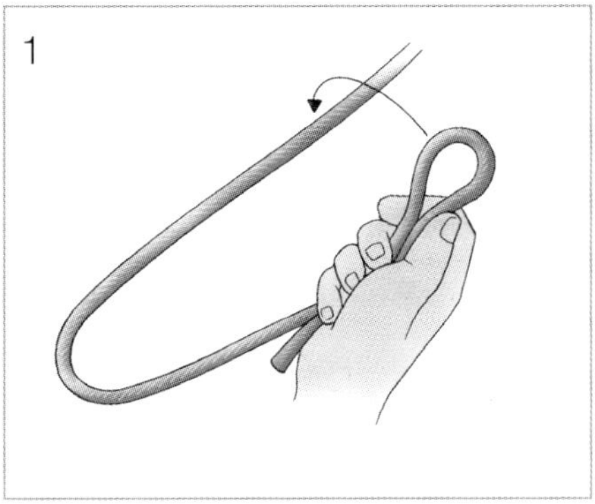


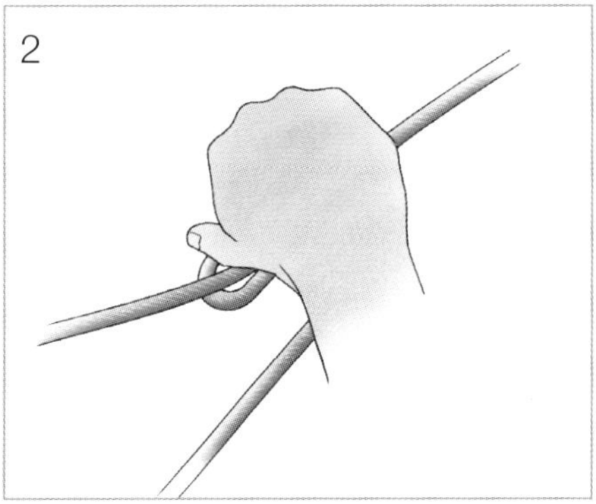


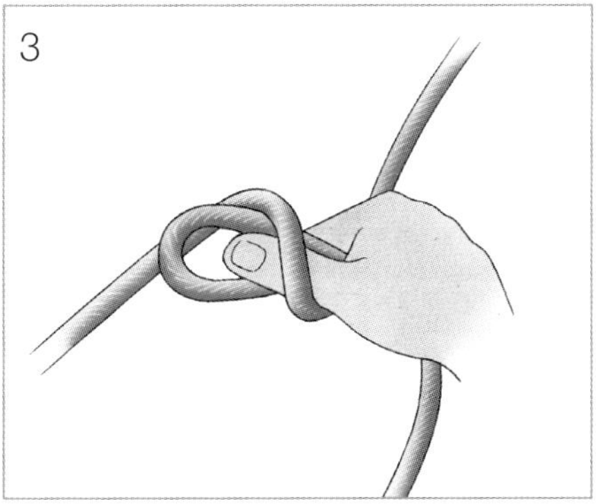


1 Greifen Sie mit der Hand, die nicht bindet (bei Rechtshändern ist das die linke), nach dem Seil in etwa einer Armlänge Abstand von Ihnen. Legen Sie das Seil unter den Armen um sich herum, so dass es auf der Seite der bindenden Hand auftaucht. Nehmen Sie eine kleine Bucht mit der geballten Faust der bindenden Hand, wobei eine kleine Part aus der Hand herausschaut.

2 u. 3 Legen Sie sie über das Seil, wobei der Handrücken oben ist, und drehen Sie die Hand erst nach unten Richtung Bauch und dann von sich weg.

4 Am Ende der Drehung sollte das Auge im Hauptseil über den Fingerknöcheln liegen. So kann am Seil gezogen werden, ohne dass das Handgelenk sich darin verheddert, wenn etwas falsch laufen sollte. Eine andere Illustration dieser Legart, die ich fand, zeigt, wie das Handgelenk völlig mit Seil umwickelt ist. Es muss betont werden, dass dies falsch ist: Wenn die andere Hand das Hauptseil losließe, wären Sie gefangen und würden bei entsprechendem Zug möglicherweise sogar die Hand verlieren.

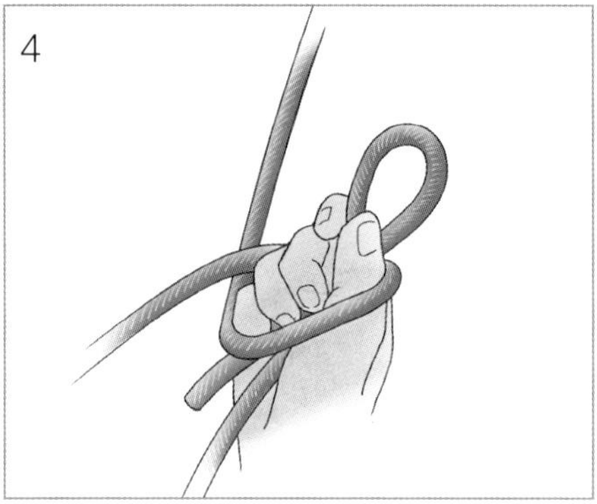


5 Strecken Sie den Zeigefinger hinter der Bucht aus und legen Sie damit die Bucht um das Hauptseil.

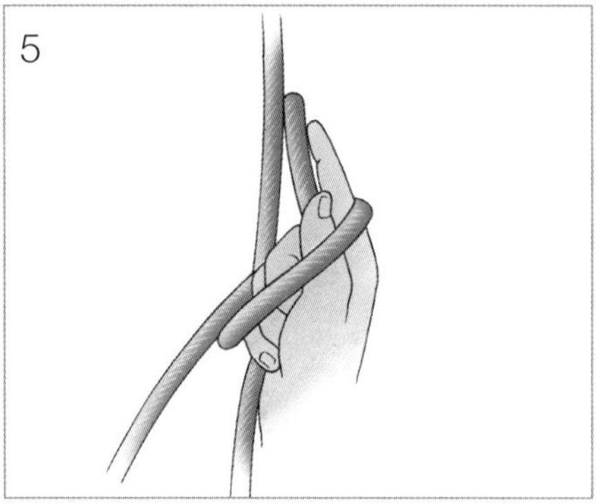


6 Halten Sie die Bucht mit dem Daumen fest und stecken Sie den Zeigefinger wieder zurück in die Bucht.

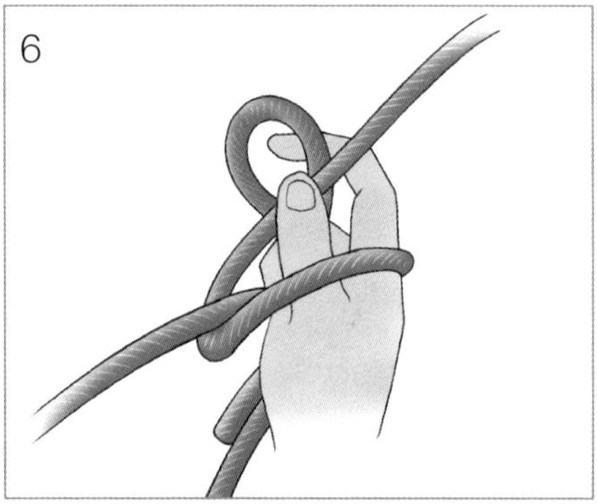

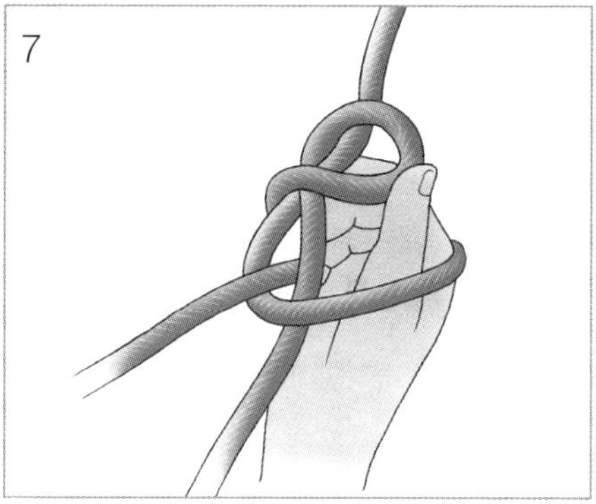


7 Sie können nun die Bucht sich öffnen lassen und lediglich den Tampen halten oder aber die Bucht festhalten.

8 u. 9 Ziehen Sie die Hand schnell aus dem Auge und ziehen Sie so viel Seil durch, wie Sie können. Straff halten.

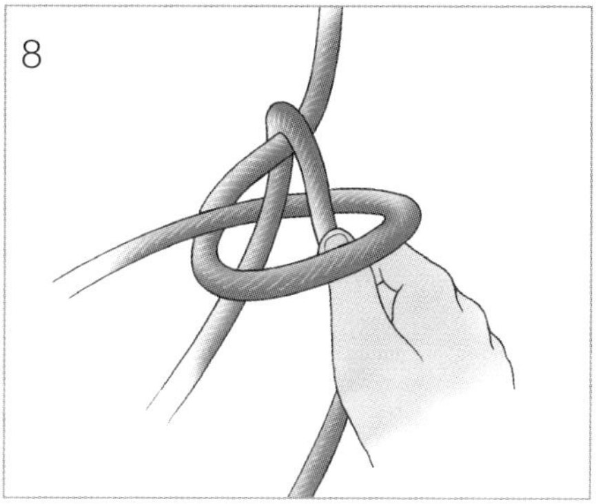


Wenn der Tampen lang genug ist, knüpfen Sie einen Überhandknoten, um den Palstek zu blockieren, andernfalls halten Sie den Tampen und den Knoten fest, damit er sich nicht während der restlichen Rettungsaktion löst. Wenn Sie eine Bucht verwendet haben, verfügen Sie über eine Extralänge Tampen für den Notfall.

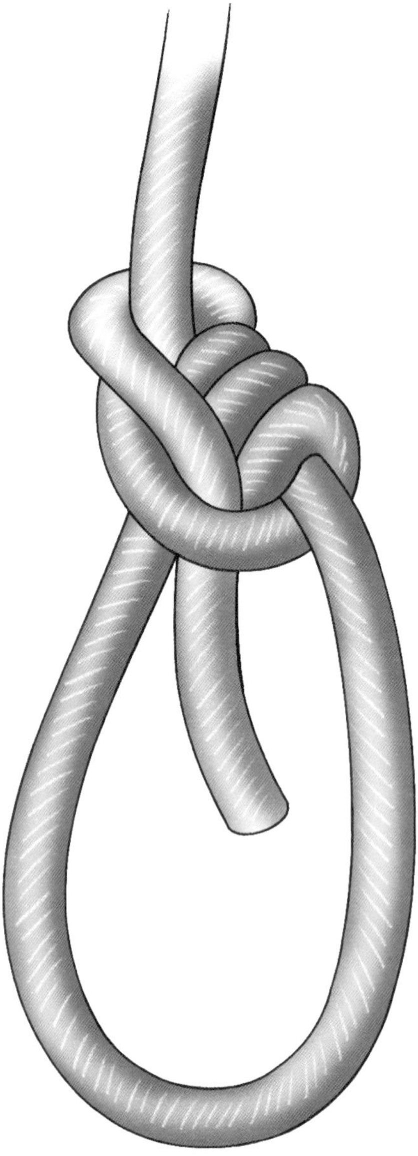

# Tarbuck-Knoten

Dieser Knoten war bereits bekannt, als man mit ihm für die ersten Nylon-Kletterseile warb. Für Kernmantel-Tauwerk ist er nicht geeignet, weil er den Mantel beschädigen könnte.

Als Schleifenknoten blockiert er unter Last, bleibt jedoch sonst beweglich. Abgesehen davon ist er für Bergsteiger noch immer sehr nützlich und auch für Halteleinen ein guter Knoten, um die Länge anzupassen.

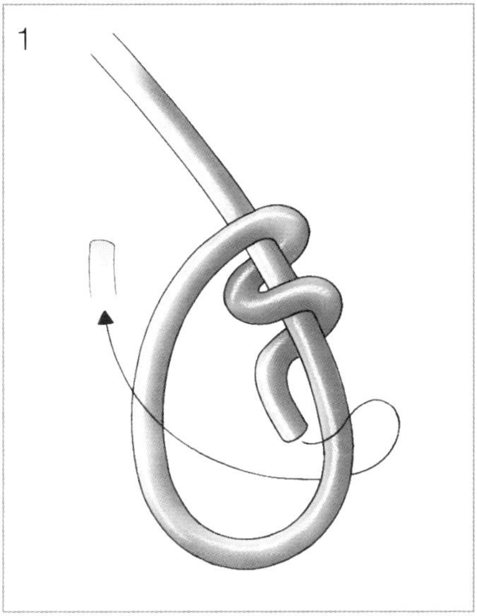


1 Legen Sie ein Auge und machen Sie zwei Rundtörns um die stehende Part in das Auge hinein.

2 Führen Sie den Tampen aus dem Auge hinaus, indem Sie ihn vor den gerade gelegten Törns kreuzen. Legen Sie ihn über die stehende Part weg vom Knoten und führen Sie den Tampen wieder zurück.

3 Führen Sie das Ende in das zuletzt gelegte Auge, so dass es gegen die Rundtörns verriegelt wird.

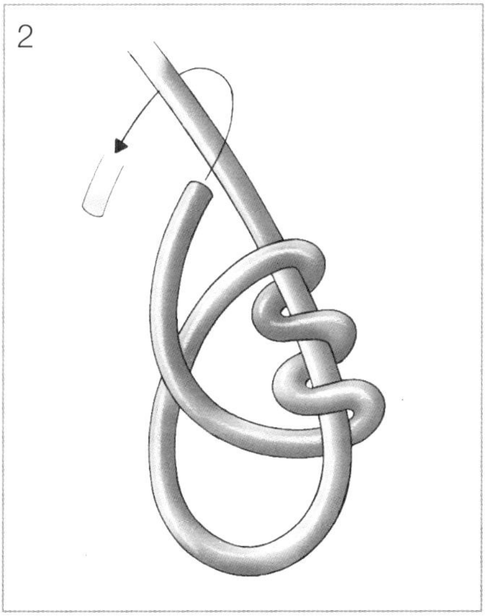


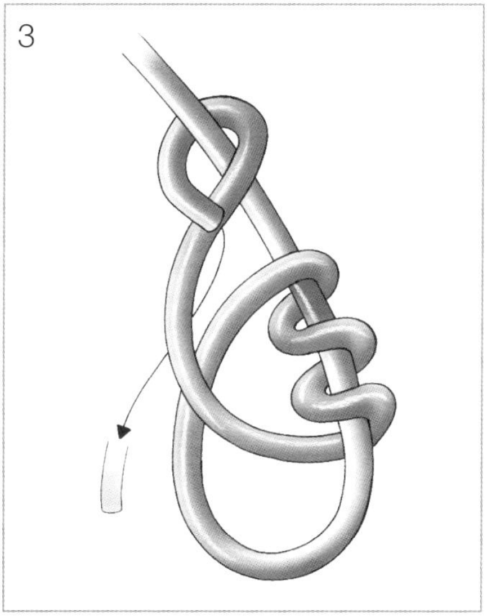

# Seglerknoten

Für die alten Seefahrer waren Kenntnisse über Tauwerk eine Notwendigkeit. Auf den Segelschiffen fand man eine riesige Vielfalt von Knoten mit einer ganzen Reihe Funktionen. Wenn Sie die Takelage eines alten Schiffs betrachten und auch noch verstehen, wozu die verschiedenen Tampen dienten, erhalten Sie einen ganz anderen Einblick in die Welt der Seefahrt und ich bin mir sicher, dass Sie den Seeleuten des vortechnologischen Zeitalters ganz neuen Respekt zollen, denn seinerzeit entschied die Wahl des richtigen Knotens oft über Leben und Tod.

Auch wenn sich die Schiffe seither radikal verändert haben und Segeln inzwischen fast nur noch Hobby ist, wird auch eine moderne Mannschaft noch einige der alten Knoten für ähnliche Zwecke verwenden, man denke nur an die Ankersteks. Auch die Runde Matte wird nach wie vor von vielen passionierten Seglern verwendet, fällt aber in den Spezialbereich der Schmuckknoten, von denen es eine unerhörte Vielfalt gibt. Sie haben zwar weniger praktische Funktionen als in der Vergangenheit, aber nach wie vor macht es Spaß, sie zu knüpfen. Zudem kann man daran seine Geschicklichkeit erproben.

Auch bei den Seglerknoten gilt: Ihre Verwendung beschränkt sich natürlich nicht nur auf die Seefahrt, sondern geht weit darüber hinaus.

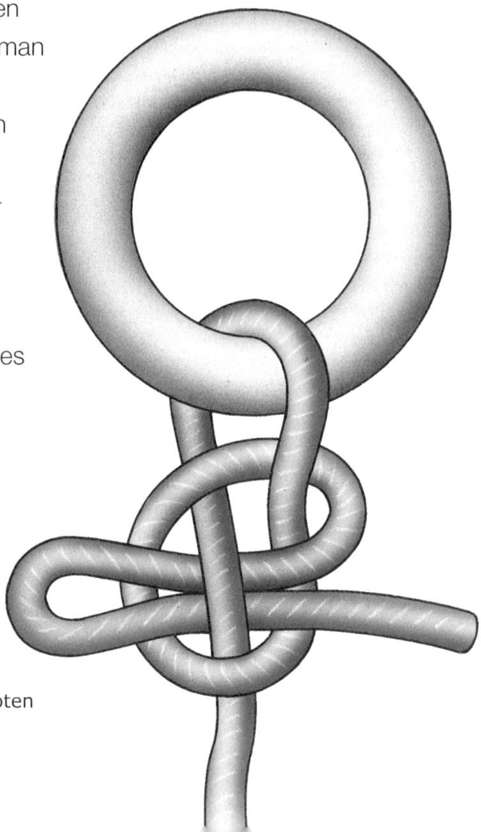

# Inhaltsverzeichnis der Seglerknoten

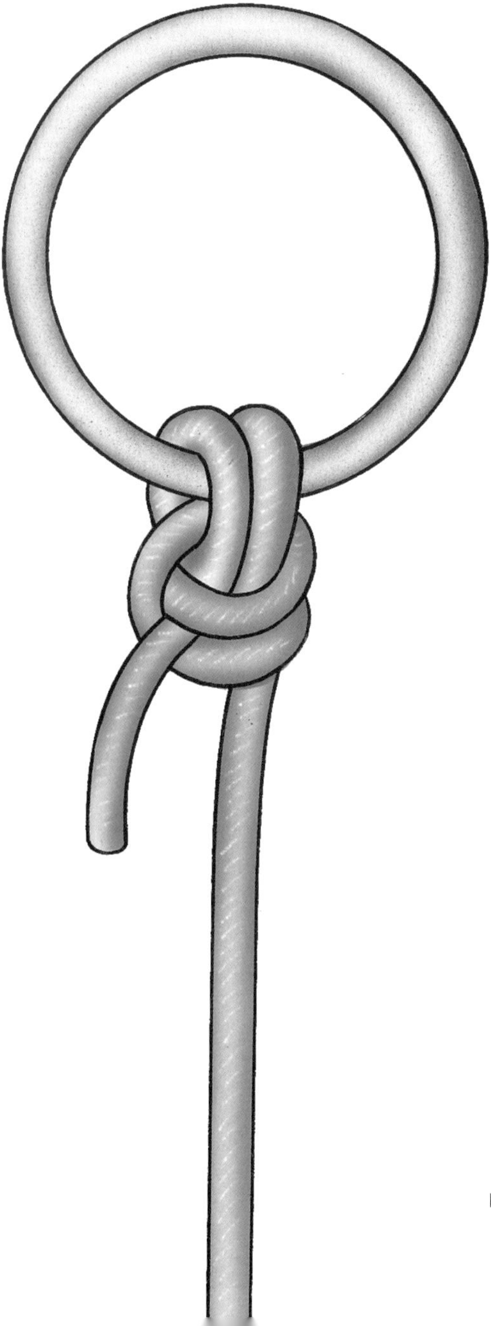

# Ankerstek, Roringstek

Dieser Knoten ist mit dem Rundtörn mit zwei Halben Schlägen eng verwandt, ist aber sogar noch sicherer, vor allem wenn das Tau nass und rutschig ist. Er ist für kleine Bootsanker perfekt geeignet – daher auch sein Name –, kann aber ganz universell als Sicherungsknoten verwendet werden. Sie sollten ihn daher in Ihr Basisrepertoire aufnehmen.

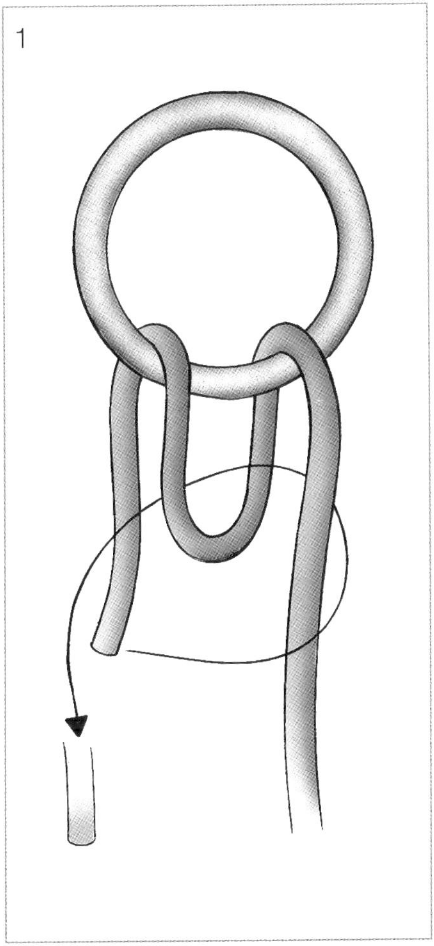


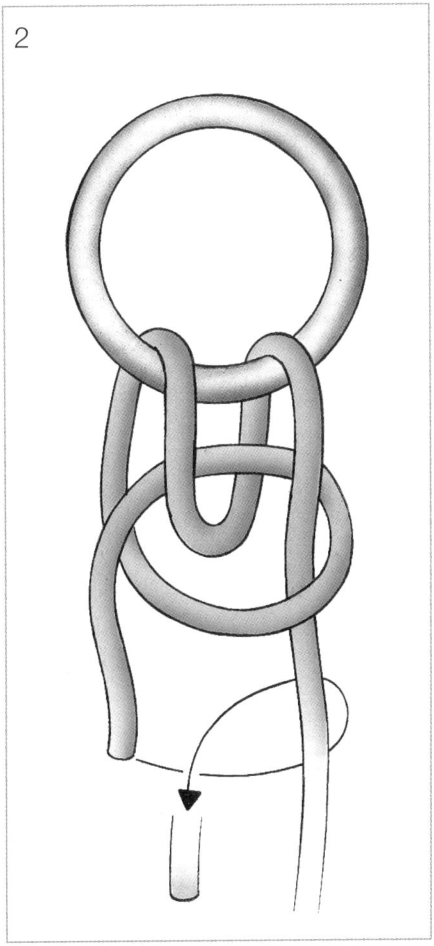


1 Legen Sie einen nicht festgezogenen Rundtörn durch den Ring. Legen Sie einen Halben Schlag, stecken Sie die Leine durch den Rundtörn. Nach oben ziehen.

2 Legen Sie den zweiten Rundtörn auf die übliche Weise und ziehen Sie ihn fest.

# Wasserpalstek

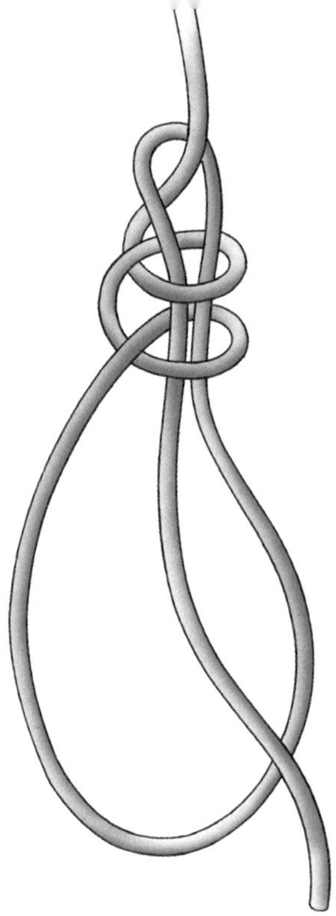

Wenn eine Schlinge durchs Wasser gezogen werden muss, kann sich der Knoten lösen. Dieser Knoten mit dem Extraauge beseitigt das Problem.

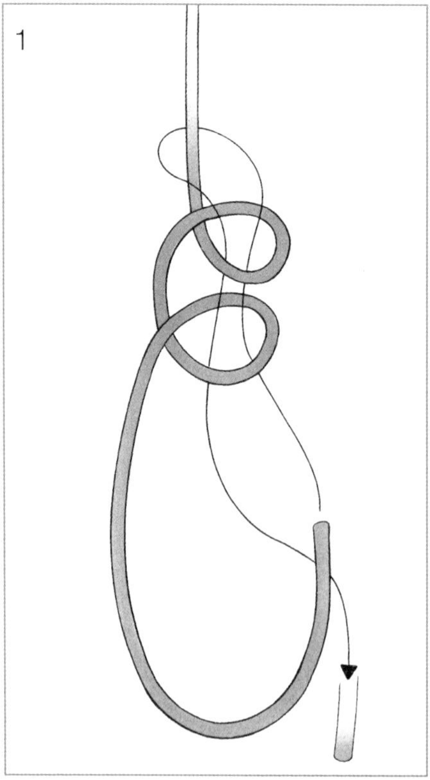

1 Legen Sie zwei Überhandknoten wie beim Mastwurf übereinander und stecken Sie den Tampen durch beide Augen. Dann führen Sie ihn wie bei einem gewöhnlichen Palstek hinter der stehenden Part herum und wieder zurück durch beide Augen. Festziehen.

Die Augen können durch die beim Palstek gelernte Drehung gebildet werden, wobei Sie die Bewegung zweimal ausführen sollten, bevor Sie den Knoten abschließen.

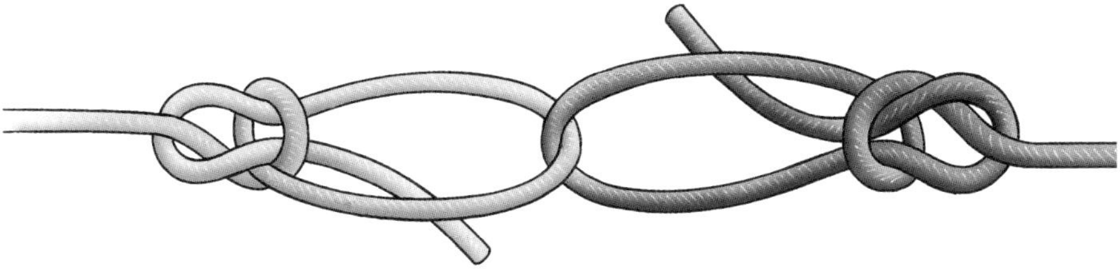

# Ineinander greifende Palsteks

Dies ist eine schnelle und sichere Art, zwei Leinen miteinander zu verbinden, wenn man sie über Hindernisse hinweg durchs Wasser ziehen muss. Man kann die Leinen aber auch wieder leicht trennen. Wenn die Knoten einiges aushalten müssen, dann sind zwei Wasserpalsteks besser geeignet.

1 Legen Sie am Ende jeder Leine einen Palstek, indem Sie den Tampen der einen Leine durch das Auge der anderen stecken und dann damit den zweiten Palstek binden. Achten Sie darauf, dass beide richtig ineinander greifen.

1

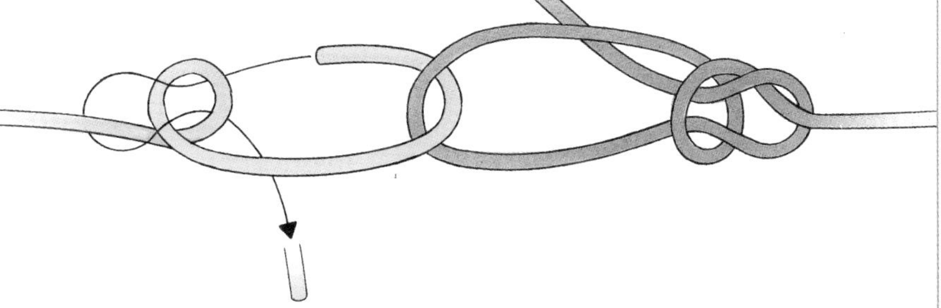

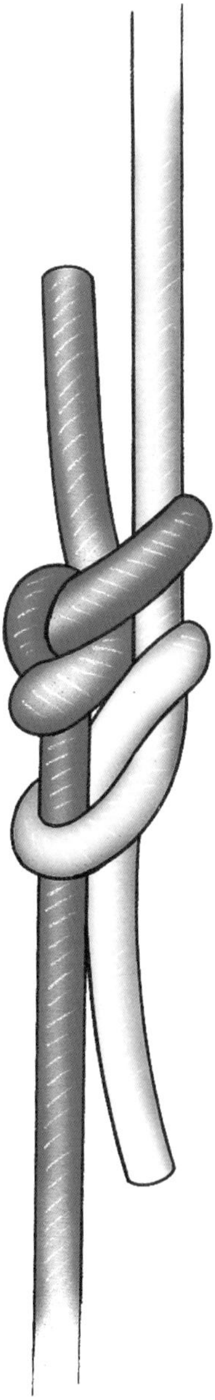

# Doppelter Acht-Ansteckknoten

Dies ist eine andere Art, zwei Taue miteinander zu verbinden. Der Knoten wirkt ordentlicher, aber dicker. Nach einer Zugbelastung ist er allerdings nicht wieder so leicht zu lösen.

1 Legen Sie nahe dem Ende der einen Leine einen Achterknoten. Stecken Sie die zweite Leine durch das Endauge des ersten Knotens und führen Sie sie den Tampen entlang. Legen Sie anschließend hinter dem Achterknoten einen Rundtörn um die feste Part der anderen Leine.

2

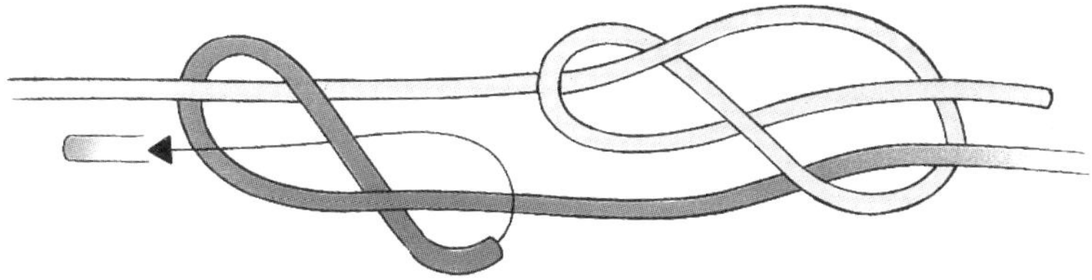

3

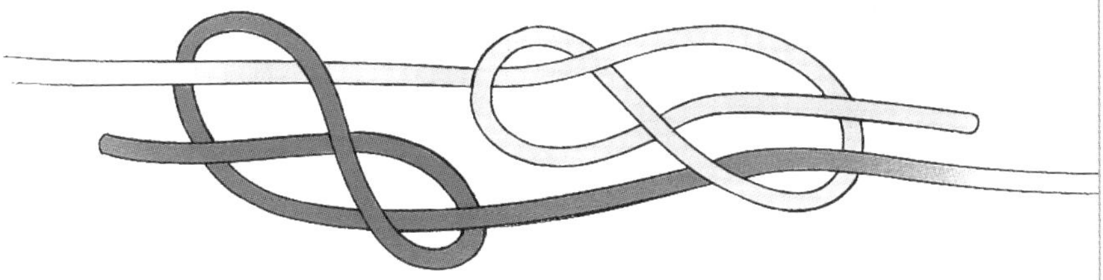

2 Vollenden Sie mit der zweiten Leine den Rundtörn zu einem Achterknoten, die stehende Part der ersten Leine im Endauge fixiert.

3 Ziehen Sie beide Achterknoten fest. Lassen Sie ein Stück Tau dazwischen stehen, wenn Sie einen Stoßfänger einbauen wollen. Wird plötzlich eine Last aufgebracht, wird die Reibung jedes Knotens, der die stehende Part des anderen festhält, die Stoßübertragung bremsen, da die beiden Achterknoten zusammenrutschen und aufeinander prallen.

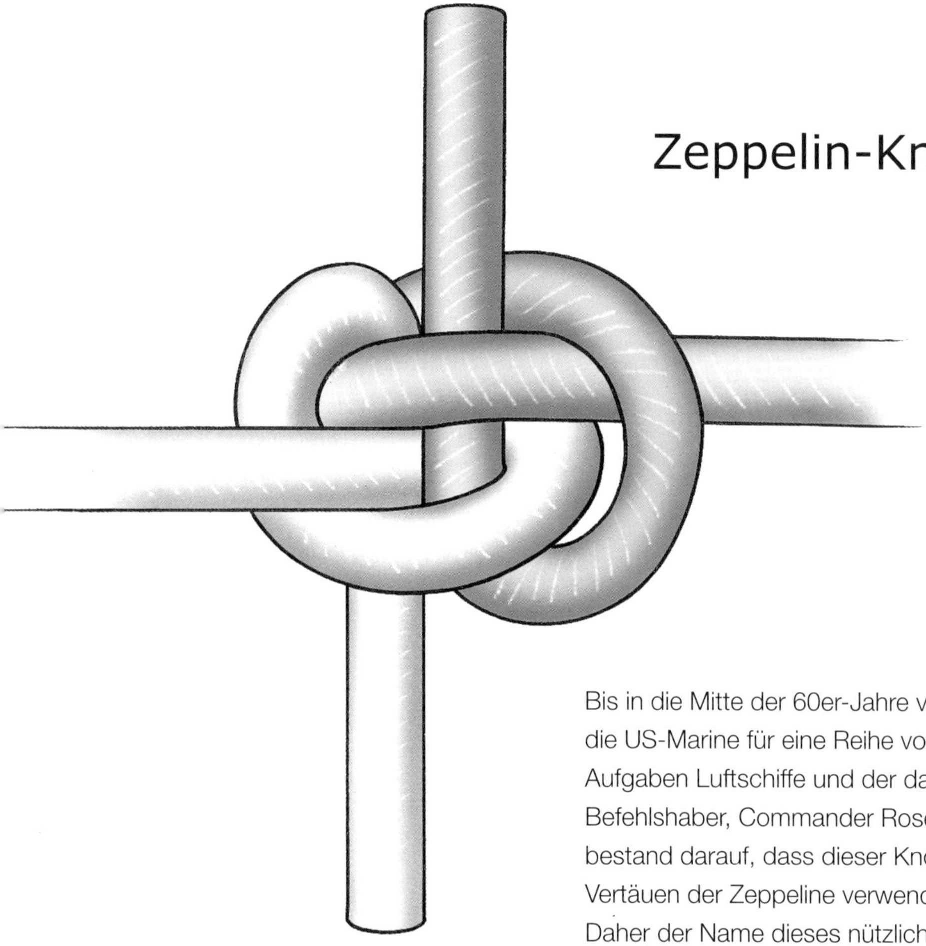

# Zeppelin-Knoten

Bis in die Mitte der 60er-Jahre verwendete die US-Marine für eine Reihe von Aufgaben Luftschiffe und der damalige Befehlshaber, Commander Rosendahl, bestand darauf, dass dieser Knoten beim Vertäuen der Zeppeline verwendet wurde. Daher der Name dieses nützlichen, sicheren, symmetrischen und leicht zu bindenden Knotens, der für das Vertäuen normaler Schiffe genauso gut geeignet ist wie für Zeppeline.

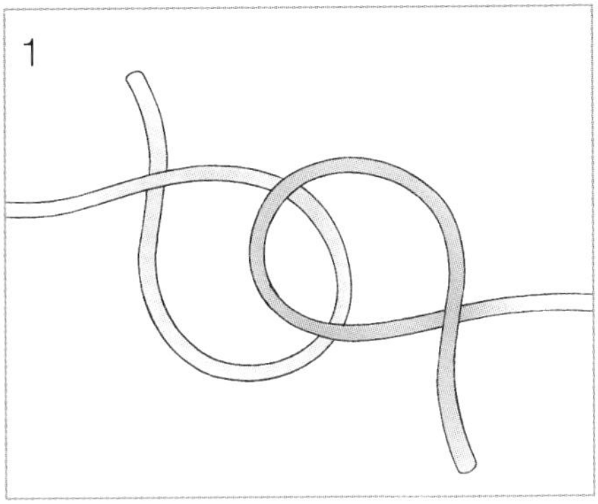


1 Platzieren Sie die Tampen der beiden Leinen nebeneinander. Legen Sie in den einen ein Überhand- und in den anderen ein Unterhandauge, und zwar so, dass das Überhand- auf dem Unterhandauge zu liegen kommt und die Leinen die Augen von entgegengesetzten Seiten aus durchstoßen können.

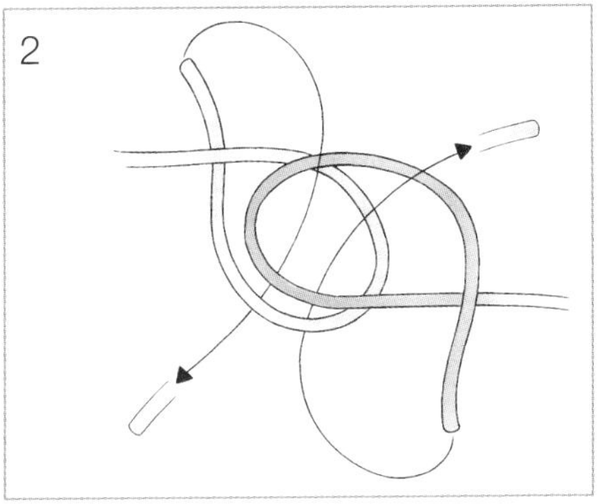


2 Führen Sie das Ende des Unterhandauges erst über beide Leinen in die sich überlappenden Augen, dann nach unten und ziehen Sie es unter beide Augen. Führen Sie den Tampen des Überhandauges unter die zwei sich überlappenden Augen und dann wieder nach oben aus beiden Augen heraus.

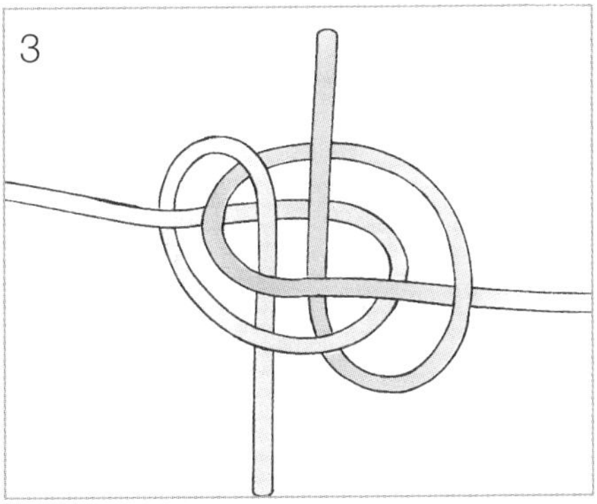


3 Ziehen Sie an allen vier Enden, so dass der Knoten symmetrisch aussieht. Unter Umständen muss er ein wenig zurechtgezupft werden.

Um den Knoten zu lösen, drücken Sie die sich kreuzenden Augen in entgegengesetzte Richtungen, bis so viel Spiel entsteht, dass die Enden frei stehen.

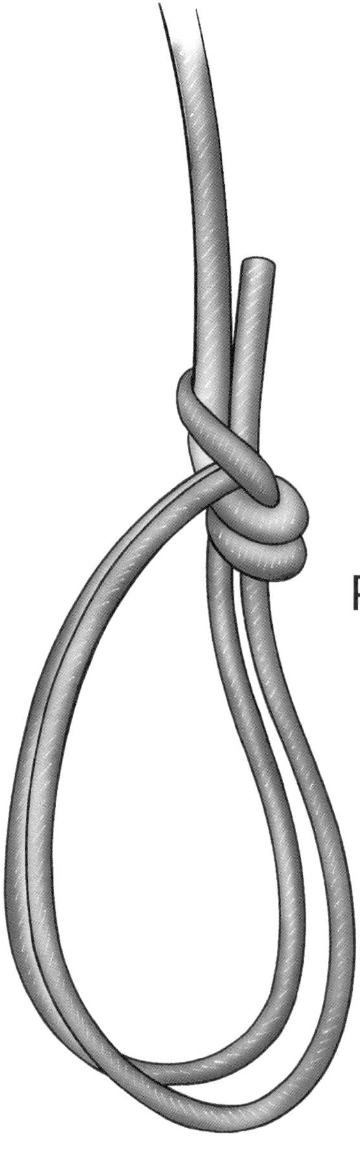

# Palstek auf der Bucht

Es kann vorkommen, dass Sie zwei Schlingen am Ende einer Leine benötigen, wofür der Palstek auf der Bucht eine einfache Lösung parat hat. Sollte die Last zwischen beiden Augen ungleich verteilt sein, dann macht es Sinn, das lose Ende mit einem Überhandknoten abzuschließen, um das – wenn auch geringe – Risiko des Umkippens auszuräumen.

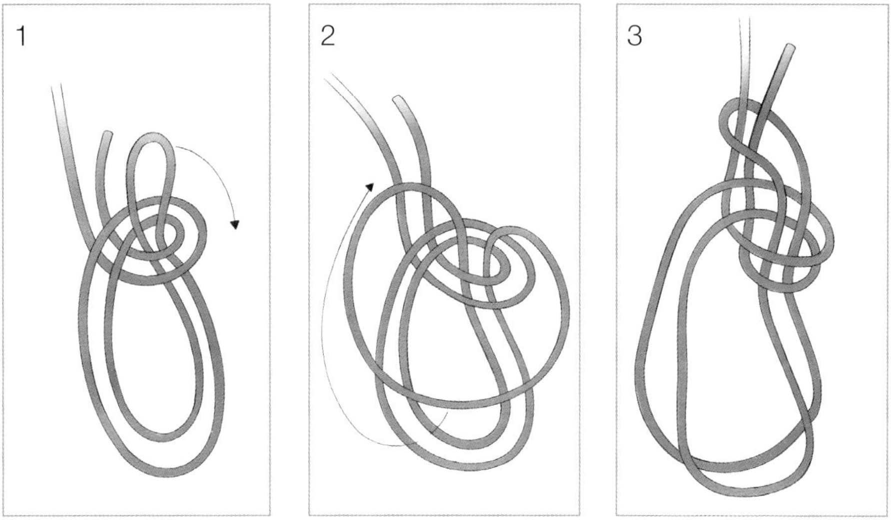


## Erste Legart

1 Legen Sie ein für Ihren Bedarf ausreichendes Stück Leine doppelt. Halten Sie das Ende der Bucht, drehen Sie das Ganze wie bei einem Palstek und ziehen Sie die Bucht ein wenig durch das kreuzende Auge nach oben.

2 Lassen Sie die hervorstehende Bucht nach vorne kippen, so dass die zwei großen Augen durch sie hindurchgezogen werden können.

3 Führen Sie die Bucht hinter den Knoten und ziehen Sie an den großen Augen den Knoten fest. Die Augengröße kann vor dem endgültigen Festziehen des Knotens dem Zweck gemäß gewählt werden.

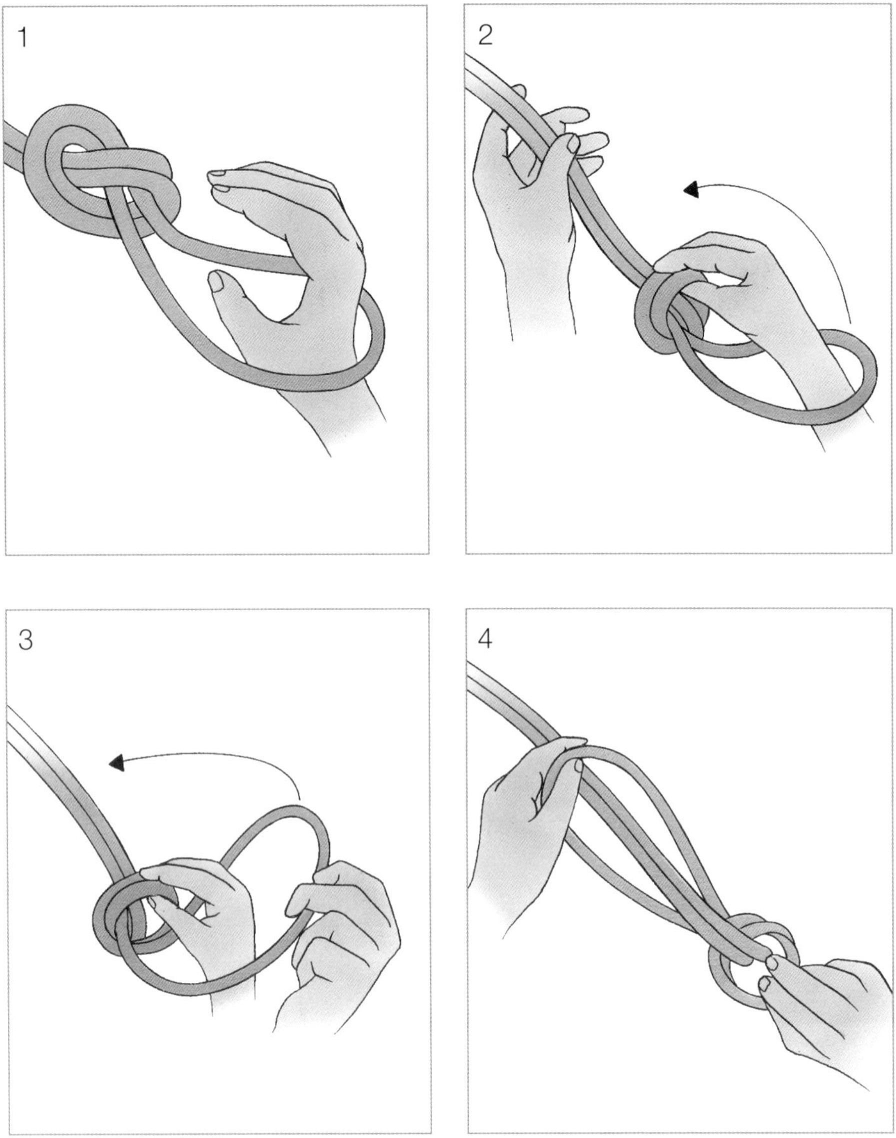
1
2
3
4

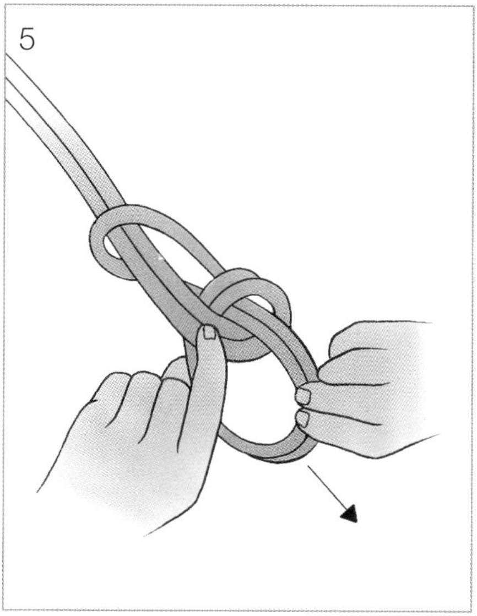


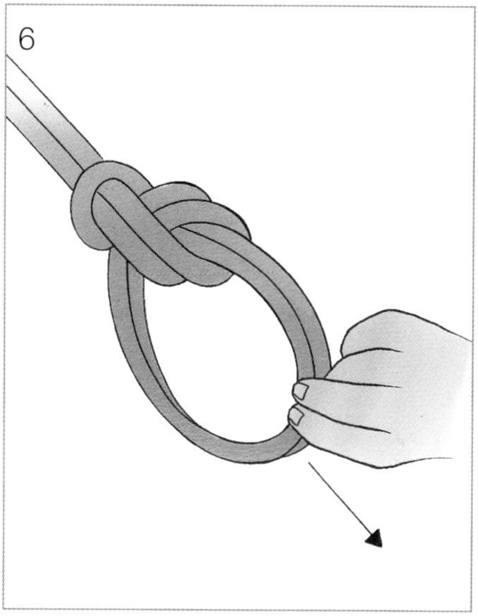


## Zweite Legart

1 Eine zweite Legart, deren Augen nicht zu groß sind, beginnt damit, dass die Leine doppelt gelegt und damit ein loser Überhandknoten gebunden wird.

2 Die rechte Hand fasst durch das Auge und greift nach der entferntesten Seite des Überhandknotens.

3 u. 4 Die andere Hand greift die Bucht, die nun um das rechte Handgelenk gelegt ist, und schiebt sie über die rechte Hand.

5 u. 6 Jetzt hält die linke Hand erneut die Kreuzung von unten, während die rechte die doppelte Leine nach unten durch den Überhandknoten zieht, um den Palstek auf der Bucht zu knüpfen.

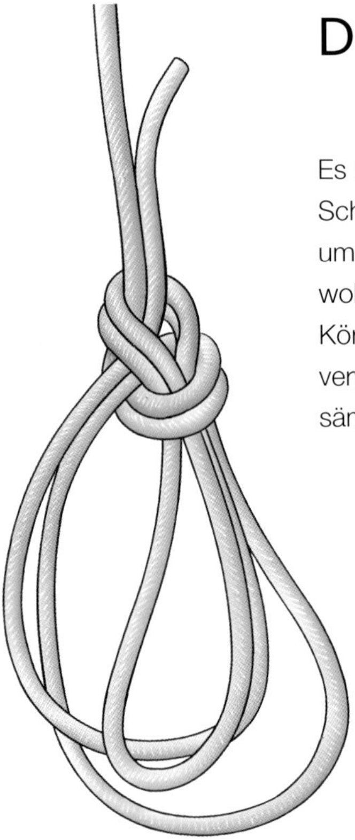

# Dreifach-Palstek

Es mag vorkommen, dass Sie am Leinenende drei Schlaufen benötigen. Dieser Knoten wird verwendet, um über Bord gegangene Passagiere aufzufischen, wobei die Beine in zwei Schlaufen stecken und der Körper in der dritten. Wofür Sie ihn auch immer verwenden möchten – achten Sie darauf, dass sämtliche Schlaufen die optimale Größe aufweisen.

1 Beginnen Sie wie beim Palstek auf der Bucht. Legen Sie genügend Seil vom Ende aus doppelt und machen Sie die Drehung. Ziehen Sie die Bucht nach oben durch die Kreuzung und fahren Sie wie beim einfachen Palstek fort, allerdings unter Verwendung der Bucht. Wenn die Bucht durch das kreuzende Auge gesteckt wird, erhalten Sie drei Augen. Vor dem Festziehen die Größe anpassen.

1

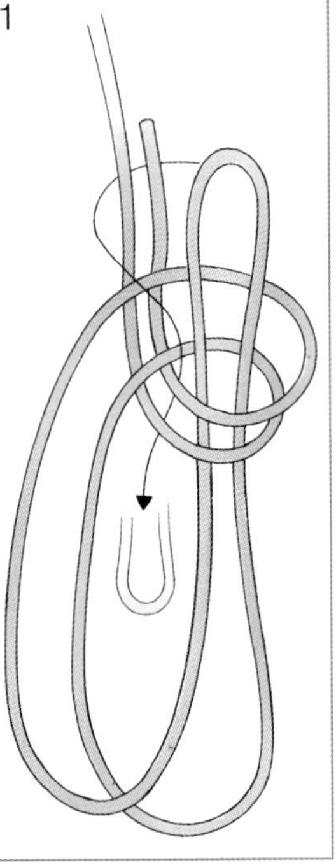

# Gordingknoten

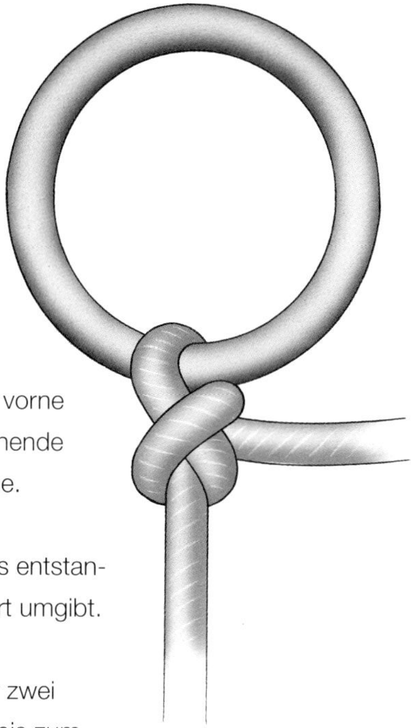

Dieser Knoten wird verwendet, wenn eine Leine hin und her schlägt; viele andere Knoten würden davon gelöst. Er übt auf den gehaltenen Gegenstand einen Zug aus und hält ihn fest.

1 Legen Sie den Tampen von hinten nach vorne durch den Ring, dann hinten um die stehende Part und durch das so entstandene Auge.

2 Ziehen Sie den Tampen weiter durch das entstandene zweite Auge, welches die feste Part umgibt.

3 Wird das Ganze festgezogen, haben wir zwei Halbe Schläge, und der Knoten rutscht bis zum Ring, wo er blockiert.

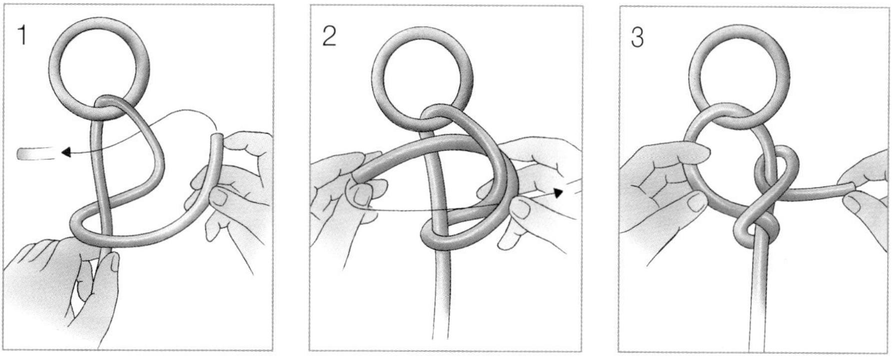

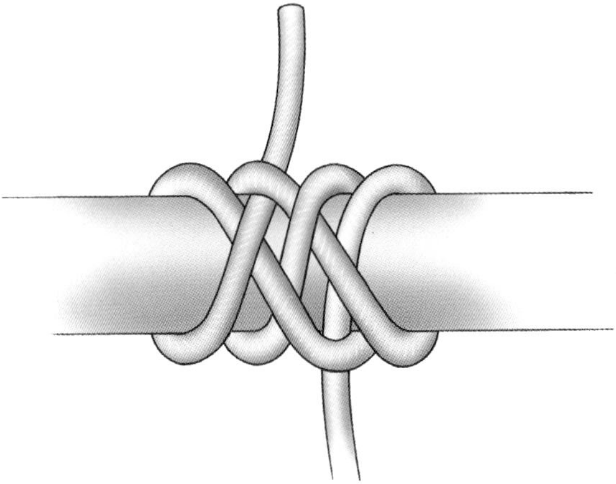

# Spierenstek

Ein weiterer Knoten, der Richtungsänderungen verträgt und an dem man ziehen kann, ohne dass er umkippt, ist der Spierenstek. Er sieht zwar schwierig aus, ist es aber nicht: Der Tampen muss nur einfach unter einem Törn verstaut werden.

1 u. 2 Legen Sie einen Rundtörn und fahren Sie fort wie beim Mastwurf, aber bleiben Sie außerhalb der Kreuzung und führen Sie den Tampen erneut rundherum. Stecken Sie den Tampen nach oben in den ersten Törn, also neben die stehende Part, und legen Sie einen weiteren Törn, wobei Sie die ersten zwei Törns oben kreuzen. Dann führen Sie den Tampen nach oben über sich selbst hinweg und stecken ihn unter den nächsten Törn. Festziehen.

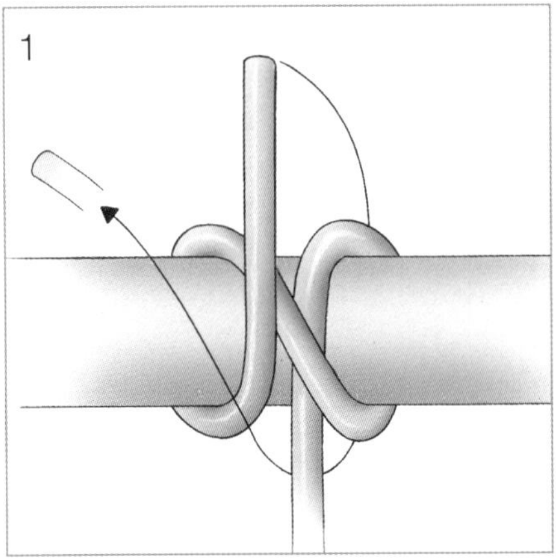


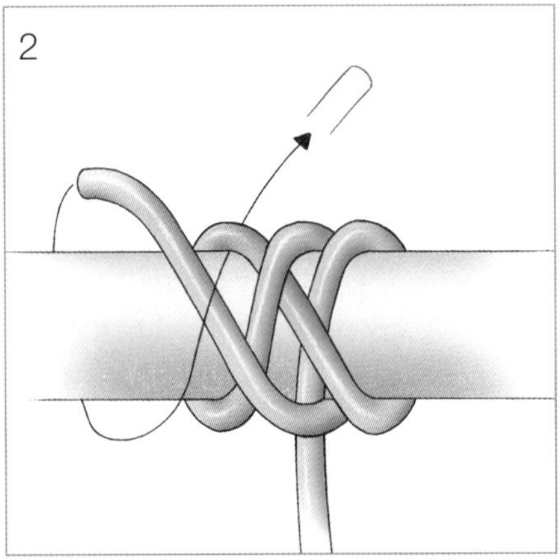

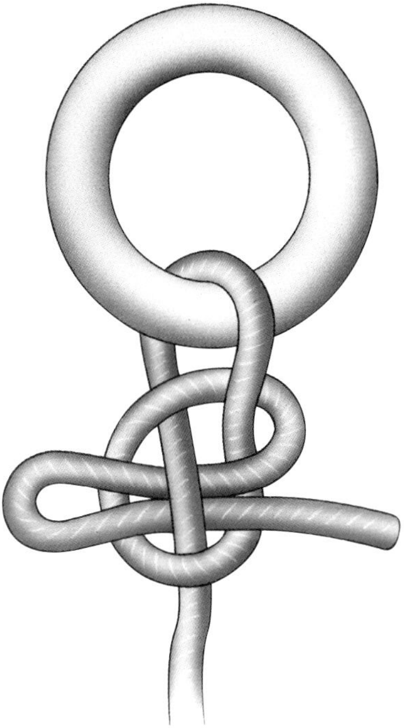

# Rollstek

Hier handelt es sich um einen weiteren Gleit- und Greifknoten, der problemlos geöffnet werden kann. Man kann ihn leicht verschieben, daher wird er gerne fürs Vertäuen verwendet.

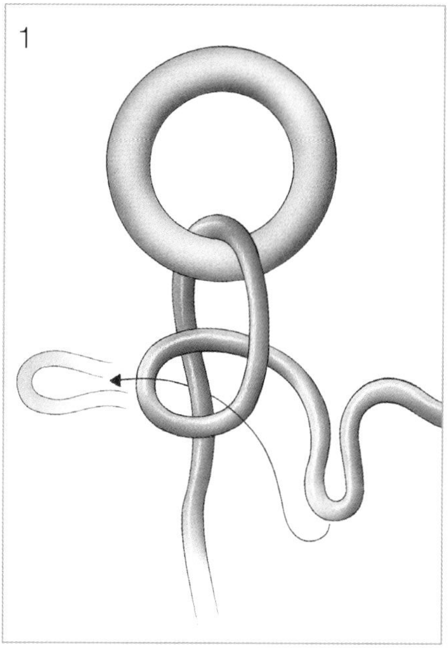

1 Stecken Sie die Leine durch den Ring und legen Sie oben auf der stehenden Part einen Kreuztörn. Nehmen Sie eine Bucht des Arbeitsendes und weben Sie diese durch den Kreuztörn und unter der stehenden Part hindurch, so dass das Auge blockiert wird.

Der Knoten rutscht dann zum Ring hinauf und kann durch einen scharfen Ruck am Tampen gelöst werden.

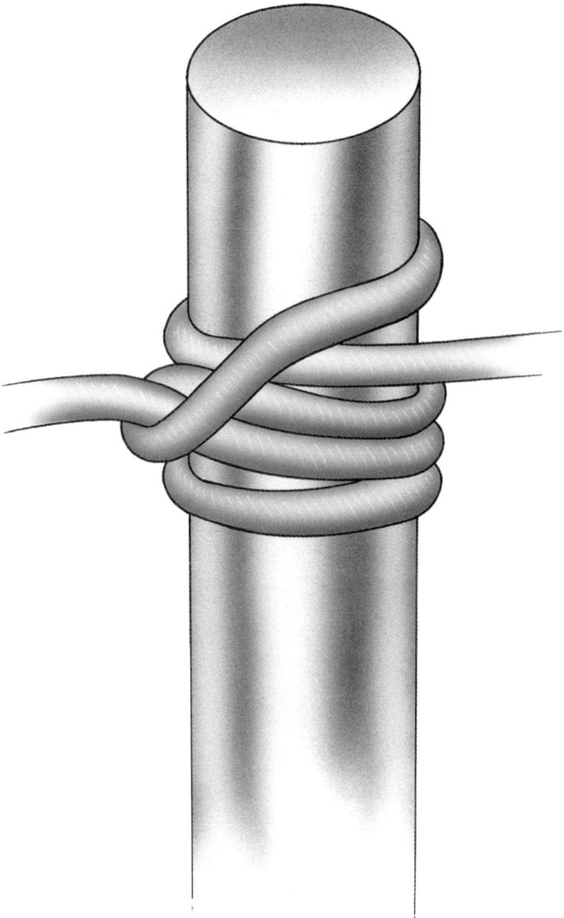

# Kahnfahrerknoten

Dieser einfache Knoten kann stark belastet werden, lässt sich aber dennoch schnell lösen. Das könnte wichtig sein, wenn ein Schlepptau sinkt und schnell vertäut werden muss. Sollte es im Winter beim Festmachen am Poller gefrieren, dann kann der Knoten einfach weggezogen werden. Wenn der Knoten auftaut oder ein paar Meter durchs Wasser gezogen wird, öffnet er sich dann von selbst.

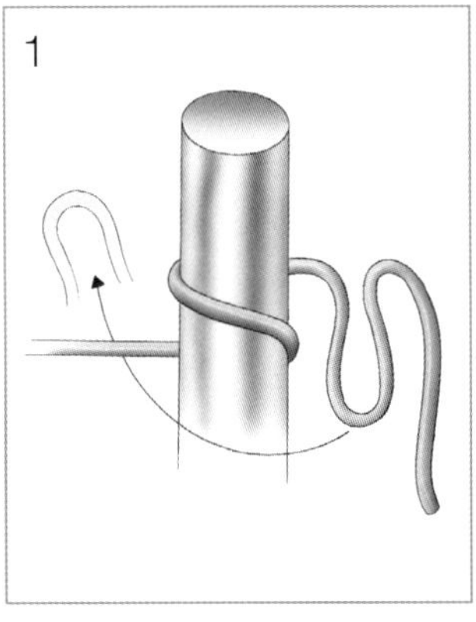

1 Legen Sie einen Rundtörn um einen Pfahl. Lassen Sie einen langen Tampen hängen.

2 Stecken Sie eine mit dem Arbeitsende gelegte Bucht unter die unter Zug befindliche stehende Part und hoch über den Pfahl, wobei Sie darauf achten, die Bucht nicht zu verdrehen. Man legt die Bucht an das am weitesten entfernte Ende der stehenden Part.

3 Nehmen Sie eine Bucht der losen Part und legen Sie die von der anderen Seite des Pfahls darüber. Wiederholen Sie die letzten zwei Schritte abwechselnd, bis sich das Schiff auf keinen Fall mehr losreißen kann.

4 Beenden Sie das Ganze mit einem Halben Schlag um die stehende Part. Fürs Öffnen heben Sie ganz einfach die Schlingen vom Pfahl weg bis hin zum Rundtörn.

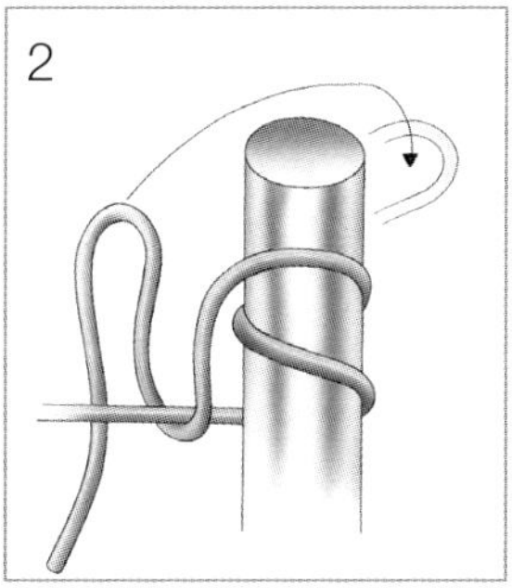


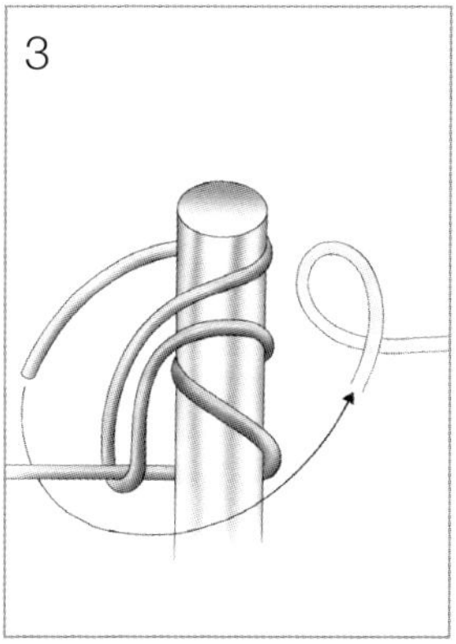


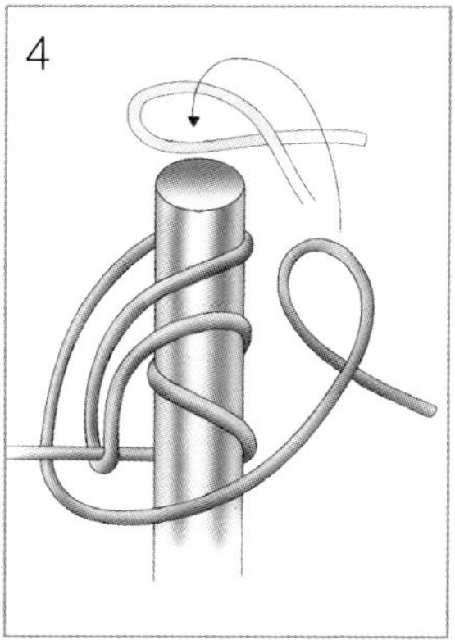

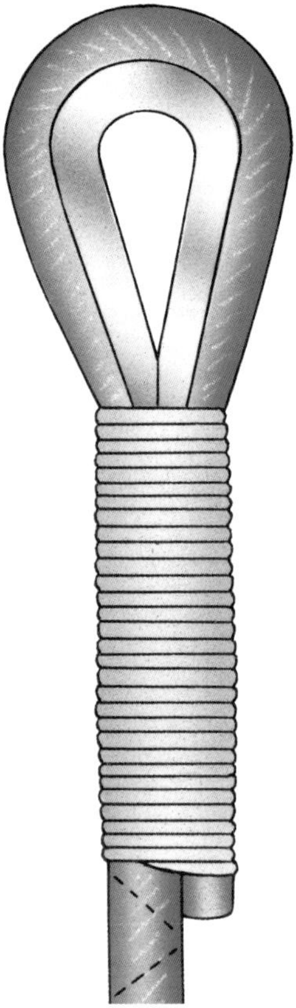

# Genähtes Takling-Auge

Man kann ein fest geflochtenes Tau mit Seele nicht so verspleißen wie ein geschlagenes Seil. Ein hartes Auge (also eines mit Kausch [Metallring] für eine längere Lebensdauer) erhält man nur durch Nähen und Takling. Man kann auf diese Weise auch ein weiches Auge (ohne die Kausch) fertigen, aber in einem solchen Falle reicht im Allgemeinen auch eine einfache Schlinge aus.

1

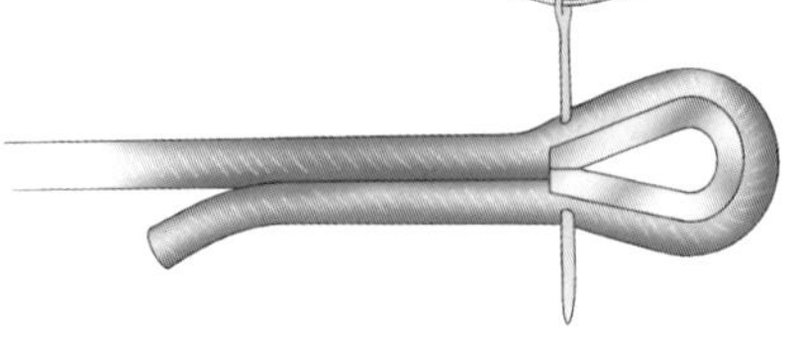

2

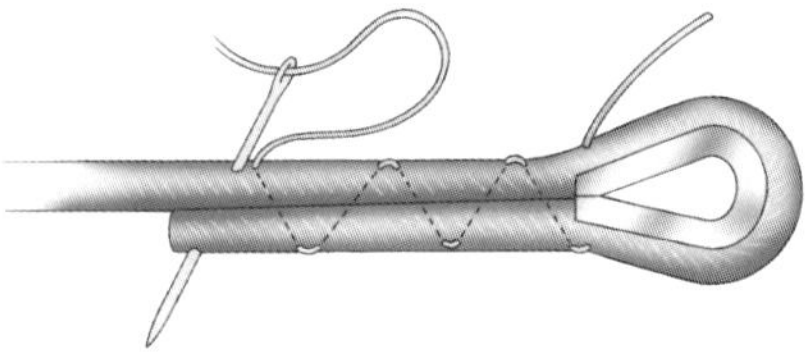

1 Legen Sie das Auge und passen Sie die Kausch so ein, dass ein acht Zentimeter langer Tampen übersteht. Halten Sie das Tau fest und stecken Sie die Nadel mit dem gewachsten Takelgarn durch die zwei Seiten des Auges dicht am Ring.

2 Durchstechen Sie das Tau und nähen Sie den Tampen am Hauptseil an. Nähen Sie bis zum Ende und wieder zurück zum Ring.

3 Legen Sie vom Auge nach unten einen dichten Takling. Etwa auf halbem Weg nähen Sie wieder durch beide Parten, um den Takling zu fixieren.

4 Setzen Sie den Takling bis zum Ende des Tampens fort und nähen Sie dann ein paarmal durch die stehende Part des Taus, um den Takling zu sichern. Sie können dafür sorgen, dass der Takling dicht liegt, indem Sie während des Taklings die zwei Seilparten zusammenhämmern. Da die Taklingenden mit eingenäht werden, sind sie anschließend nicht mehr sichtbar.

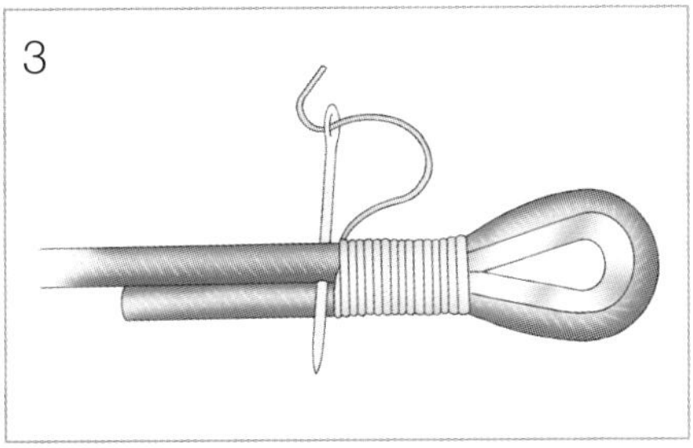


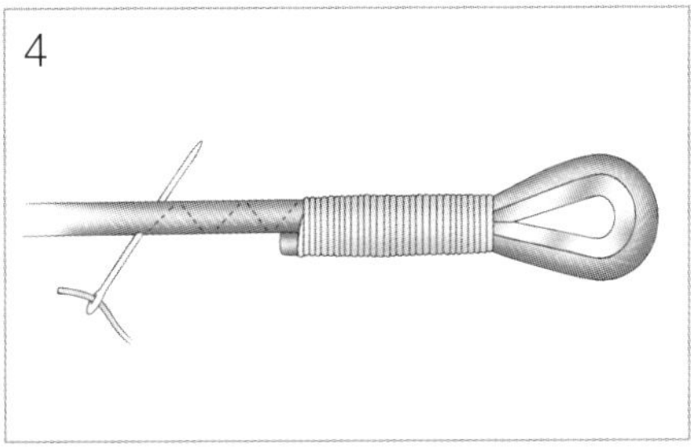

# Strecktauknoten

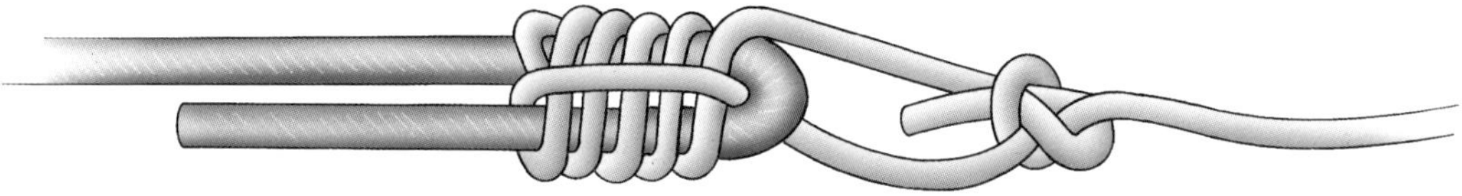

Beim Bootfahren ist es genauso wie beim Klettern manchmal nötig, ein schweres Tau über eine größere Entfernung zu transportieren, zum Beispiel zu einem in Seenot geratenen Boot. Das Gewicht des Taus kann das Werfen unmöglich machen, also muss eine leichtere Hilfsleine an ihm befestigt werden. Diese kann aufgefangen und damit das schwere Tau nachgezogen werden. Die Hilfsleine muss fest mit dem Tau verbunden sein. Der hier gezeigte Knoten ist zwar etwas komplizierter als die anderen, hält dafür aber bombensicher.

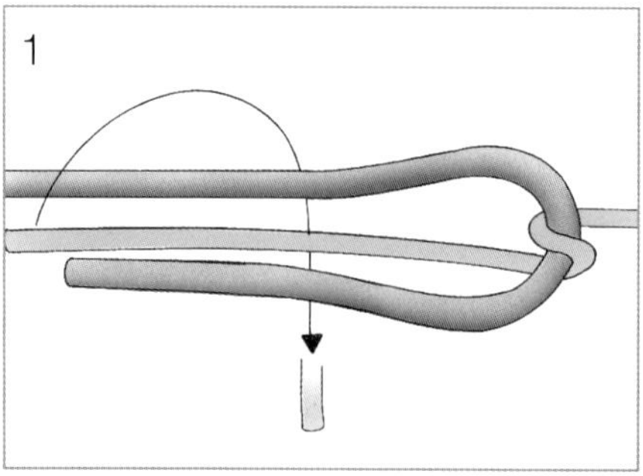


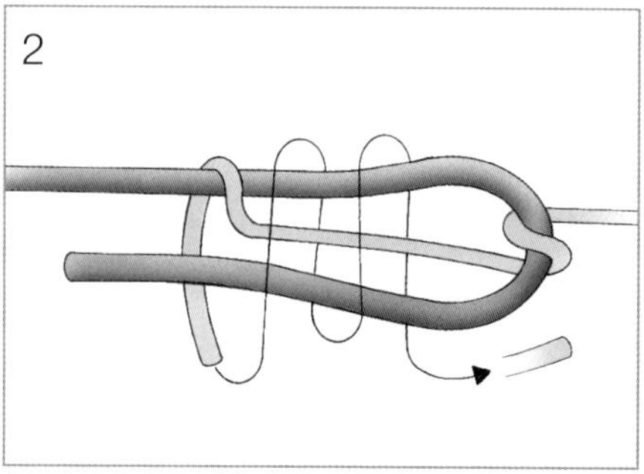

1 Legen Sie am Ende des dickeren Seils oder Taus eine Bucht und dann mit der Hilfsleine einen Törn um das Ende der Bucht. Führen Sie den Tampen nach unten zwischen die Schenkel der Bucht.

2 u. 3 Legen Sie mit der Hilfsleine fünf bis sechs enge Törns um beide Parten der Bucht. Arbeiten Sie dabei nach hinten Richtung Auge, wobei Sie darauf achten sollten, dass der zweite Törn den ersten festklemmt.

4 Während Sie die Törns festhalten, ziehen Sie an dem Törn so um die Bucht, dass ein Stück Hilfsleine durch das Buchtauge gezogen wird. Ziehen Sie dieses lose Stück Leine über das Tauende und nach oben durch beide Parten der Bucht hindurch. Dies wirkt wie ein Verzurren, das alles an Ort und Stelle hält. Für mehr Sicherheit befestigen Sie das Leinenende mit einem Palstek.

In den Abbildungen sieht alles sehr lose aus, in Wirklichkeit liegen die Tampen nah beieinander und werden festgezogen.

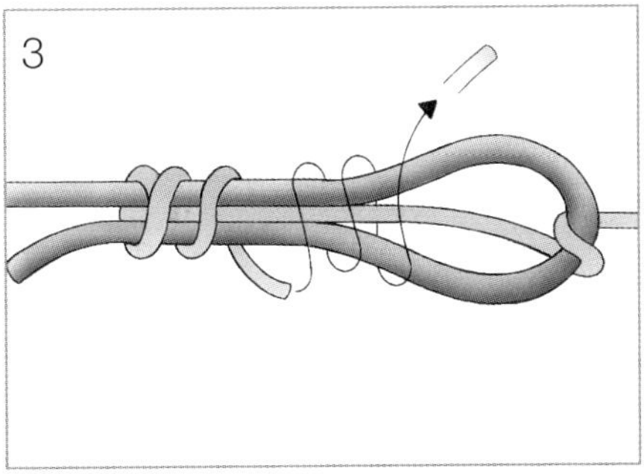


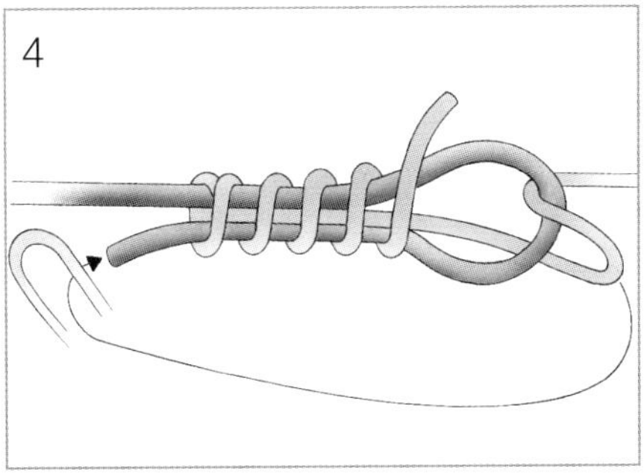

# Grundleinenstek

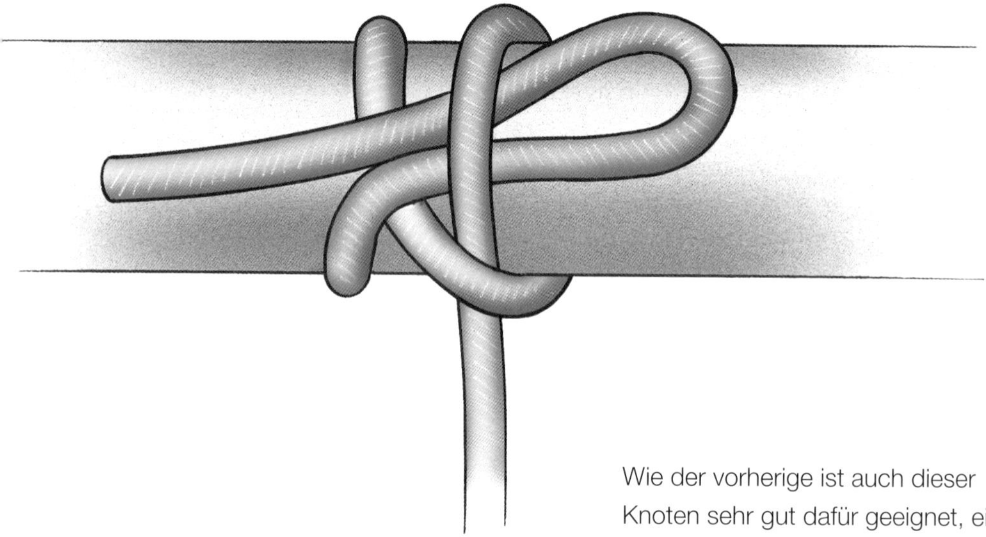

Wie der vorherige ist auch dieser Knoten sehr gut dafür geeignet, eine dünnere Leine an eine dickere zu binden. Wenngleich der Name von der Kabeljau-Fischerei stammt, ist er auch in anderen Bereichen nützlich, zum Beispiel um Pferde auf der Koppel festzumachen.

Wenn zum Schluss eine Bucht durchgezogen wird, kann der Knoten leicht gelöst werden. Beim Anpflocken sollte man darauf allerdings verzichten, da er dadurch weniger sicher hält.

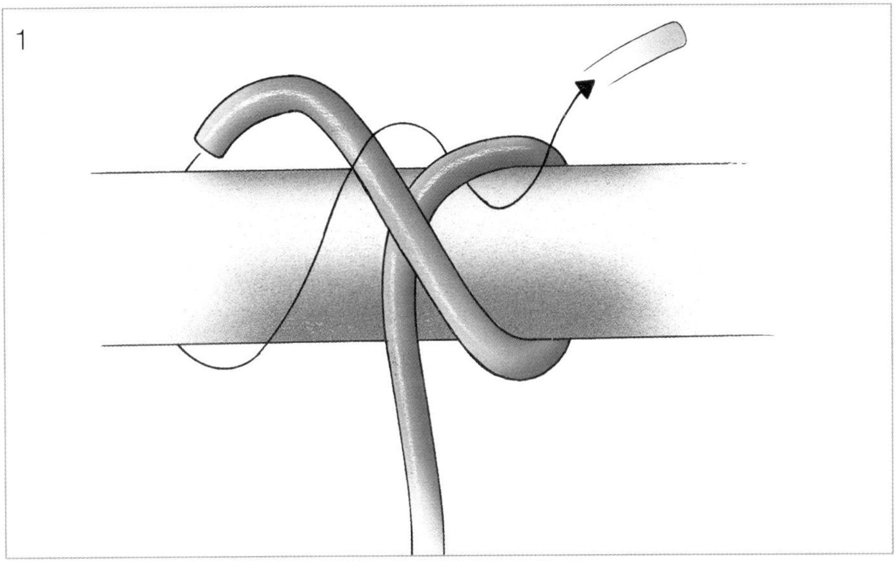


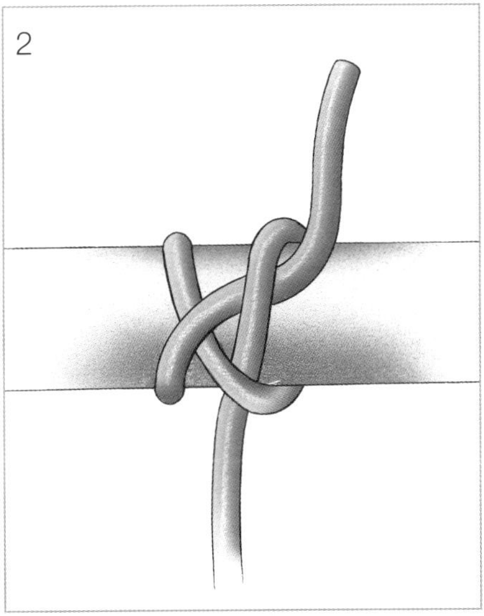


1 Beginnen Sie wie beim Mastwurf, indem Sie um das Hauptseil oder den Pfosten einen Törn legen. Kreuzen Sie vor dem ersten Törn, legen Sie einen zweiten und ziehen Sie dann den Tampen darüber.

2 Ziehen Sie den Tampen (oder die Bucht, wenn vorhanden) unter dem ersten Törn hindurch, um den Knoten zu fixieren. Zum Schluss festziehen.

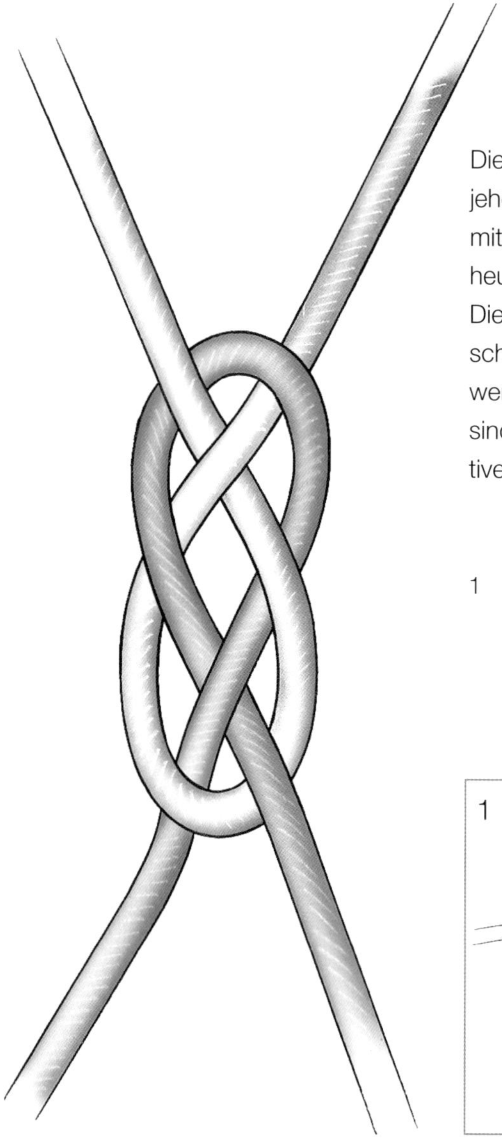

# Trossenstek

Dieser alte Seglerknoten wird von jeher verwendet, um zwei dicke Taue miteinander zu verbinden, und auch heute noch ist er hierfür gut geeignet. Die gezeigte Legart ist bei dicken, schweren Tauen die einfachste, da nur wenige Flechtbewegungen notwendig sind. Er wird jedoch auch für dekorative Zwecke genutzt.

1 Legen Sie mit einem Ende ein Auge, wobei die stehende Part über dem Arbeitsende zu liegen kommt.

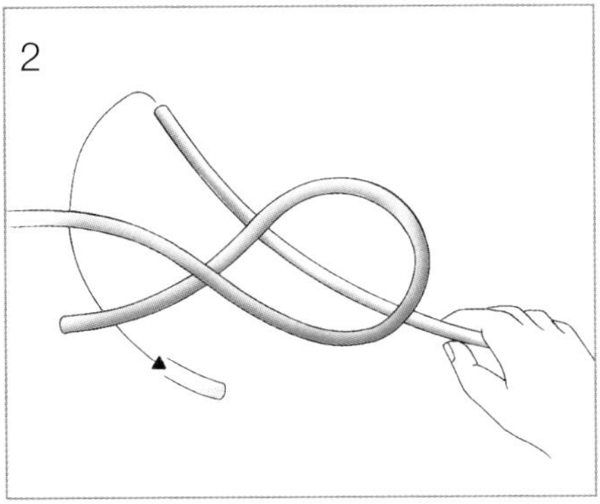


2 Ziehen Sie das andere Tau unter das Auge und legen Sie es auf einen Holz- oder Steinblock.

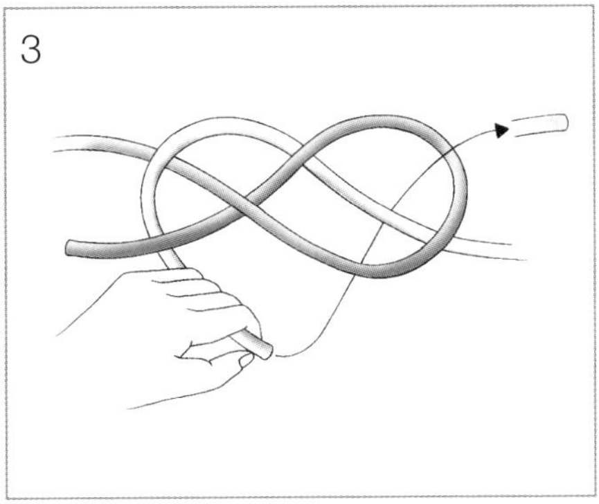


3 Legen Sie die lose Part um und über die stehende und schieben Sie sie unter das erste Arbeitsende. Nun geht's ans Verflechten: Legen Sie das Ende um und über das erste Tau, unter das zweite auf dem Block liegende und nach außen über die dritte Part.

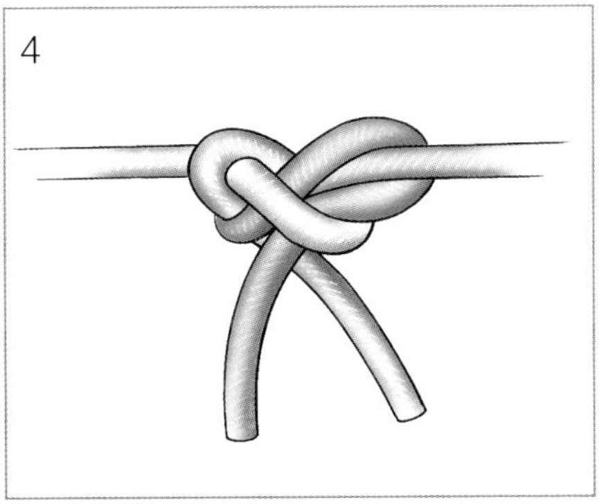


4 Die Arbeitsenden zeigen nun in entgegengesetzte Richtungen und im Allgemeinen geht man davon aus, dass der Knoten so am besten hält. Man sollte ihn langsam belasten, da der Knoten dabei von der flachen in eine festere, eher kugelige Form umkippt.

Für dekorative Zwecke kann der Knoten jedoch auch so arrangiert werden, dass die Enden in dieselbe Richtung weisen.

# Netzleinenknoten

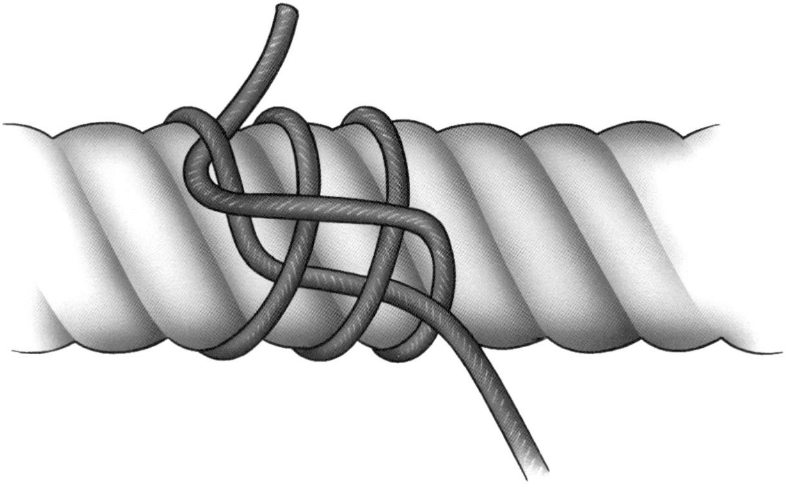

Das Kopftau eines Netzes verdreht sich, wenn es nass wird, was dazu führen kann, dass sich das darunter hängende Netz verheddert. Um dies zu verhindern, kann man zwei Kopftaue entgegengesetzten Schlags fest miteinander verknüpfen, was das Problem ein für alle Mal löst. Dies gilt nur für geschlagenes Tauwerk. Um die Vorgehensweise besser zu demonstrieren, wird hier nur ein Tau gezeigt, also denken Sie daran: Wenn Sie zwei zusammenlegen, sollten die Drehungen entgegengesetzt verlaufen und die Taue parallel nebeneinander liegen.

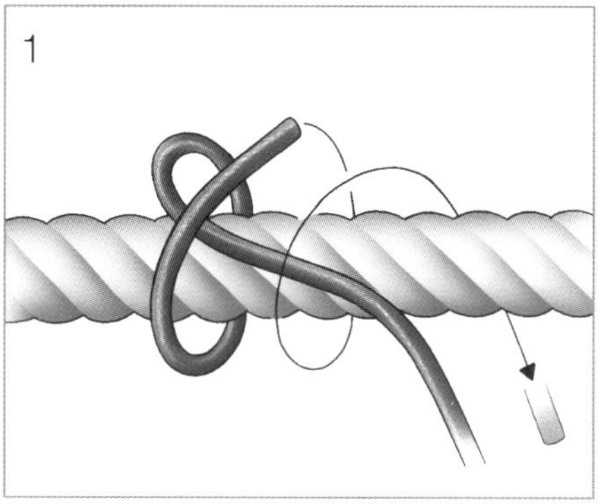


1 Platzieren Sie die Leine diagonal über dem dickeren Tau und legen Sie zwei Törns, die es so fixieren, als wolle man einen Rollstek legen.

2 u. 3 Führen Sie das lose Ende nach oben über die zwei Törns und stecken Sie es unter dem am weitesten entfernten Törn fest.

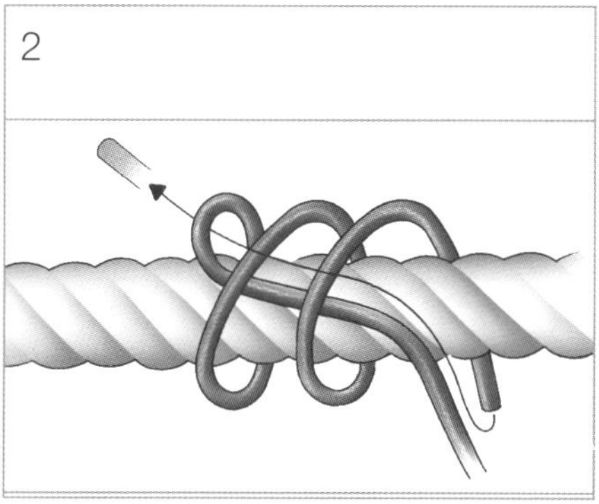


Wie bereits in der linken Abbildung zu sehen ist, kann dieses Feststecken von beiden Seiten des Törns erfolgen. Nehmen Sie die Richtung, die Ihnen entweder am meisten zusagt oder die ordentlicher aussieht.

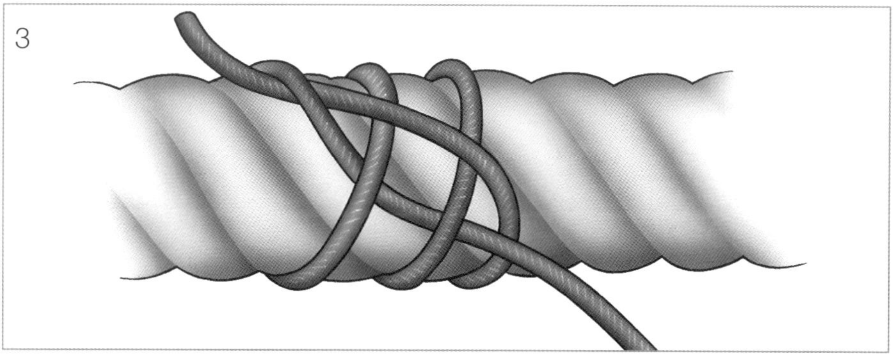

# Runde Matte

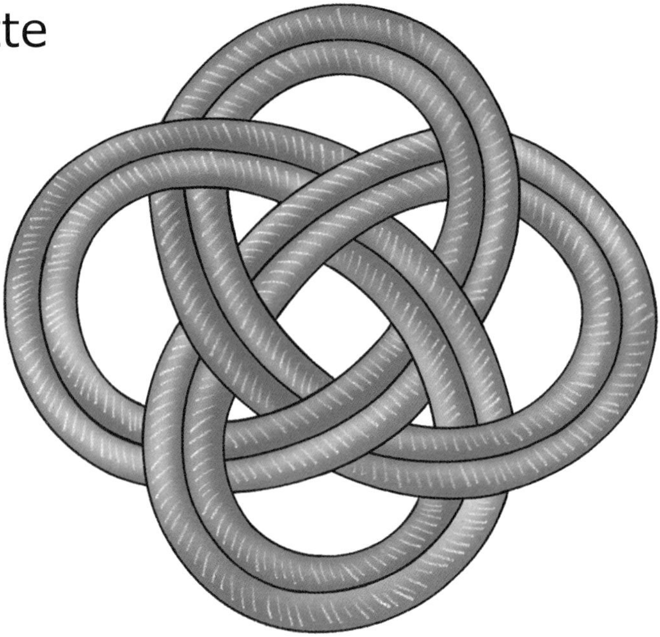

Diesen und den folgenden alten Seemannsknoten kann man um Ringschrauben an Deck binden, man kann kleine Matten damit basteln oder große zum Schutz von Planken. Dieser Knoten lässt sich auch als Erkennungszeichen irgendwo anbringen, damit man sofort weiß, wem der Gegenstand gehört. Überhaupt wird er heutzutage fast nur noch zur Zierde verwendet.

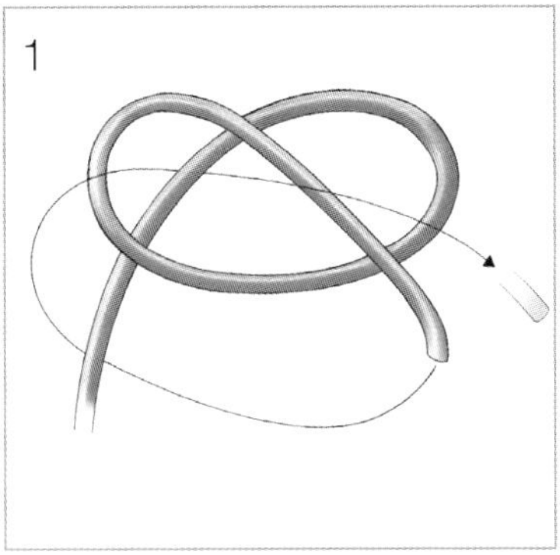

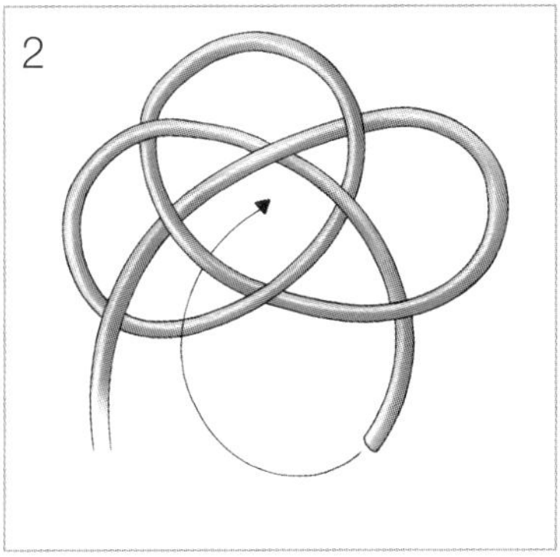

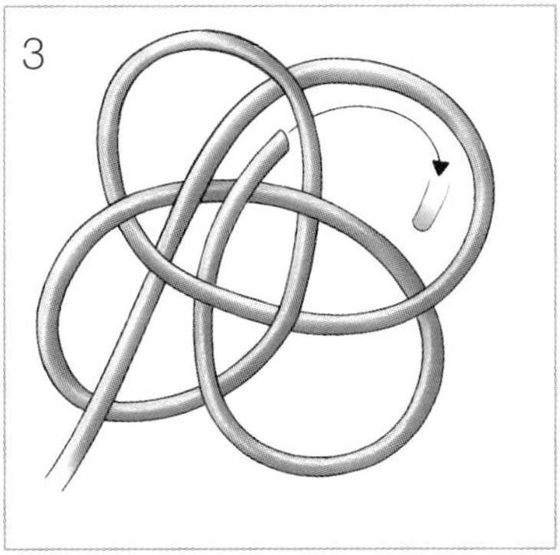

Mehr als die Beschreibung helfen vermutlich die Abbildungen beim Erlernen der Runden Matte.

1 Legen Sie ein Auge und führen Sie das Ende der Leine um und über das Auge.

2 Kreuzen Sie die lose Part mit der stehenden Part darunter und beginnen Sie mit dem Flechten: über die erste Leine, unter die zweite, über die dritte Leine und schließlich unter die letzte Leine. Nun haben Sie drei ineinander verflochtene Buchten.

3 Führen Sie das Arbeitsende kreisförmig und dann entlang der stehenden Part in den Knoten. Hierdurch entsteht die vierte Bucht. Folgen Sie weiter der stehenden Part. Um abzuschließen, stecken Sie das Ende dort hinein, wo das andere herauskommt. Verbinden Sie die Enden durch Zusammennähen oder -kleben.

# Trossenstekmatte

4

Diese Matte ist flacher als die vorige und eignet sich insofern besser als Untersetzer, natürlich kann man sie, je nach Größe, auch anderweitig nutzen.

Es ist fast unmöglich, von vorneherein zu wissen, wie viel Tauwerk man benötigt, da viel davon abhängt, welches Material verwendet wird, wie fest die Knoten gezogen werden und wozu die Matte einmal dienen soll. Probieren Sie es einfach! Beim ersten Mal wird er sicherlich noch nicht perfekt gelingen. Gehen Sie mit dem Seil sparsam um, wenn Sie das Spiel wieder Richtung stehende Part zurückziehen.

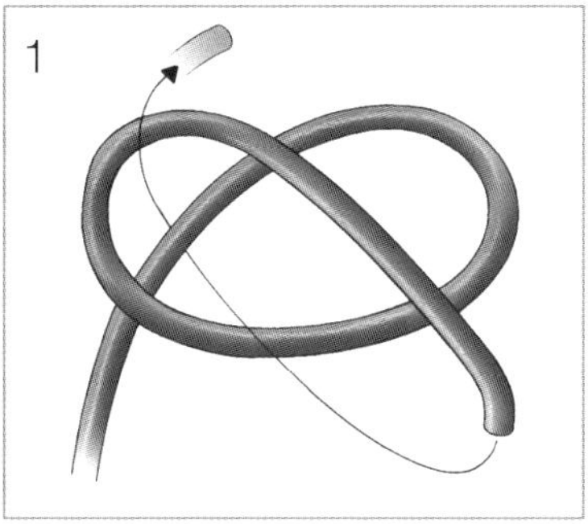


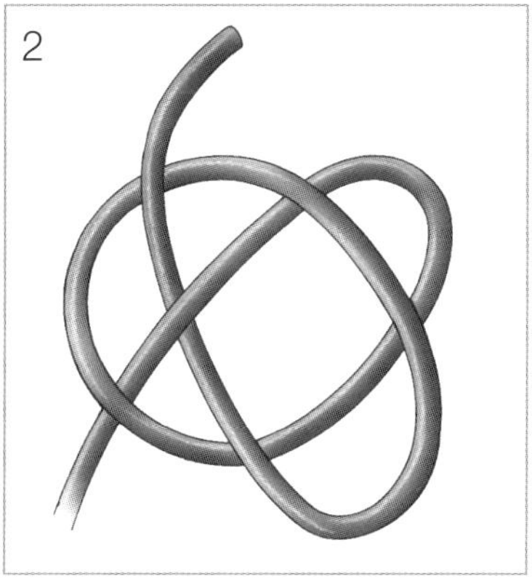


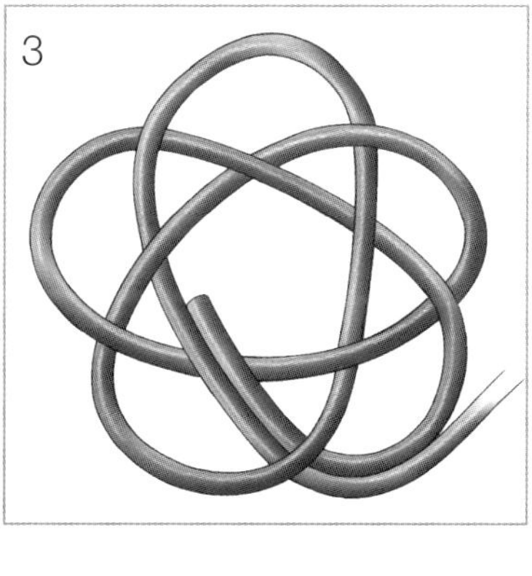


1 Legen Sie wie zuvor ein Auge und platzieren Sie die lose Part darüber.

2 Beginnen Sie sofort mit dem Flechten: Legen Sie das Ende über das erste Seil, unter das zweite und lassen Sie es über der letzten Part stehen. Wenden und das Ende unter der nächsten Bucht in den Knoten schieben, darunter, darüber, darunter und wieder über der letzten Part stehen lassen. Jetzt sollten vier Buchten gelegt sein.

3 Die fünfte Bucht wird gebildet, indem das Arbeitsende parallel zur stehenden Part gebracht und von dort in den Knoten geschoben wird, dann folgen Sie dem Flechtwerk im Kreis. Die Buchten wurden in der Reihenfolge 3, 1, 4, 2 und 5 gelegt, wenn Sie der dritten Abbildung folgen.

4 Wenn die nächste Runde komplett ist, müssen Sie die Seile nachstraffen und den Knoten in die richtige Form zupfen. Verbinden Sie die Enden durch Zusammennähen oder -kleben.

# Anglerknoten

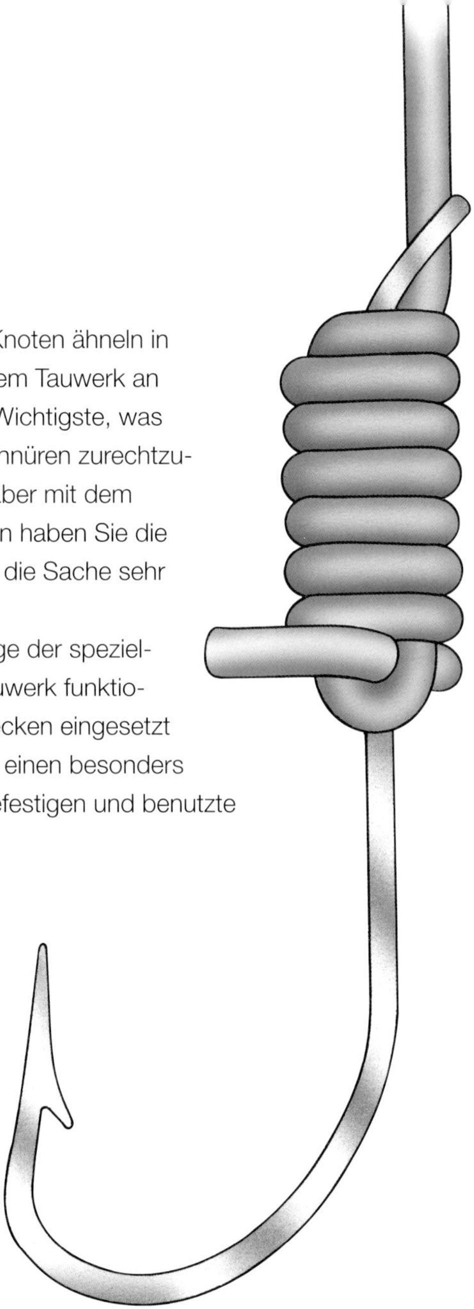

Viele in diesem Kapitel beschriebenen Knoten ähneln in Form und Aufbau denen, die mit dickerem Tauwerk an anderer Stelle verwendet werden. Das Wichtigste, was es hier zu lernen gilt, ist, mit dünnen Schnüren zurechtzukommen. Hierzu braucht man Übung, aber mit dem Legen der bereits beschriebenen Knoten haben Sie die Grundkenntnisse schon erworben, was die Sache sehr erleichtert.

Sie werden herausfinden, dass einige der speziellen Anglerknoten auch bei dickerem Tauwerk funktionieren, diese also auch zu anderen Zwecken eingesetzt werden können. So musste ich kürzlich einen besonders merkwürdig geformten Paravent neu befestigen und benutzte hierfür den Albright-Knoten.

# Inhaltsverzeichnis der Anglerknoten

# Knute-Stek

Beim Angeln gibt es die stetige Gefahr, dass Ihr Messer ins Wasser fällt, daher sollten Sie es besser an einer Schnur befestigen. Übrigens gilt das allgemein für Werkzeug, das Sie auf einem Boot oder an der Felswand verwenden.

Dieser einfache Knoten ist dafür gut geeignet und kann leicht entfernt werden, wenn Sie das Werkzeug austauschen oder die Länge der Schnur verändern wollen.

1 Binden Sie am Ende der Befestigungsschnur einen kleinen Stopperknoten. Stecken Sie eine Bucht durch das Loch im Messergriff. Führen Sie das Ende nach oben und um die Bucht. Ziehen Sie das Ganze mit dem stehenden Ende fest.

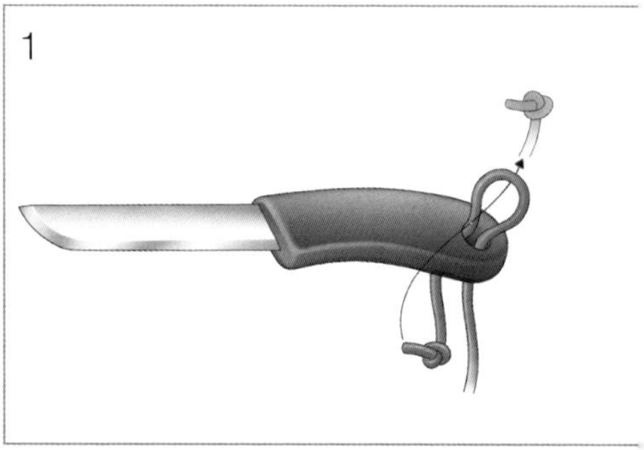

# Doppelter Turle-Knoten

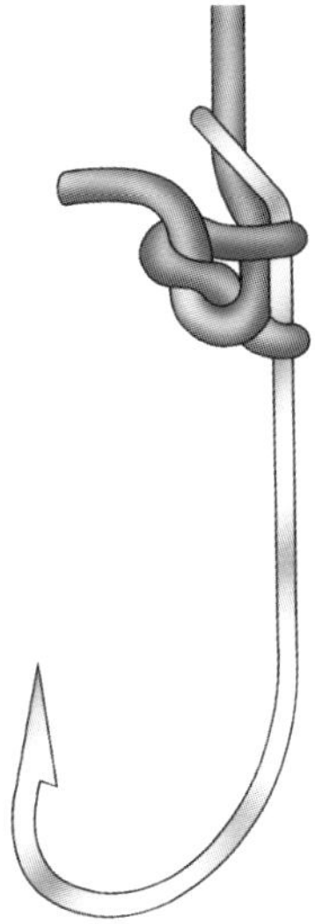

Dieser seit mehr als 160 Jahren bekannte Knoten wird verwendet, um eine Schnur an einer Winkelöse oder an einem gebogenen Ösenhaken zu befestigen.

1 Stecken Sie die Schnur durch die Öse, legen Sie zwei Augen zum Beispiel um einen Finger und binden Sie darum einen Daumenknoten.

2 Ziehen Sie den Finger heraus und stecken Sie den Haken durch beide Augen. Mit Speichel befeuchten und festziehen. Das Ende abschneiden.

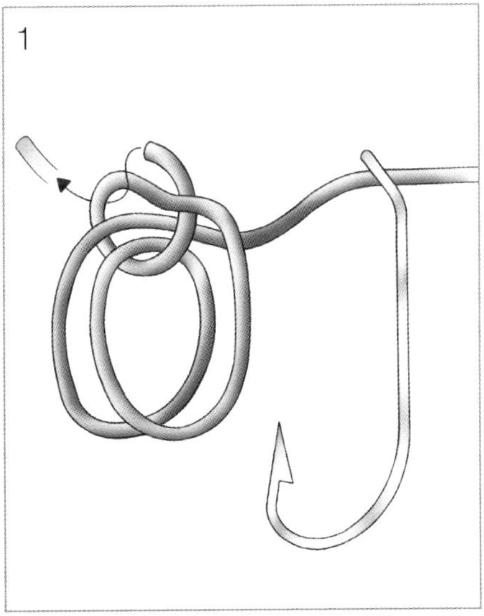


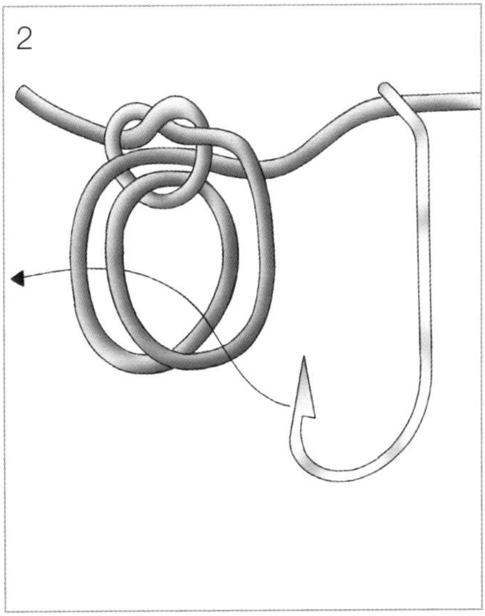

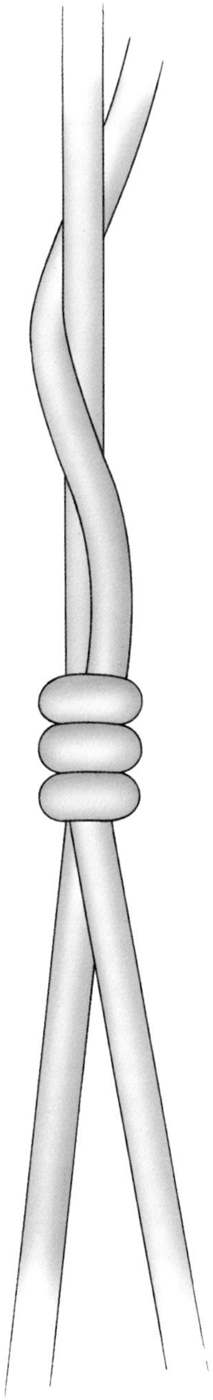

# Arborknoten

Mit diesem Blutknoten befestigt man eine Angelschnur an der Haspel. Die Achse in der Haspelmitte nennt man auf Englisch »Arbor«, daher der Name. Der Knoten rutscht die stehende Part hinunter gegen die Achse und hält die Schnur an der Haspel.

1 Führen Sie die Schnur um die Achse, dann nach vorne und legen Sie ein offenes Auge, das dann an der stehenden Part gehalten wird.

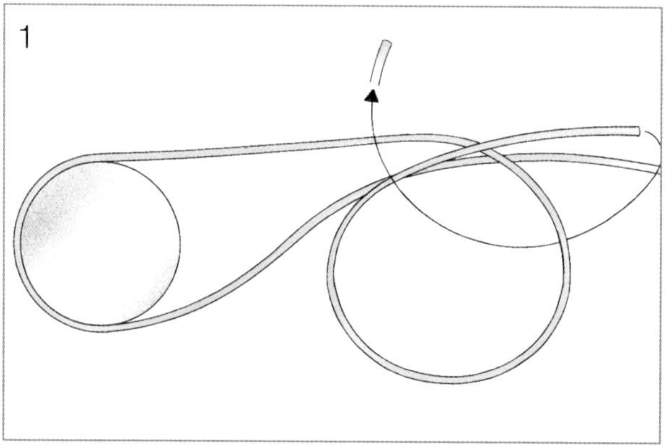

2 u. 3 Legen Sie mehrere Törns um das Auge und die stehende Part und machen Sie den Abschluss mit einem Blutknoten (s. S. 37). Der Blutknoten rutscht nach unten die stehende Part entlang, blockiert gegen die Achse und befestigt die Schnur an der Haspel.

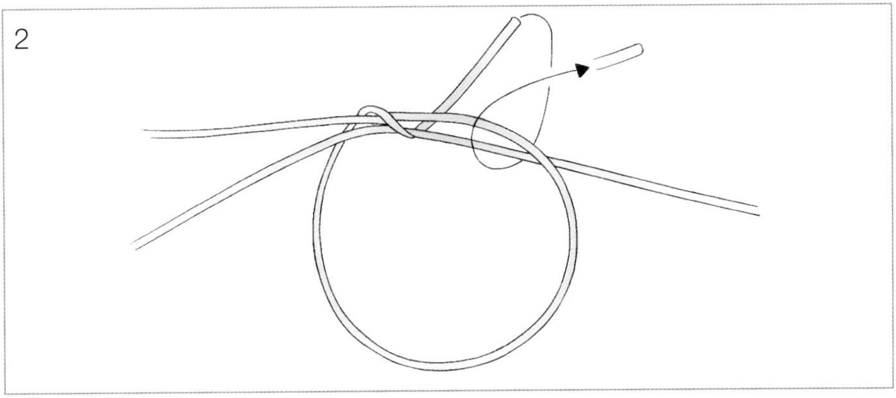


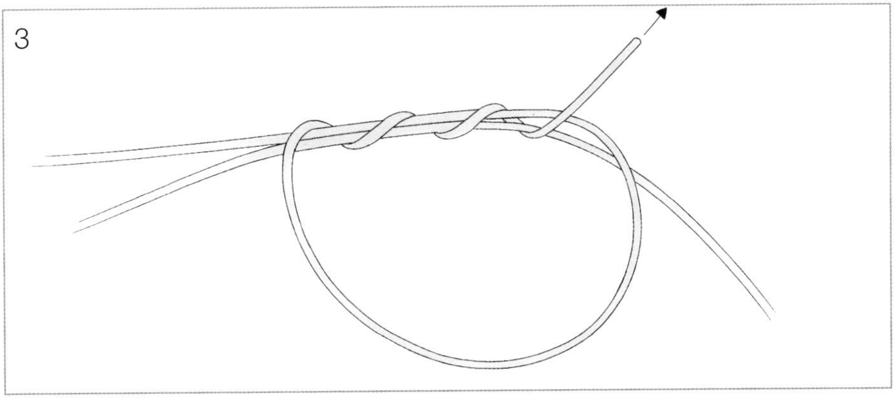

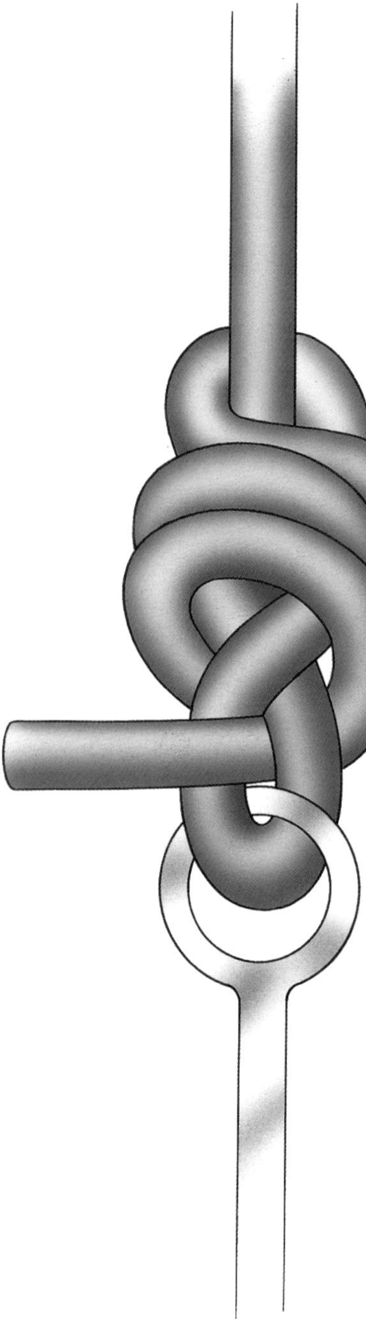

# Halber Blutknoten

Dies ist einer der einfachsten Knoten, um eine Schnur an einem Haken, Drehzapfen mit Öse oder einem Ring zu befestigen, aber wie die meisten Anglerknoten bedarf er einiger Übung und einer gewissen Fingerfertigkeit, da die Angelschnur viel dünner ist als das in den anderen Kapiteln des Buches verwendete Tauwerk. Die meisten Nylonschnüre lassen sich leichter knoten, wenn sie geschmiert werden. Im Allgemeinen wird hierfür Speichel verwendet, achten Sie aber darauf, wenn Sie den Angelhaken in die Nähe Ihres Mundes bringen, dass Ihre Ausrüstung sauber ist.

1

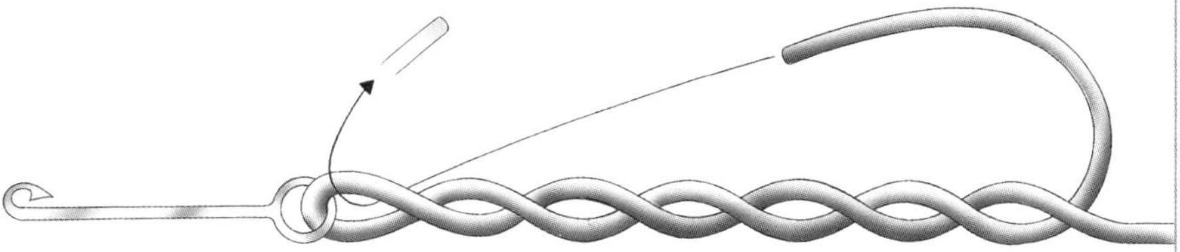

2

1 Stecken Sie das Ende der Schnur durch die Öse und zurück. Drehen Sie den Haken oder Ring zwischen Finger und Daumen, so dass sich die Schnur verzwirnt.

2 Führen Sie das Schnurende nach unten über die Windungen und durch den Schlitz, wo die Schnur aus der Öse kommt. Mit Speichel befeuchten und nach und nach festziehen. Das Ende kurz abschneiden.

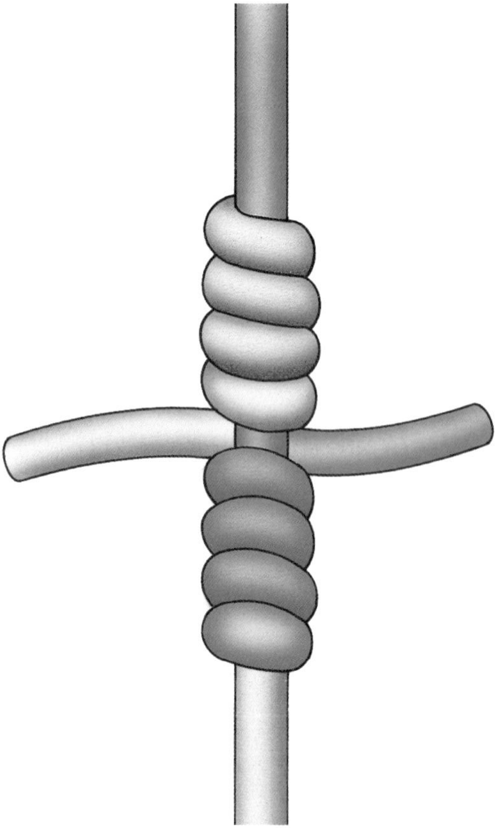

# Blutknoten (2)

Dieser ist vermutlich der bekannteste aus der großen Familie der Blutknoten. Er wird verwendet, um zwei Leinen – Angelschnüre wie auch dickere Leinen – miteinander zu verbinden. Sollte Ihre Leine reißen, kann er für Sie sehr nützlich sein.

1 Legen Sie die beiden gegenüberliegenden Schnüre über Kreuz. Legen Sie einige Törns um die eine Schnur, wobei Sie die Kernschnur gerade ziehen.

2 Führen Sie das Ende zurück und nach oben zwischen den stehenden Parten und dem ersten Törn hindurch.

1

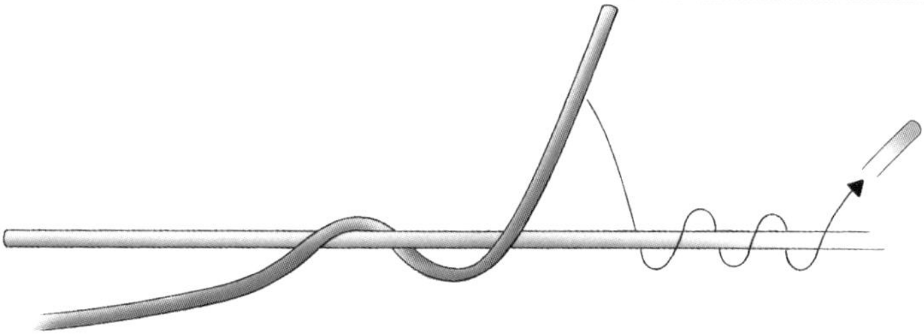

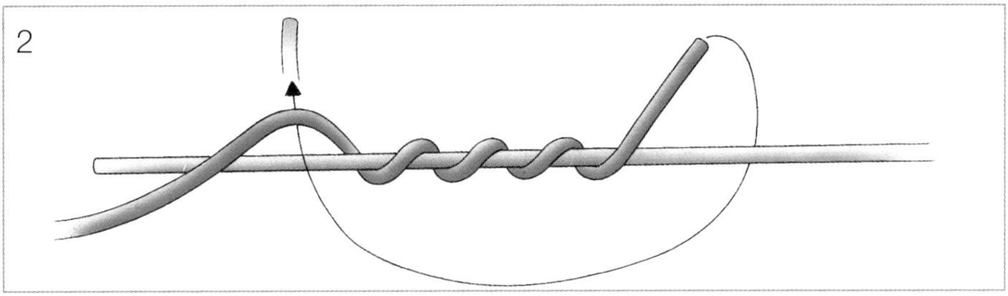


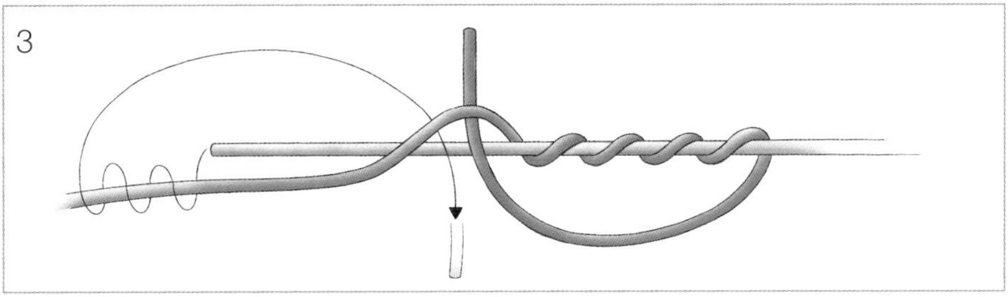


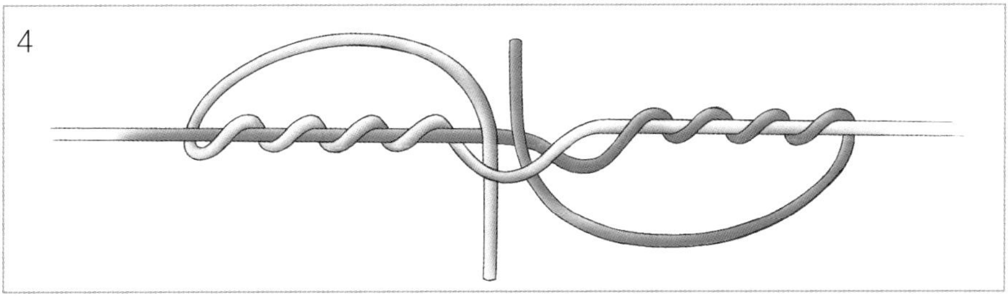


3 Drehen Sie das Ganze um 180 Grad und machen Sie bei der zweiten Leine genauso viele Törns wie bei der ersten in derselben Richtung, wobei Sie das Ende genau wie im ersten Fall zurückdrehen und durch die mittlere Öse stecken.

4 Beide Enden verlassen die Knotenmitte nun in entgegengesetzten Richtungen. Mit Speichel befeuchten und vorsichtig straffen. Enden abschneiden.

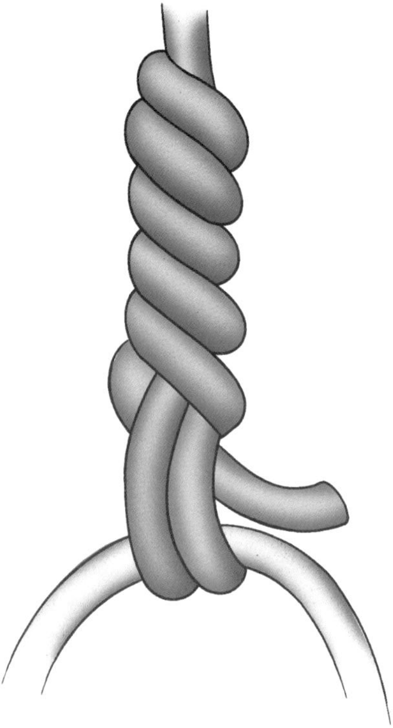

# Trilene-Knoten

Man kann sich diesen Knoten als Blutknoten mit Rundtörn vorstellen. So wie sich bei einem Palstek mit Rundtörn die Last besser verteilt, wenn man daran ruckt, ist auch dieser Knoten solider als ein einfacher Blutknoten.

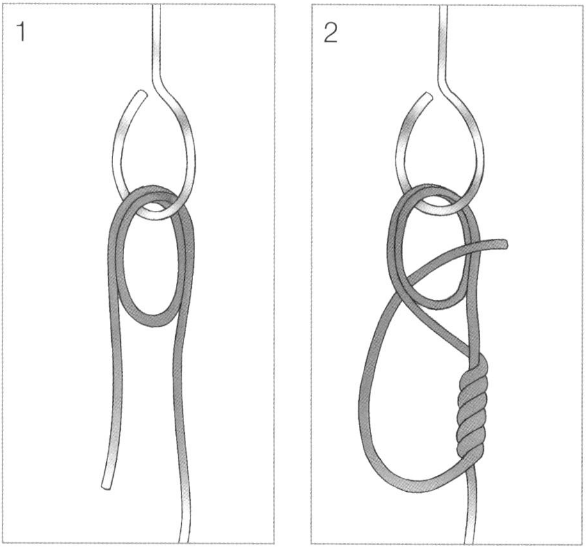


1 Legen Sie das Ende der Schnur zweimal durch die Öse.

2 Legen Sie um die Schnur etwa ein halbes Dutzend Törns, arbeiten Sie vom Auge weg. Führen Sie das Ende nach oben durch das Auge. Mit Speichel befeuchten und festziehen. Ende kurz abschneiden.

# Grinner-Knoten

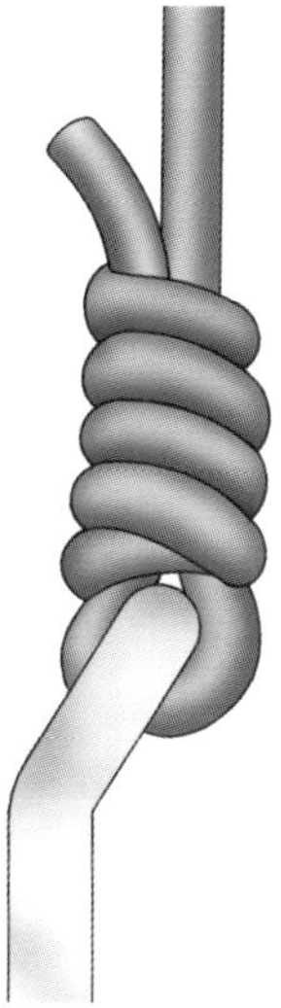

Dieser Knoten ist die umgekehrte Version des Doppelten Fischersteks.

1 u. 2 Stecken Sie die Schnur durch die Öse und führen Sie sie zurück entlang der stehenden Part, so dass die Öse am Ende einer Bucht steht. Führen Sie die Schnur zurück zur Öse und legen Sie vier oder fünf Törns um beide Schenkel der Bucht, bevor Sie das Ende aus dem Auge herausführen. Mit Speichel befeuchten und festziehen.

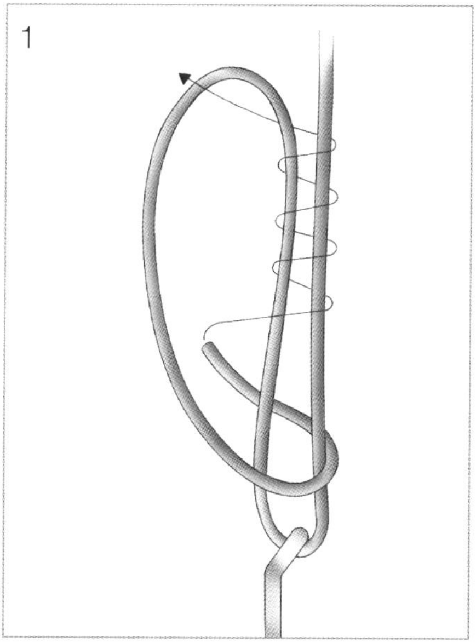


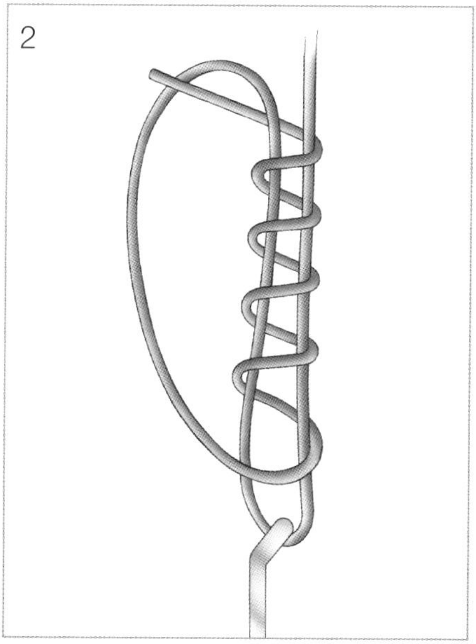

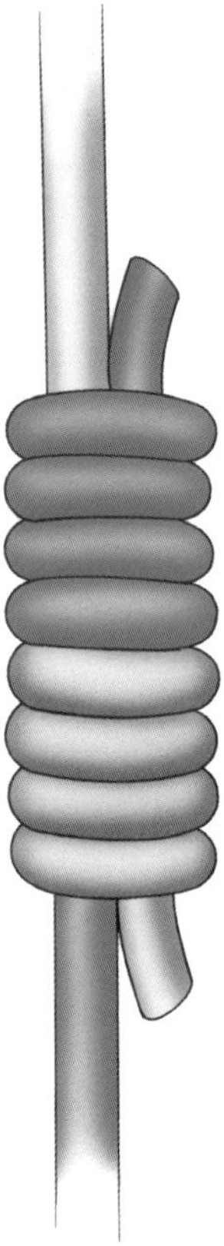

# Doppelter Grinner-Knoten

Er folgt beim Verbinden von zwei Schnüre dem gleichen Prinzip wie der Grinner-Knoten. Der Doppelte Grinner-Knoten ist das Äquivalent zum Doppelten Fischerstek, aber im Allgemeinen werden mehr Törns gelegt, da das Material viel feiner und rutschiger ist.

1 Führen Sie die Schnurenden von den entgegengesetzten Seiten zusammen. Legen Sie mit der ersten Schnur einen Grinner-Knoten um die zweite.

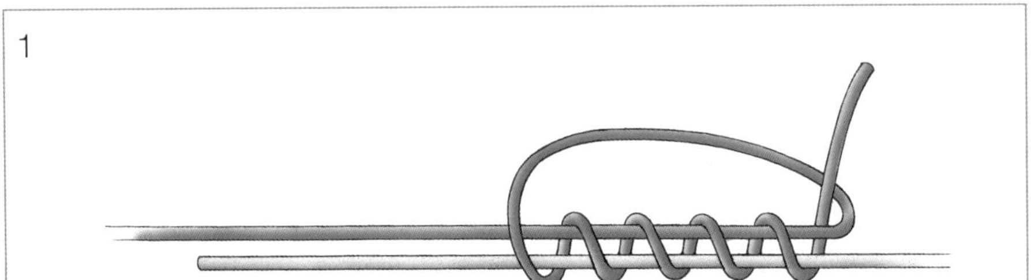

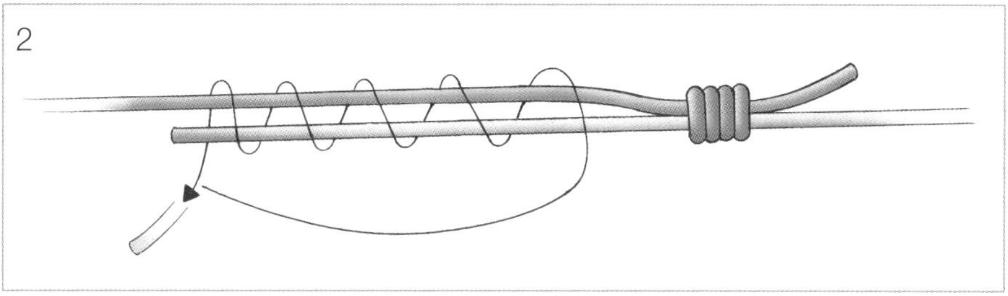


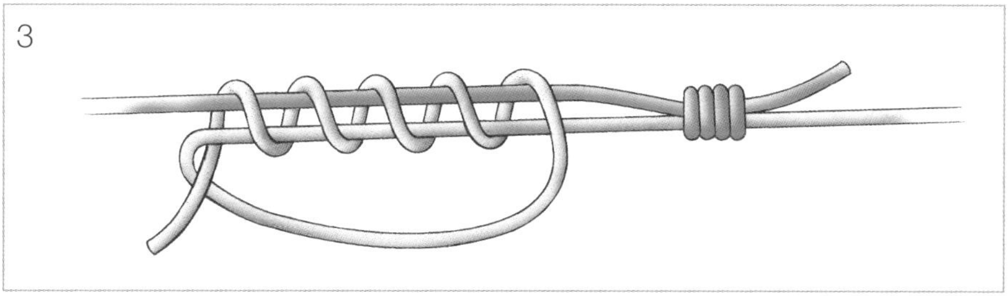


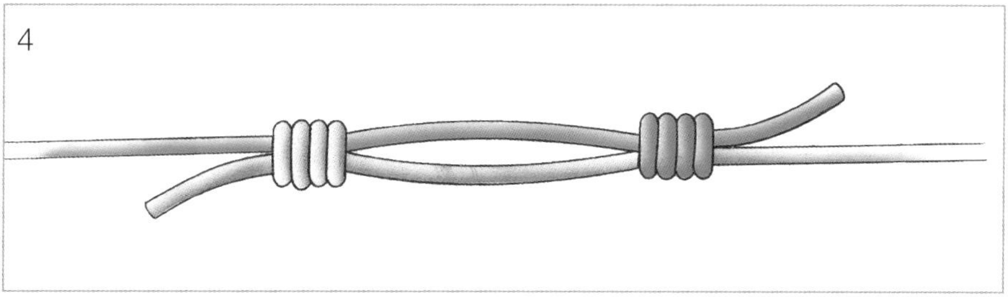


2 u. 3 Drehen Sie das Ganze herum und legen Sie mit der zweiten Schnur einen Grinner-Knoten um die erste.

4 Mit Speichel befeuchten und jeden Knoten einzeln festziehen, dann an den beiden stehenden Parten so ziehen, dass die Knoten fest zusammenrutschen. Enden abschneiden.

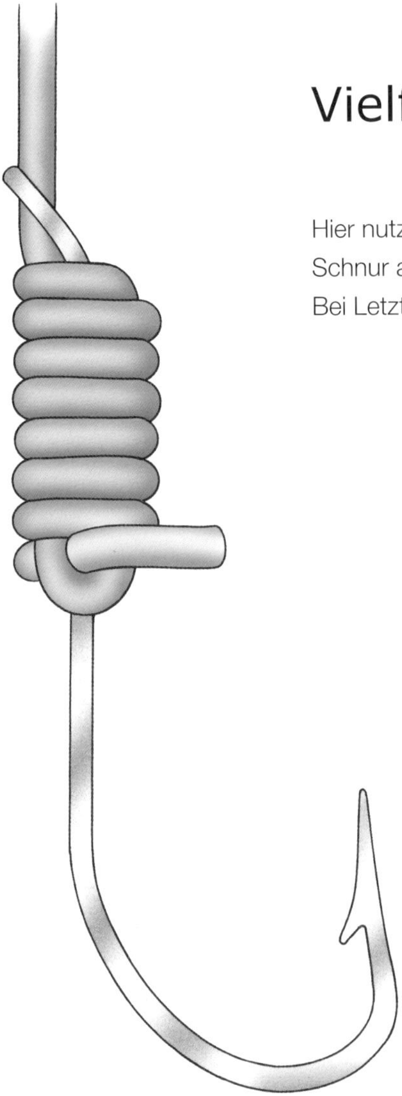

# Vielfache Windungen

Hier nutzen wir die Idee des Henkerknotens, um die Schnur an Angelhaken mit und ohne Öse zu befestigen. Bei Letzteren muss man etwas mehr aufpassen.

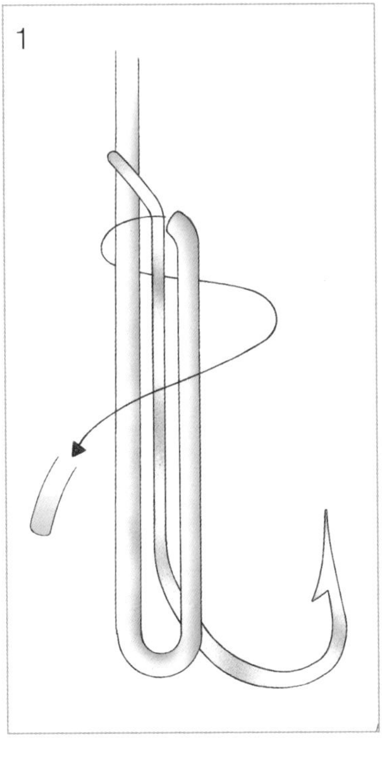

1 Stecken Sie die Schnur durch die Öse, führen Sie sie den Haken entlang bis zum Ende und dann wieder ganz zurück.

2 Beginnen Sie damit, die zwei Parten der Schnur bis zum Ende um den Hakenschaft zu wickeln.

3 Führen Sie das Ende durch die Bucht am Hakenende. Mit Speichel befeuchten und festziehen, wobei Sie den Knoten zur Öse ziehen. Das Ende abschneiden.

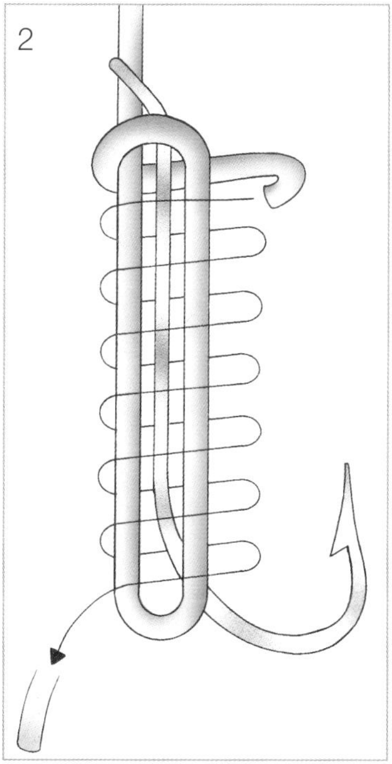


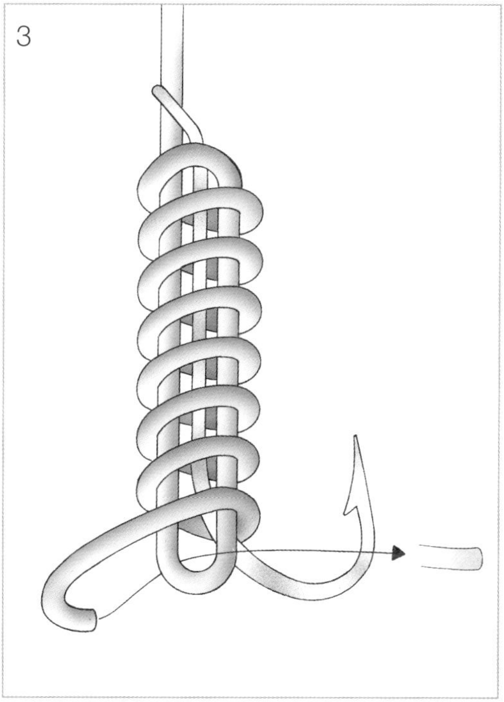

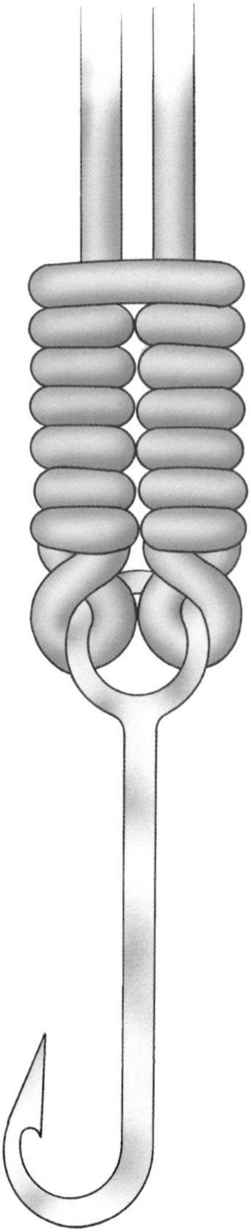

# Kurze Trompete (2)

Hier ist eine weitere Anwendung für die schon an anderer Stelle beschriebene Kurze Trompete. Mit der Schlinge kann eine Last angehoben werden, aber sie unterscheidet sich von der anderen Kurzen Trompete dadurch, dass der Haken an einer doppelten Schnur hängt.

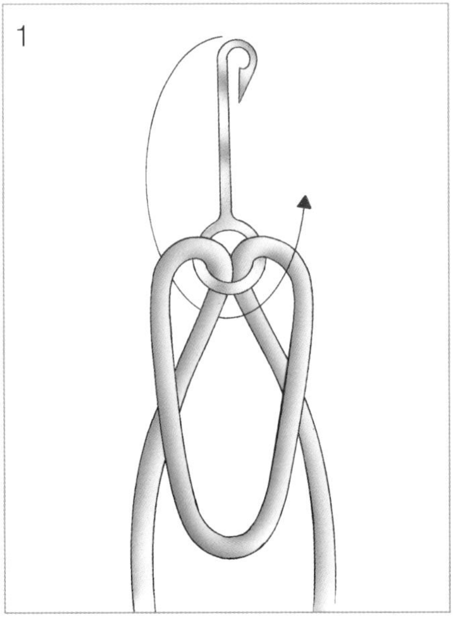

1 u. 2 Stecken Sie eine Bucht der Schnur durch die Hakenöse und lassen Sie das Auge nach vorne unten klappen. Lassen Sie den Haken nach hinten fallen und führen Sie ihn nach oben durch das Auge. Wiederholen Sie dies sieben bis acht Mal.

3 Mit Speichel befeuchten, an den Schnurenden ziehen und zugleich die Törns zusammendrücken. Festziehen und Ende abschneiden.

2

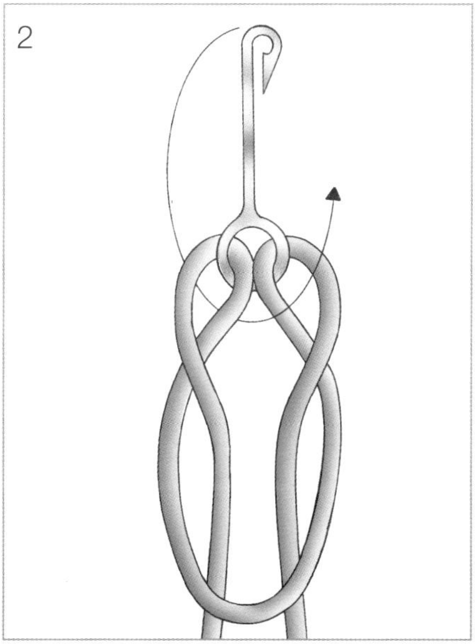

3

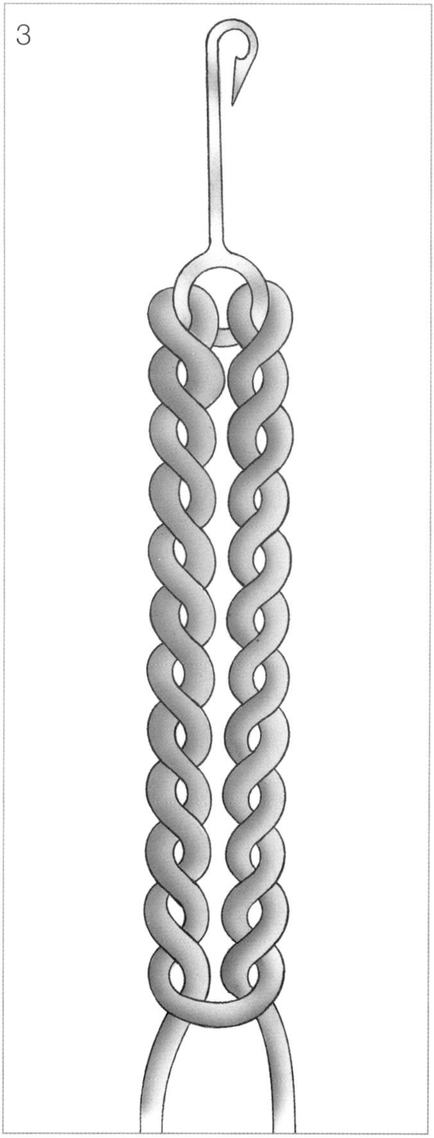

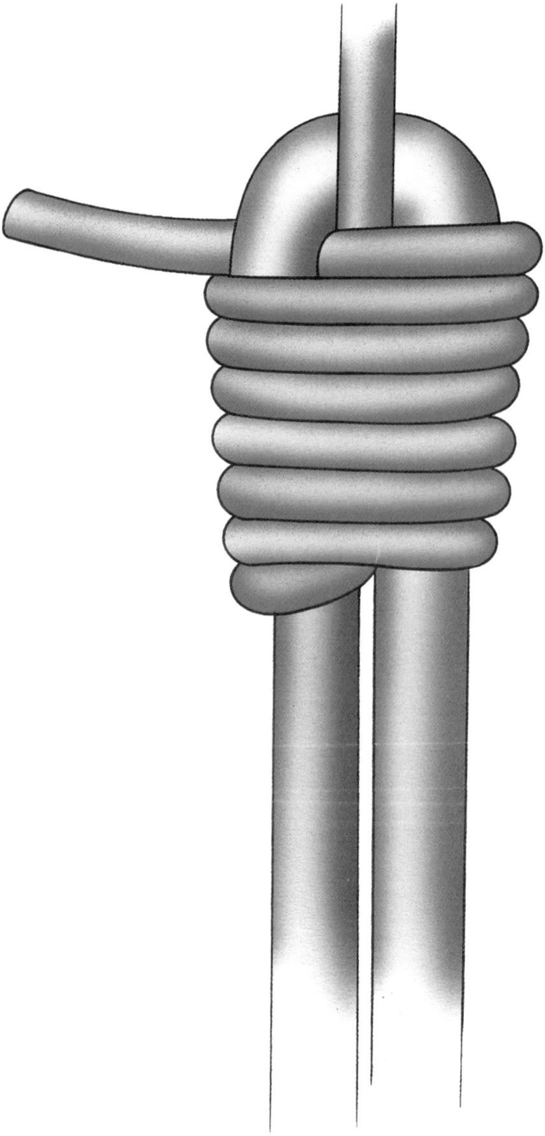

# Albright-Knoten

Er ist dem Strecktauknoten sehr ähnlich, kann aber bei dünnen Leinen eingesetzt werden. Man kann mit ihm eine Leine mit Draht oder Leinen unterschiedlicher Größe miteinander verbinden.

1 Legen Sie die dickere Schnur auf ca. zehn Zentimeter doppelt. Führen Sie die dünne zwischen der dicken Schnur hindurch.

2 Beginnen Sie, die dünne Schnur um sich selbst und die doppelte Schnur zu wickeln, bewegen Sie sich dabei zurück in Richtung der Bucht der dicken Schnur. Die Törns sollten gleichmäßig sein und dürfen sich nicht überlappen.

3 Stecken Sie das Ende der dünnen Schnur durch das Auge am Ende der dicken Schnur, wobei Sie alles festhalten. Mit Speichel befeuchten und den Knoten an der Schnur nach oben schieben, festziehen und Enden abschneiden.

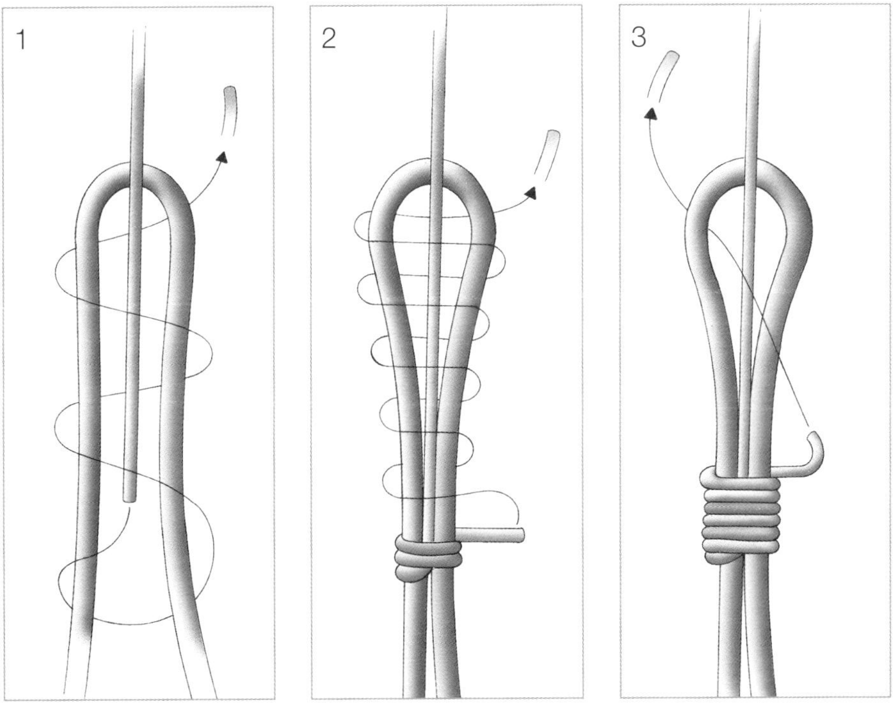

# Fliegenknoten

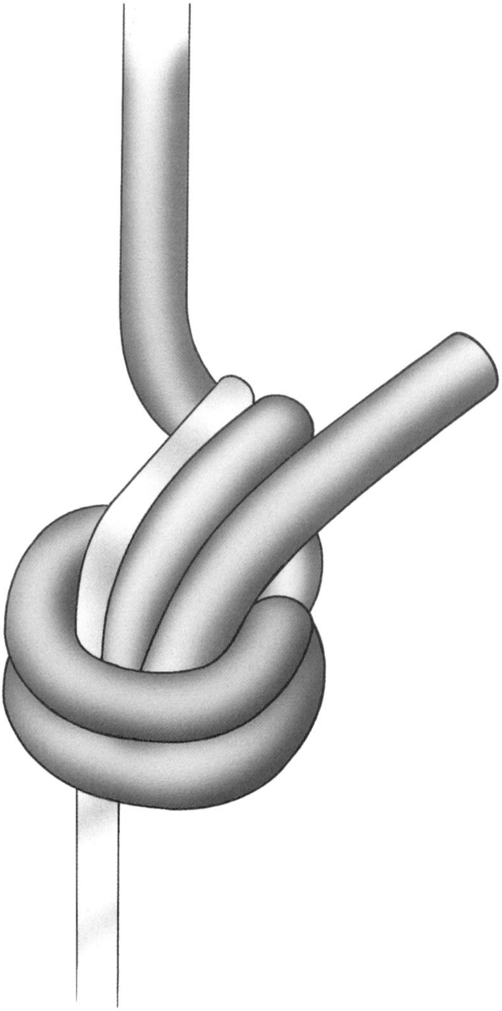

Für das Festbinden von Fliegen gibt es viele Knoten; dieser hier ist einer der besten. Wenn Sie mit dem Fliegenfischen beginnen wollen, sei es mit Trockenfliegen oder Nymphen, eignet er sich ausgezeichnet. Wollen Sie richtig einsteigen, sollten Sie aber doch ein spezielles Buch zu Rate ziehen.

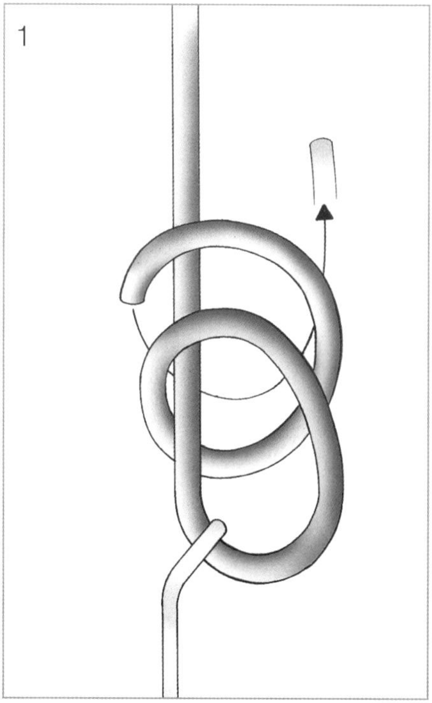

1 Stecken Sie die Schnur durch die Öse und legen Sie zwei Törns um die stehende Part, so dass sich zwei parallele Augen bilden.

2 Legen Sie nun zwei Törns um die Seiten der Augen.

3 Schieben Sie die Windungen auf den Schaft des Hakens, während Sie gleichzeitig an der stehenden Part ziehen. Möglicherweise brauchen Sie hierfür etwas Speichel. Wenn der Knoten den Haken erreicht, festziehen und das Ende abschneiden.

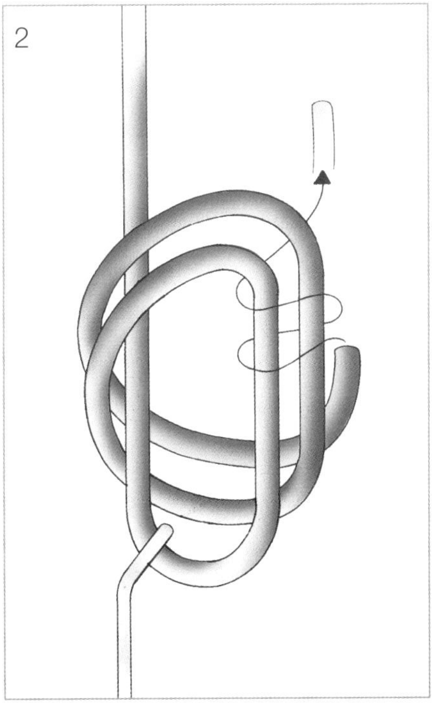


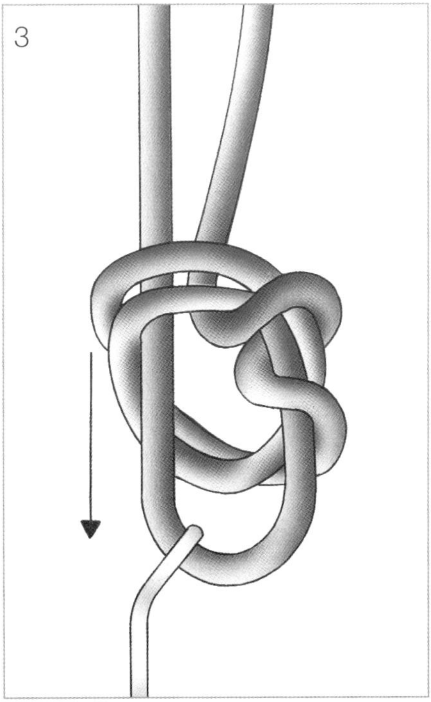

# Anglerschlinge

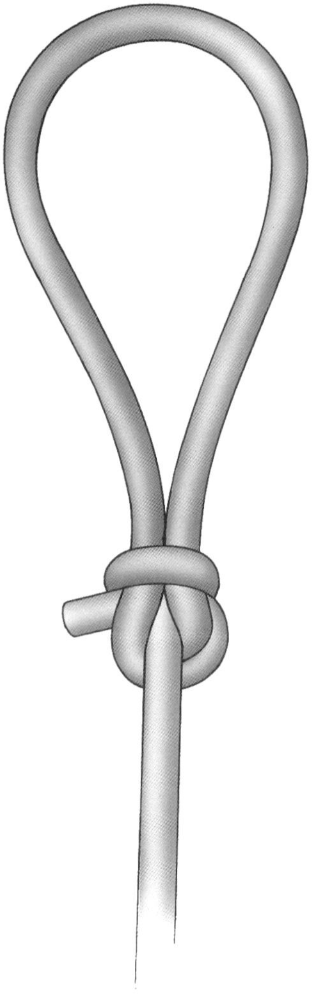

Dieser Knoten ist bis ins 17. Jahrhundert zurückzuverfolgen, funktioniert mit modernen Materialien aber genauso gut wie seinerzeit mit Darmsaiten und Rosshaarschnüren. Beliebt bei Fischern, ist er sogar für Bungeeseile sicher genug. (Sollten Sie ihn jedoch hierfür verwenden, dürfen Sie das Ende auf keinen Fall kurz abschneiden!)

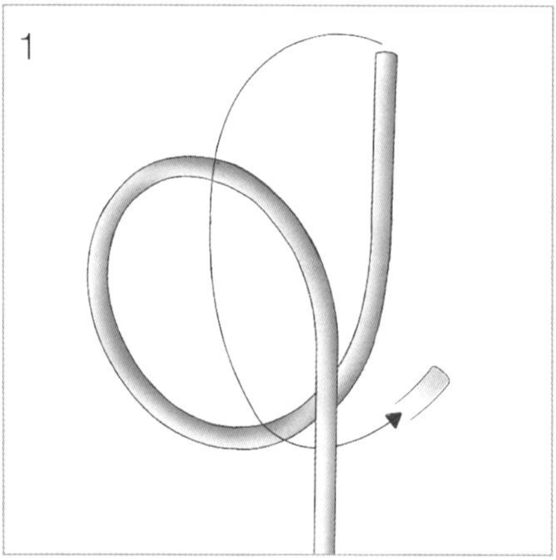

1 Legen Sie ein Unterhandauge, bei dem das Ende rechts herauskommt.

2 Legen Sie für ein zweites Auge einen losen Törn um die stehende Part. Er soll oberhalb des ersten Auges liegen und es überlappen.

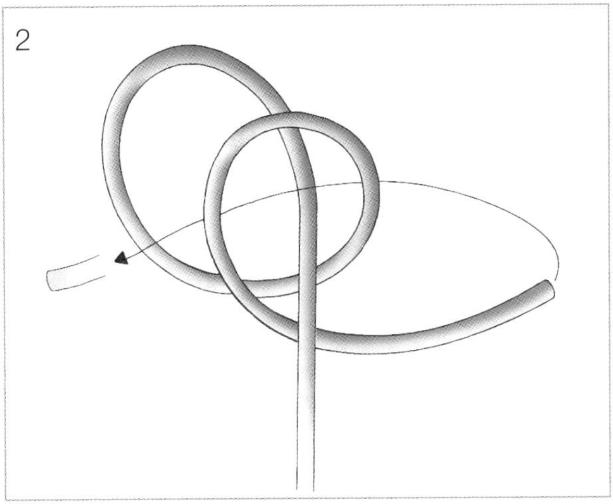


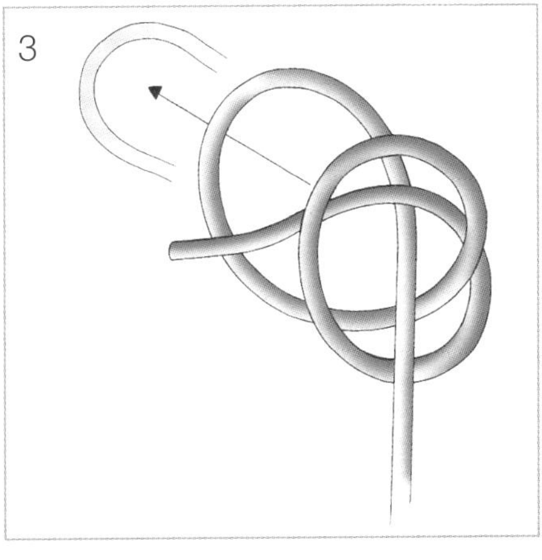


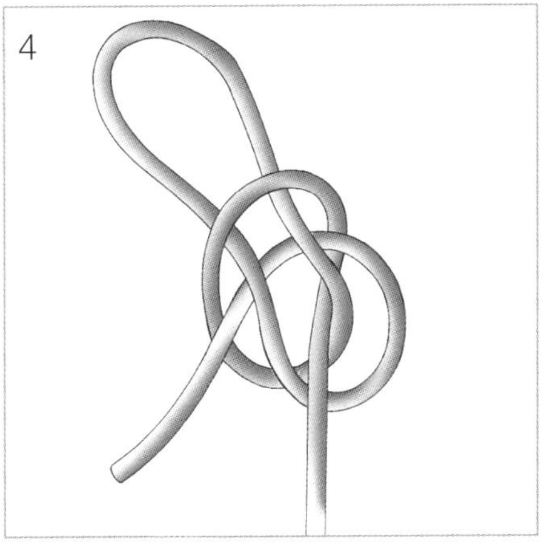


3 Führen Sie das Ende zwischen die zwei Augen und ziehen Sie die Bucht des oberen Auges durch das zweite Auge.

4 Das Ende ist nun blockiert und der Knoten kann festgezogen werden.

# Vice-versa-Knoten

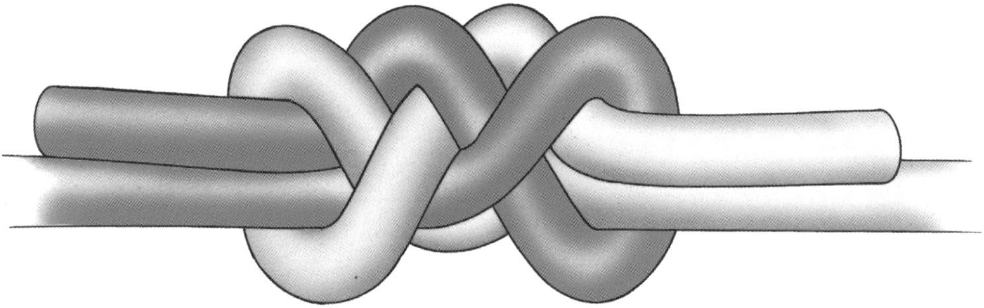

Mit diesem Knoten lassen sich zwei Leinen so sicher verbinden, dass man ihn selbst bei nassen und schlüpfrigen Leinen anwenden kann, und sogar bei Bungeeseilen. Er wurde von dem großen Knotenspezialisten Dr. Harry Asher entwickelt. Probieren und testen Sie ihn.

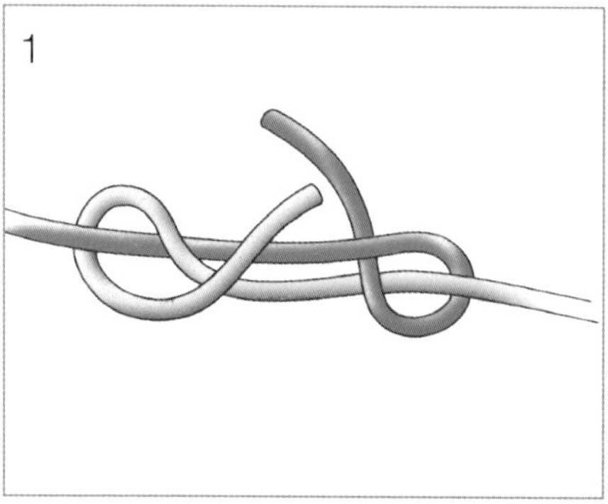

1 u. 2 Legen Sie die Enden zusammen. Führen Sie das von links kommende Ende hinter der anderen Leine herum und vorne nach oben, jedoch hinter die eigene stehende Part. Führen Sie das von rechts kommende Ende über die andere Leine, von hinten um die eigene stehende Part. Kreuzen Sie dieses Ende hinter dem anderen und führen Sie es durch das von der ersten Leine gebildete Auge.

3 Führen Sie das erste Ende durch das von der zweiten Leine gebildete Auge.

4 Durch das gleichzeitige Ziehen der Enden und der stehenden Parten vorsichtig straffen. Wenn alles fest hält, die ordentlich parallel zur restlichen Leine liegenden Enden abschneiden.

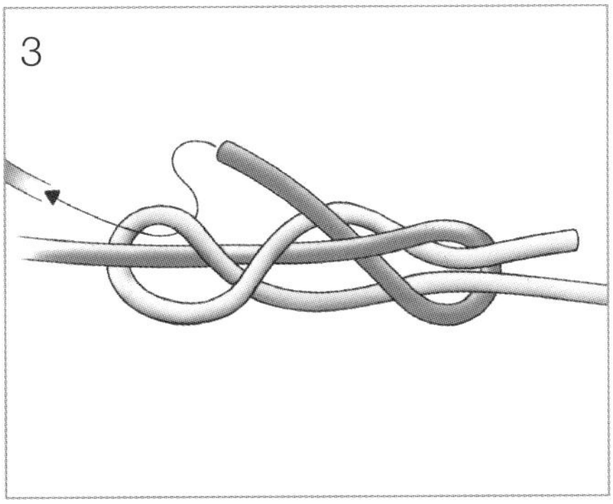

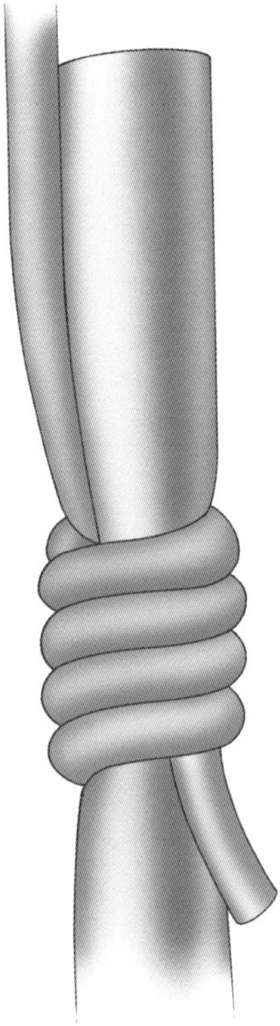

# Nagelknoten

Er dient dazu, die Monofilament-Hauptleine mit der Fliegenschnur zu verknüpfen. Statt eines Nagels verwende ich lieber ein feines Messingröhrchen, aber auch ein Stück leere Kugelschreibermine funktioniert gut.

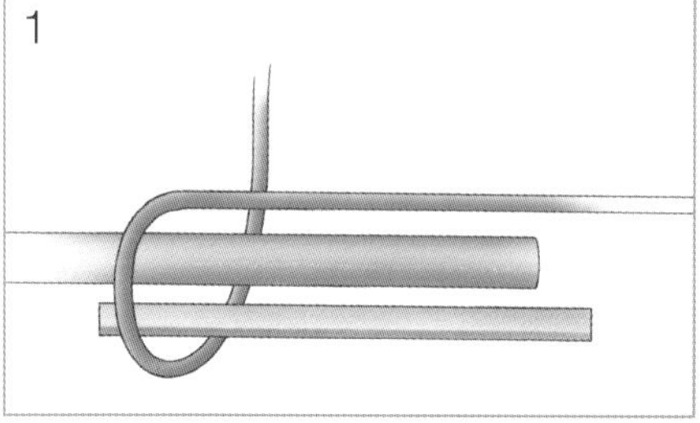


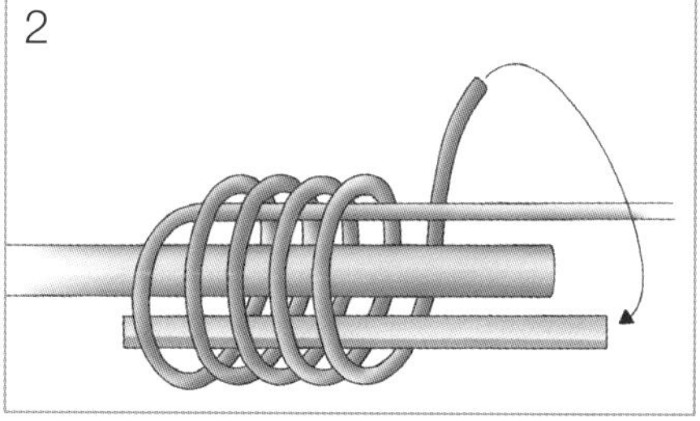

1 Legen Sie das Monofilament wie in der Abbildung (die stehende Part oben neben die Fliegenschnur) und platzieren Sie das Röhrchen am Ende der Leine darunter.

2 Legen Sie Richtung Leinenende einen Takling um Leine und Röhrchen, die Törns eng beieinander, aber ohne sich zu überschneiden und gut festgezogen. Vermutlich genügen sechs bis sieben Törns.

3 Stecken Sie ein Stückchen des Monofilaments am Ende der Leine in das Röhrchen.

4 Halten Sie den Takling fest und ziehen Sie dabei das Röhrchen mit dem Monofilament heraus. Jetzt hat der Takling viel Spiel und der Knoten muss sorgfältig festgezogen werden, bevor er ganz gestrafft wird und die Enden abgeschnitten werden.

Wenn Sie einen Nagel haben, ziehen Sie ihn heraus und fädeln Sie das Monofilament durch den so entstandenen Freiraum. Kommen Sie dem Ende der Leine nicht zu nah, wenn Sie die Törns machen, da sie sonst herunterrutschen könnten. Statt eines Nagels oder Röhrchens können Sie auch ein doppelt gelegtes Monofilament verwenden, durch das dort entstehende Auge kann das Ende zum Fixieren durchgezogen werden.

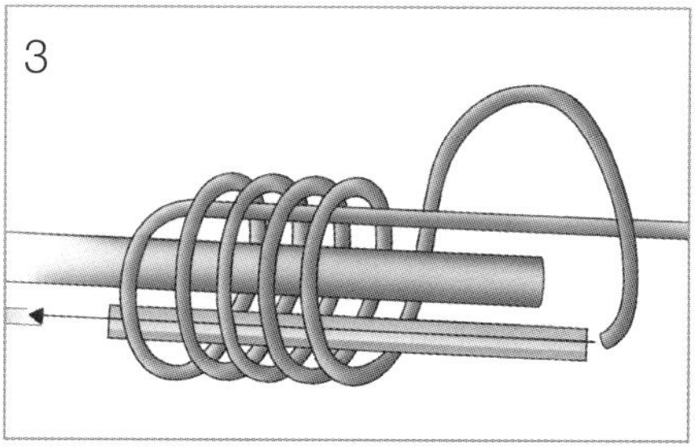


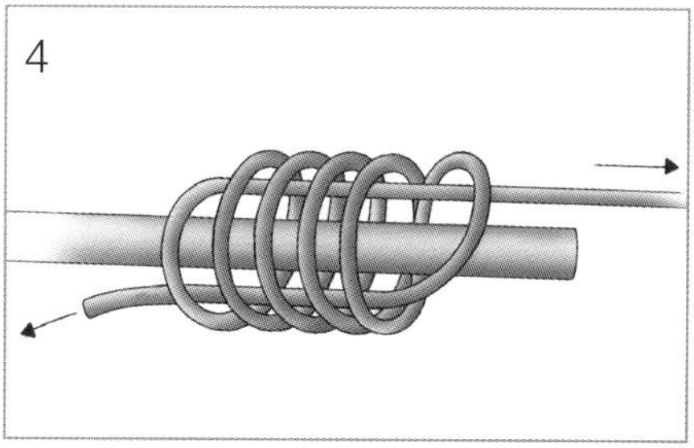

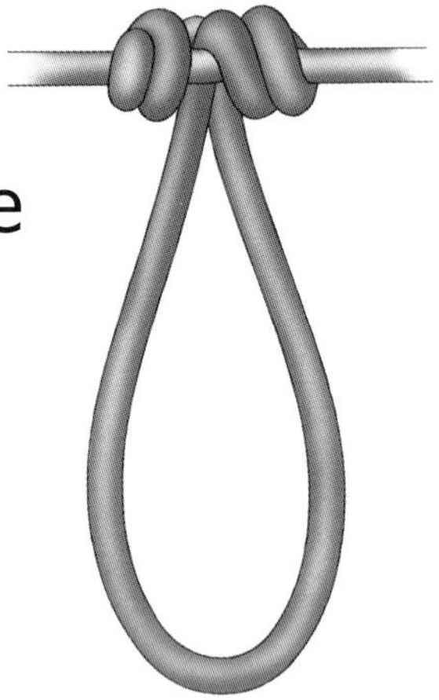

# Blutknoten-Leinenschlinge

Diese Schlinge, die im rechten Winkel zur Leine gebunden wird, ist ausgezeichnet geeignet, um an der Fliegenschnur zusätzliche Fliegen festzubinden sowie Haken und Gewichte eines Paternoster-Systems mit mehreren Angelhaken. Der Alpine Schmetterlingsknoten (s. S. 160) erfüllt den gleichen Zweck.

1

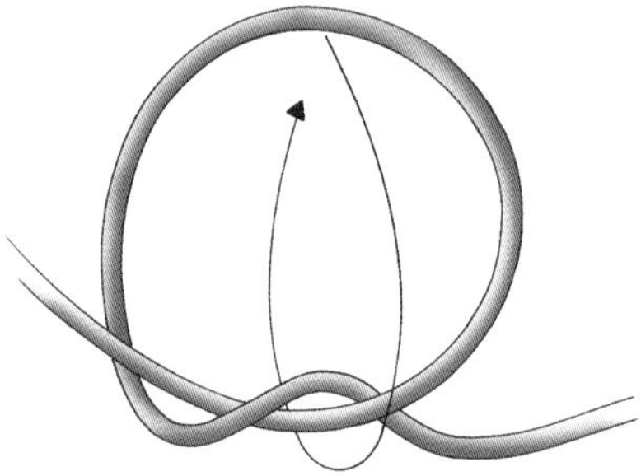

2

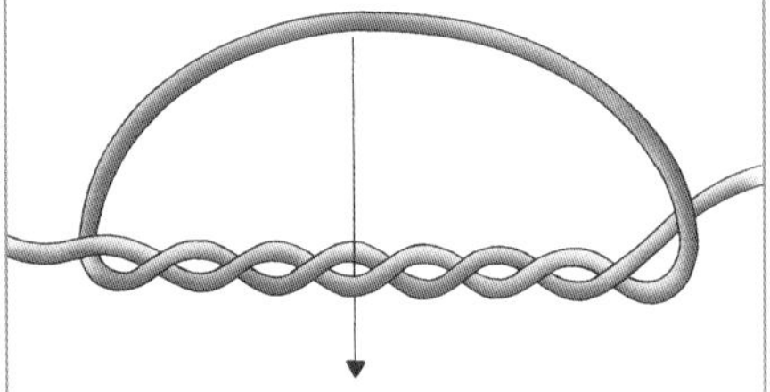

1 u. 2 Binden Sie einen Daumenknoten mit großem Auge und legen Sie mindestens acht Törns.

3 Suchen Sie die Mitte der Törns und trennen Sie sie so, dass ein kleines Auge entsteht. Führen Sie eine Bucht des ersten großen Auges durch das kleine. Festziehen.

3

# Jansik-Spezialknoten

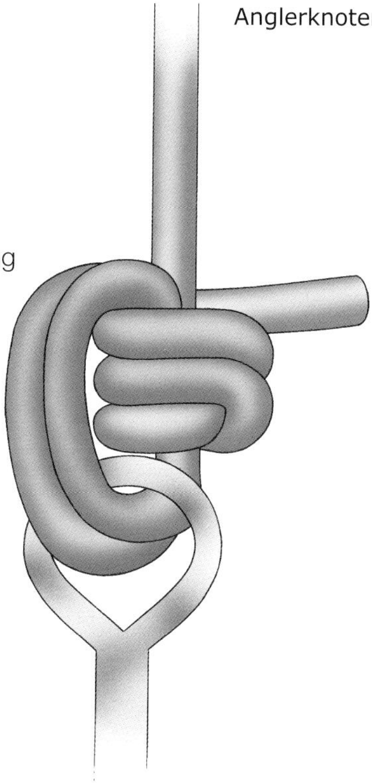

Dies ist ein sehr kräftiger Knoten, mit dem man leichte Monofilamente an einem Haken oder Ring befestigen kann.

1 u. 2 Stecken Sie das Schnurende zweimal durch die Hakenöse, indem Sie zwei Augen bilden.

3 Bringen Sie das Ende zur Öse, als wollten Sie ein drittes Auge legen, aber wechseln Sie stattdessen die Richtung und legen Sie drei Törns um die drei Parten der Schnur. Festziehen und das Ende abschneiden.

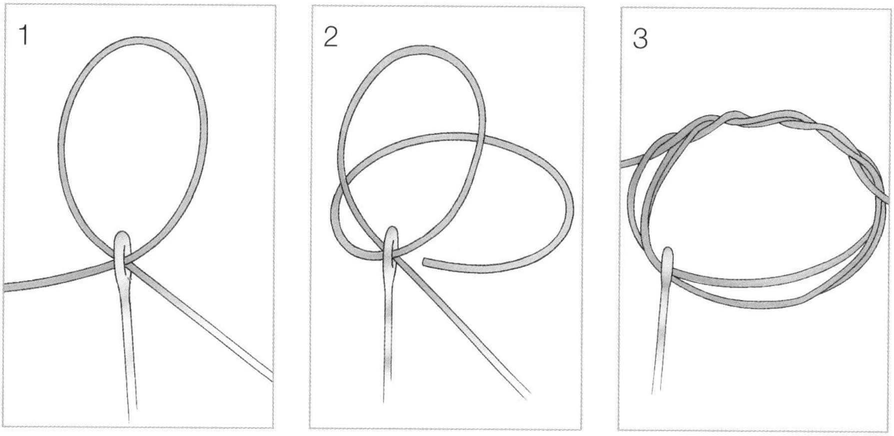

# Netze knüpfen

Fischernetze sowie Nachtangeln und Fallen (natürlich nur im legalen Rahmen!) haben mir mehr leckeren Fisch beschert als die »sportlicheren« Angeltechniken. Das Netzeknüpfen sei deshalb hier beschrieben, obwohl es in den anderen Kapiteln durchaus Platz fände: für Hängematten, Einkaufs- oder Sicherheitsnetze, um nur einige der Anwendungen zu nennen.

1 Damit Sie die Garnrolle nicht jedes Mal durch den Knoten stecken müssen, brauchen Sie eine Netzspindel. Es gibt verschiedene Typen, wobei die hier gezeigte für unsere Zwecke am sinnvollsten ist.

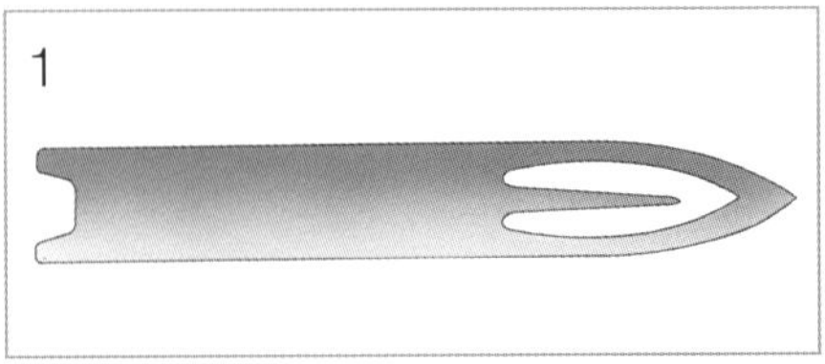


2 Das Laden der Netzspindel erfolgt, indem die Leine um den Dorn geführt wird und man das Ende der Leine festhält, während man auf der anderen Seite die Leine über den Dorn so lange hin- und herführt, bis die Spindel voll ist.

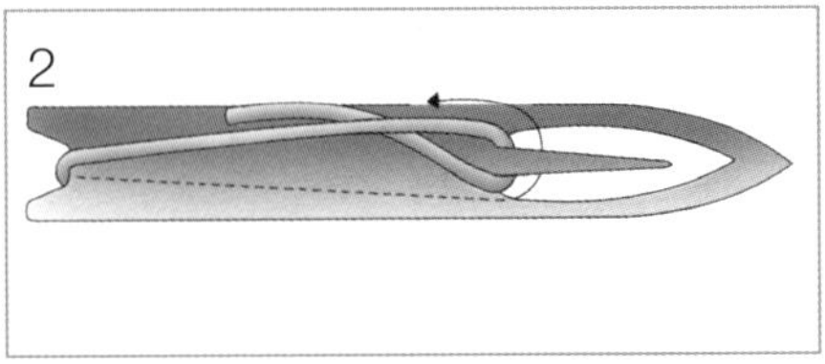

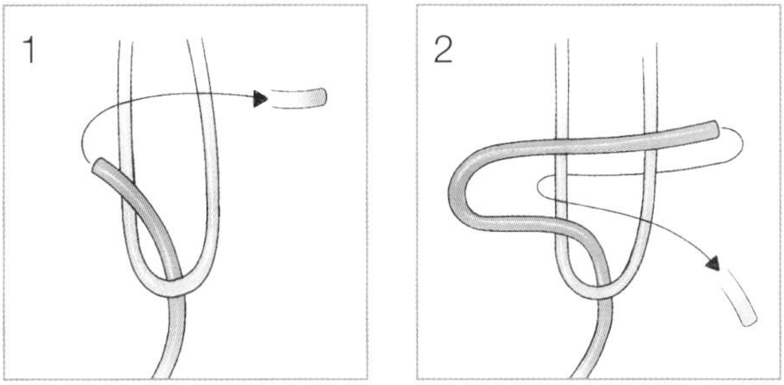


Die erste Maschenreihe wird mit Mastwürfen auf dem Kopftau aufgezogen, bevor das restliche Netz geknüpft wird. Dies wird hier nicht gezeigt, um den Rahmen nicht zu sprengen.

1 u. 2 Für die Maschen werden Schotsteks verwendet, die man bindet, indem man mit der Spindel von hinten nach oben durch die erste Masche sticht. Der Daumen hält das Garn an der Maschenbasis und man steckt die Nadel von hinten durch.

3, 4 u. 5 Drehen Sie die Richtung um, wobei Sie eine kleine Bucht stehen lassen. Stechen Sie hinter der Masche durch die Bucht hindurch. Führen Sie die Spindel rechts nach unten und ziehen Sie das Ganze fest.

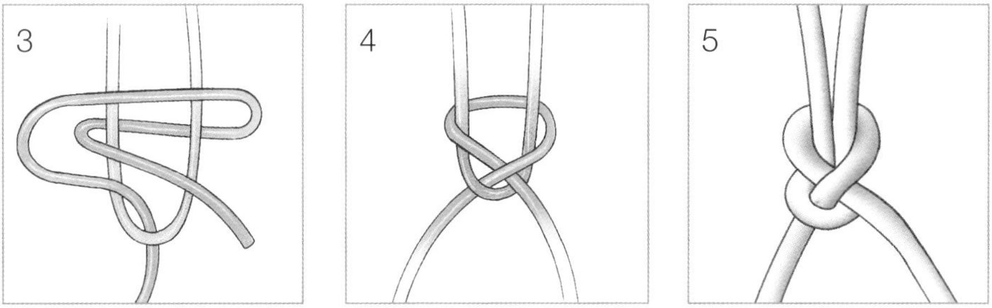

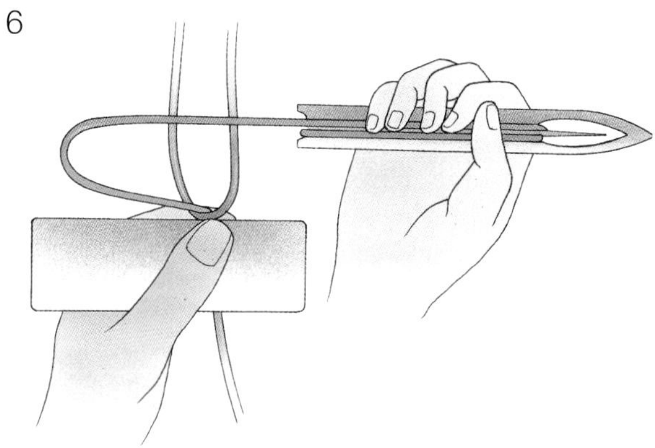


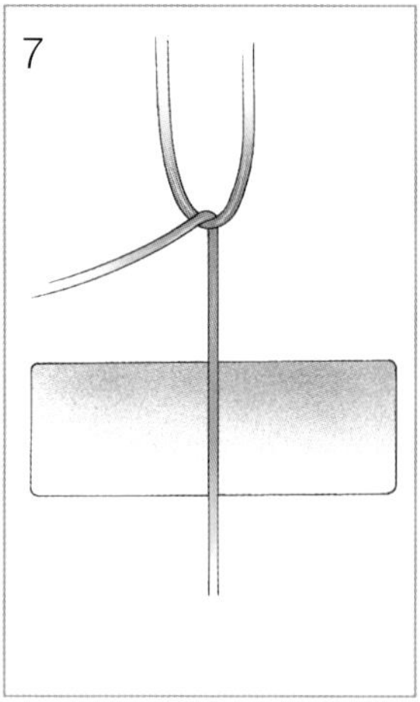


Dies ist die Grundbewegung beim Netzeknüpfen, auch wenn beim Konzipieren und Ändern von Maschengröße und -form noch Feinheiten verändert werden können.

Damit die Maschen alle gleich groß werden, wird – wie hier in den Abbildungen 6, 7 und 8 gezeigt – ein Maschenstock verwendet. Die Spindel wird zwischen den Knoten um den Stock geführt, so dass die Maschen immer seinen Durchmesser bekommen.

Beim Festziehen sollte man einen Schotstek binden, statt den Knoten von der Masche zu ziehen, wodurch man einen nutzlosen Daumenknoten erhalten würde.

Am Ende der Reihe können Sie sich entweder zum Ausgangspunkt zurückarbeiten oder auf die andere Netzseite gehen und fortfahren wie zuvor. Dadurch erhält man alternierende Reihen, so dass sich das fertige Netz später nicht verdreht.

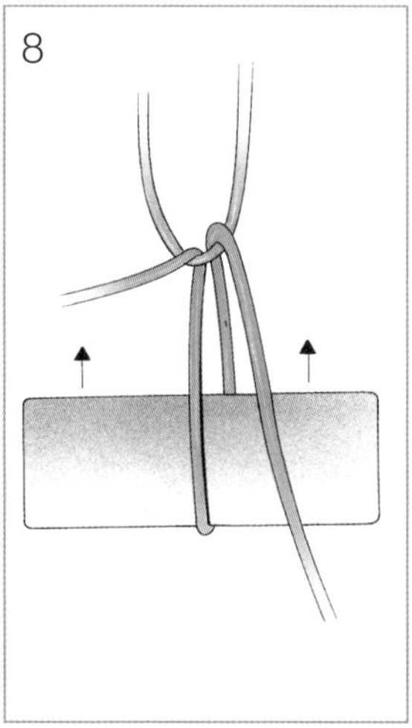

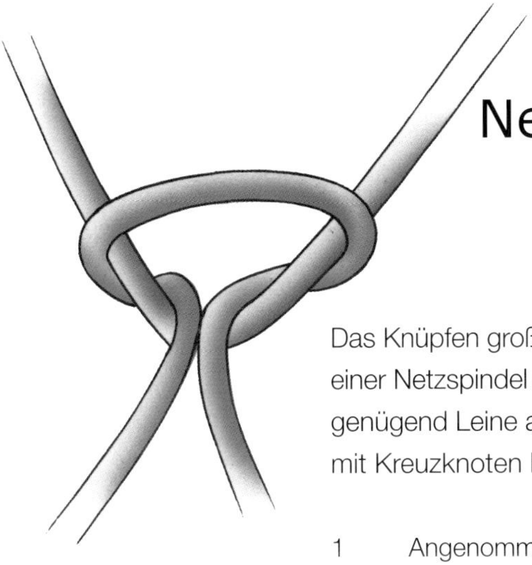

# Netze knüpfen mit Kreuzknoten

Das Knüpfen großer Netze mit dicken Leinen kann mit einer Netzspindel sehr arbeitsintensiv sein, da sie nicht genügend Leine aufnehmen kann. Bei dieser Knüpfart mit Kreuzknoten bleibt das Leinenknäuel im Eimer.

1 Angenommen, die erste Maschenreihe existiere bereits und das Leinenende sei sicher verankert. Stecken Sie nun aus dem Eimer eine große Bucht durch die Masche und ziehen Sie sie nach unten.

2 Stecken Sie den Eimer von hinten nach vorne durch und schließen Sie die Bucht etwas.

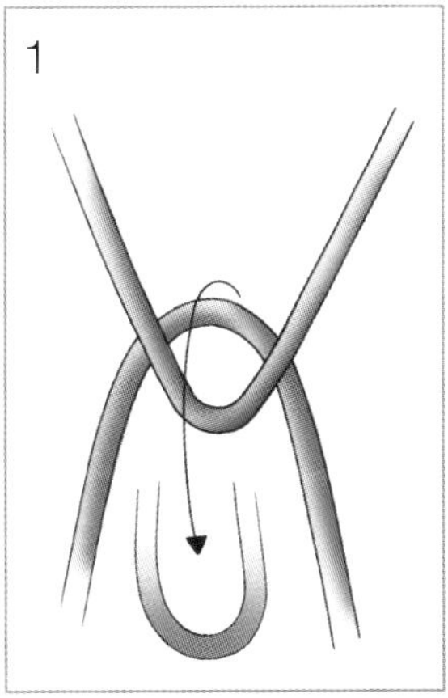

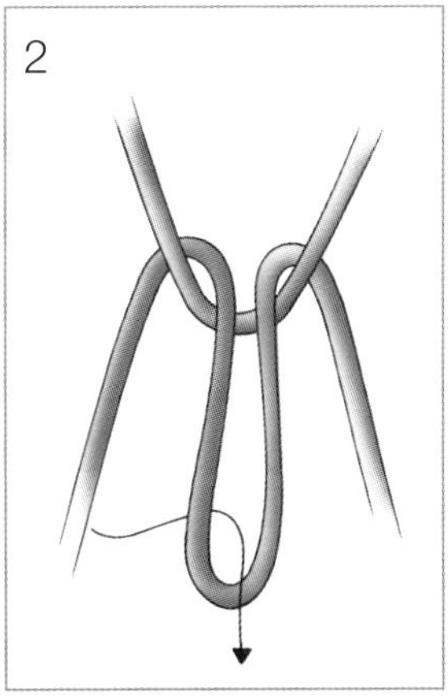

3 Nun haben Sie einen Halbmastwurf, der, wie Sie sich sicher erinnern, umkippt, wenn man entsprechend an ihm zieht.

4 Ziehen Sie an der Seite, an der die Schnur verankert ist, so dass der Knoten umkippt, und ziehen Sie an der Bucht am unteren Knotenende nach unten.

5 Führen Sie den Eimer wieder von vorne nach hinten durch die Bucht. Nun haben Sie einen Lerchenkopf. Heben Sie den unteren Teil des Lerchenkopfes nach oben, so dass Sie einen Weberknoten erhalten, und ziehen Sie Größe und Form der Masche zurecht. Festziehen und bei der nächsten Masche wiederholen.

Mit dieser Technik kann man sehr schnell ein Netz knüpfen. Dazu benötigt man viel Platz und Übung, aber die einfache Grundtechnik ist wert, gelernt zu werden.

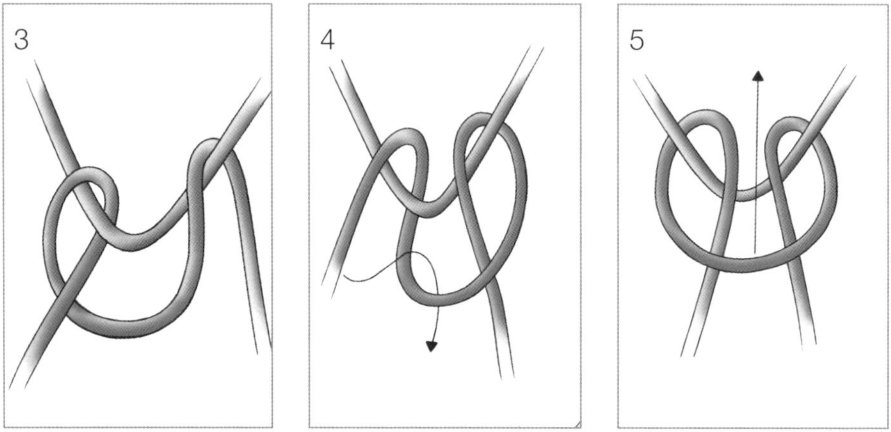

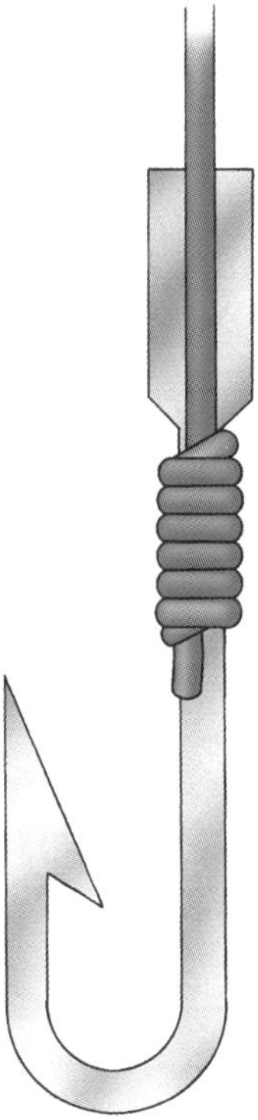

# Spatenendknoten

Dieser Knoten hat die gleiche Form wie der Nagelknoten, wird aber anders gebunden.

1 Legen Sie hinter dem Haken ein Auge. Lassen Sie ein Stück Schnur stehen, damit Sie später etwas zum Greifen haben.

2 Beginnen Sie am spatenförmigen Hakenende. Wickeln Sie das Auge um den Hakenschaft, wobei Sie den gebogenen Teil des Hakens und das lose Ende mit durch das Auge ziehen.

3 Wenn so viele Törns wie möglich gelegt sind, ziehen Sie vorsichtig an dem Ende und der stehenden Part. Die Törns festziehen; sie halten den Schaft.

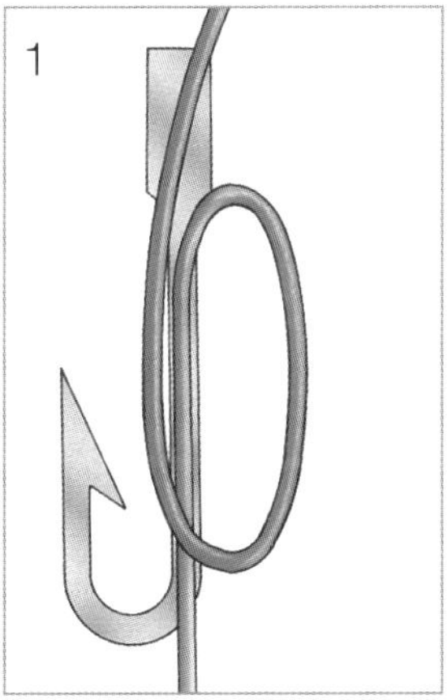


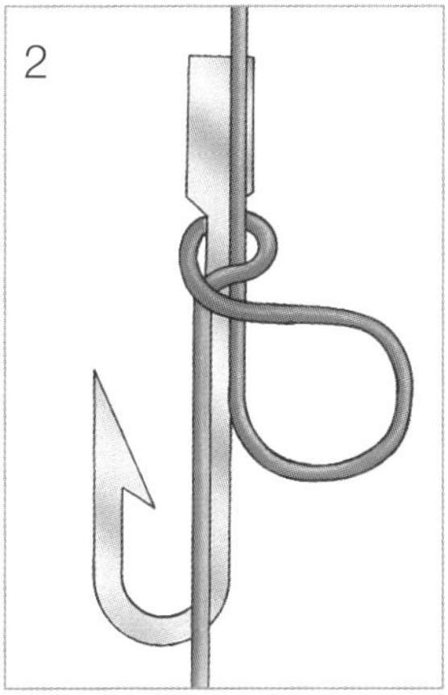


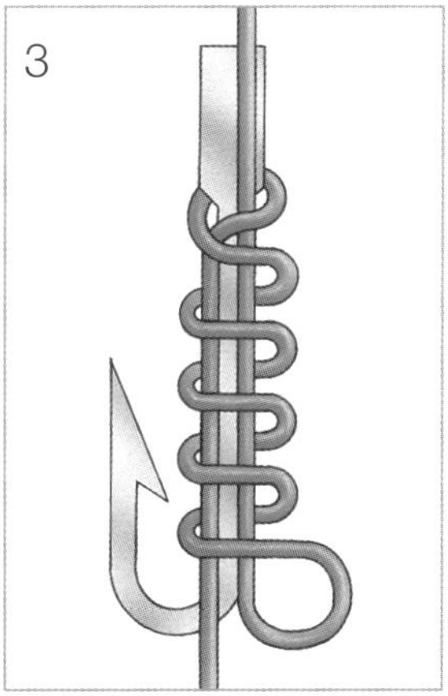

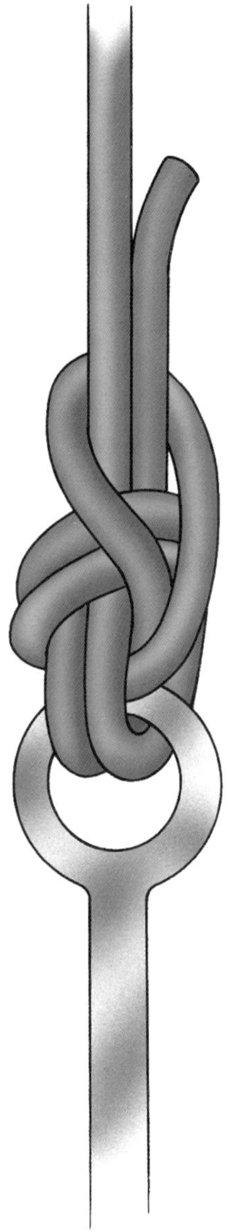

# Palomar-Knoten

Dieser beliebte Knoten ist leicht zu binden und hält für die meisten Zwecke gut genug. Wenn die Schnur an einer Spule hängt, ist er vielleicht etwas schwerer zu binden. In diesem Fall legen Sie das Auge am Anfang größer oder wählen Sie einen anderen Knoten.

1 Legen Sie eine längliche Bucht durch die Hakenöse und binden Sie dann einen Daumenknoten.

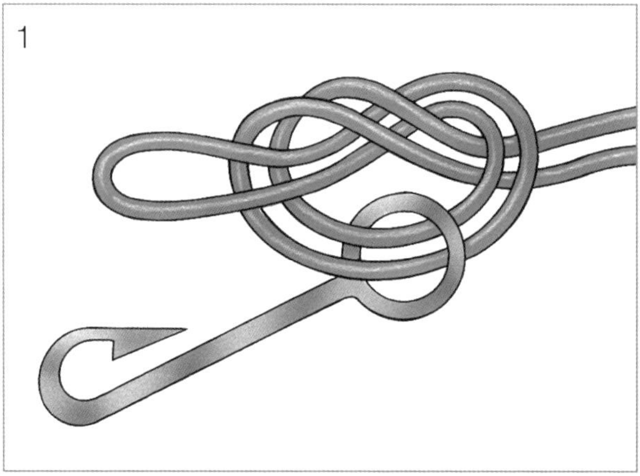

2

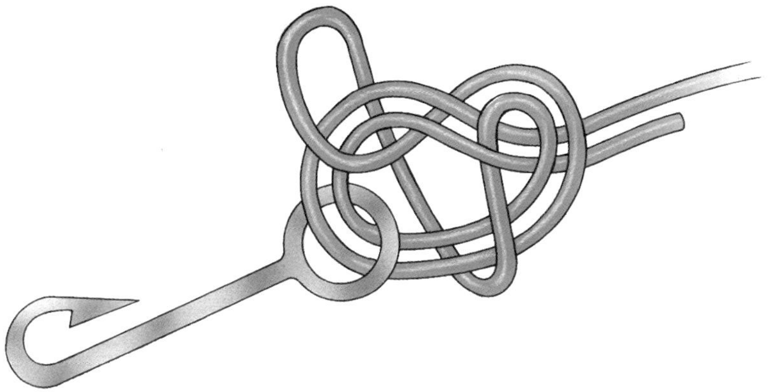

3

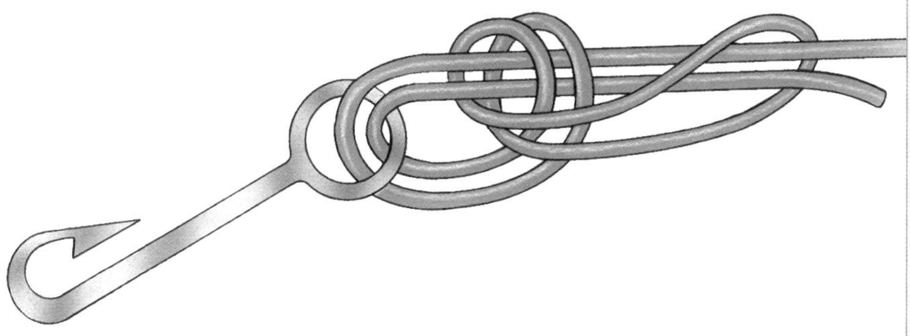

2 Führen Sie die Bucht nach unten, stecken Sie den Haken durch und führen Sie sie dann zurück nach oben hinter den Daumenknoten.

3 Mit Speichel befeuchten, den Knoten an den Haken schieben und festziehen.

| | |
|---|---|
| Arbeitsende | Der aktiv zum Binden verwendete Tampen |
| Aufschießen | Geordnetes Zusammenlegen einer Leine in Buchten |
| Auge | Wird gebildet, wenn eine Bucht so gedreht wird, dass sie sich kreuzt |
| Bändsel | Kurzes Stück dünneres Tauwerk |
| Block | Flaschenzug |
| Blutknoten | Knotenfamilie mit mehreren Wicklungen |
| Bucht | Eine sich durch das Zurückfalten von Tauwerk bildende enge Schlaufe |
| Festes Ende | Das nicht bewegte Ende einer Leine, das Ende an der stehenden Part |
| Festzurren | Zusätzliche Törns auf ein Lasching oder Zurring aufbringen, um es festzuziehen |
| Fitt / Hartholzpfriem | Ein spitz zulaufendes Werkzeug aus Holz, das beim Verspleißen zum Trennen von Kardeelen verwendet wird |
| Gaffa-Tapes | Starkes Textil-Klebeband, das verwendet wird, um Textilbandenden bei Knoten zu versiegeln. Kann auch bei einem Tampen statt eines Behelfstaklings verwendet werden |
| Geschlagen | Geschlagenes Tauwerk: Durch Zusammendrehen von Kardeelen gefertigtes Tauwerk |
| Halber Schlag | Ein an einem Gegenstand vollzogener Kreuztörn |
| Hilfsleine | Leichte Wurfleine, mit der ein schweres Tau zu einem anderen Ort gezogen werden kann |
| Hohlspieker | Ein aus einem Metall-Hohlprofil gefertigtes Werkzeug mit Holzgriff. Wird fürs Spleißen und für Zierknoten verwendet und ist recht vielseitig |
| Holende Part | s. Lose Part |
| Kardeel | Größeres, aus Garnen zusammengedrehtes Einzelelement des Taus |
| Kernmanteltauwerk | Aus einer Seele und einem geflochtenen Mantel bestehendes Tauwerk |
| Kreuztörn | Ein Auge, das gelegt wird, indem man das Seil über die eigene Part kreuzt. Wenn der Tampen oben liegt, handelt es sich um einen Überhand-Kreuztörn, liegt er unten, um einen Unterhand-Kreuztörn. |

| | |
|---|---|
| Lose Part | Die beim Binden eines Knotens bewegte Part |
| Marlspieker | Ein spitzes Metallwerkzeug, mit dem beim Spleißen Kardeele voneinander getrennt werden. Beim Verspleißen von Metalltrossen notwendig, da Holzwerkzeug sich hier zu schnell abnutzen würde |
| Muringleine | Leine zum Befestigen eines Schiffes. Sie läuft vom Steg oder Kai zu einem Grundgewicht oder zu einer Grundkette. Bei Bedarf wird sie an Bord genommen. |
| Öse | Ein kleines Loch in einer Nadel oder einem Fischhaken |
| Part | Anteil der Leine |
| Platting | Flaches oder dreidimensionales Geflecht aus mehreren ineinander gewobenen Leinen |
| Poller | Ein Pfosten am Quai, an dem die Muringleinen der Schiffe befestigt werden |
| Rundtörn | Wenn ein Seil komplett um einen Ring, Pfosten oder ein Seil gelegt wird |
| Schlag | Ein Knoten, mit dem ein Seil an einem Ankerpunkt befestigt wird |
| Schlinge, Stropp | Ein Knoten, der entlang der stehenden Part rutschen kann |
| Spiere | Rundholz an Bord von Schiffen |
| Spleißen | Verflechten von Kardeelen |
| Stehende Part | Das Stück einer Leine zwischen der holenden Part und dem stehenden Ende |
| Stehendes Ende | Das nicht verwendete Ende eines Seils |
| Takling | Eine mit einem dünnen Beleggarn vollzogene Wicklung, um ein Ausfransen der Kardeele zu verhindern. Kann auch bei festen Gegenständen, zum Beispiel bei Angelhaken oder Messergriffen, verwendet werden |
| Talje | In der Schifffahrt verwendetes Flaschenzugsystem |
| Tape | Sehr robustes, von Bergsteigern verwendetes Textilklebeband |
| Umkippen | Der Knoten wird versehentlich oder absichtlich in eine andere Form gebracht. |
| Verbindungsknoten | Knoten zum Verbinden von Leinen |
| Zurring | Knoten zum Festmachen oder Zusammenbinden von Gegenständen |
| Zwirn | Aus zwei Garnen gedrehter dünner Faden |

## Die International Guild of Knot Tyers

Sie wurde 1982 gegründet und hat in der ganzen Welt begeisterte Knotenkenner als Mitglieder. Es handelt sich um eine gemeinnützige Vereinigung, die sich um die Bewahrung von Kunst, Handwerk und Wissenschaft des Knotenbindens bemüht. Neumitglieder sind herzlich willkommen. Sie müssen kein Knotenexperte sein, sollten sich jedoch für Knoten interessieren. Es gibt viele lokale Büros, deren Mitglieder Sie gerne willkommen heißen.

Mehr Informationen erhalten Sie im Internet unter:

www.igkt.net